猫课电商运营大系

客服无忧
金牌电商客服实战

猫课◎编著

清华大学出版社
北京

内 容 简 介

本书系统全面地介绍了有关淘宝网店客服售前、售中、售后与客服团队建设管理的方法与技巧，为广大客服、客服经理和网店店主提供实用的客服工作指导，让读者能够快速上手客服工作，少走弯路。

本书共13章，第1章介绍客服对于网店的重要性；第2章介绍客服需要掌握的知识技能；第3章介绍售前与售中的工作内容；第4章讲解开场白抓住顾客的方法；第5章讲解向顾客介绍商品、回答顾客疑问的方法以及拒绝顾客讲价的技巧；第6章讲解促使顾客下单的技巧；第7章讲解售中工作中的订单处理与跟踪的方法；第8章介绍售后工作的主要内容；第9章讲解如何处理好中差评的方法；第10章讲解如何处理顾客投诉的方法；第11章讲解如何经营和管理客户关系；第12章讲解客服招聘、培训与管理的方法；第13章讲解通过统计数据提高客服工作效率的方法。

本书内容丰富，实用性强，特别适合想要快速提高客服技能技巧的客服人员，也适合想要科学建设、管理客服团队，进一步提升客服团队工作能力的店主与客服经理，还可作为各类职业院校或培训机构电子商务相关专业的参考书。

本书封面贴有清华大学出版社防伪标签，无标签者不得销售。
版权所有，侵权必究。举报：010-62782989，beiqinquan@tup.tsinghua.edu.cn。

图书在版编目（CIP）数据

客服无忧：金牌电商客服实战 / 猫课编著．—北京：清华大学出版社，2021.10
（猫课电商运营大系）
ISBN 978-7-302-59152-8

Ⅰ．①客… Ⅱ．①猫… Ⅲ．①电子商务－商业服务 Ⅳ．① F713.36

中国版本图书馆 CIP 数据核字 (2021) 第 182836 号

责任编辑：栾大成
封面设计：杨玉兰
责任校对：徐俊伟
责任印制：丛怀宇

出版发行：清华大学出版社
网　　址：http://www.tup.com.cn，http://www.wqbook.com
地　　址：北京清华大学学研大厦 A 座　　**邮　　编**：100084
社 总 机：010-62770175　　**邮　　购**：010-83470235
投稿与读者服务：010-62776969，c-service@tup.tsinghua.edu.cn
质 量 反 馈：010-62772015，zhiliang@tup.tsinghua.edu.cn

印 装 者：三河市东方印刷有限公司
经　　销：全国新华书店
开　　本：170mm×240mm　　**印　　张**：14.25　　**字　　数**：339 千字
版　　次：2021 年 12 月第 1 版　　**印　　次**：2021 年 12 月第 1 次印刷
定　　价：49.00 元

―――――――――――――――――――――――――――――――――――――――

产品编号：084876-01

前言

由于网店具有便捷、成本低和销售对象广泛等特点，网上开店已经逐渐成为个人创业、企业开拓市场的重要方式。如今消费者群体也非常成熟，加之网络支付与物流系统也日趋完善，让越来越多的人涌向了电商平台开设网店，想要在这个充满机遇与风险的市场中，赚取属于自己的一份收益。

然而，网购市场并不是那么好赚钱的。很多人做好了网店的装修和宣传，觉得自己肯定财源滚滚了，结果却不是那么理想，很多顾客来看看，问两句又走掉，转化率一直上不去，这种现象相信很多店主都遇到过，其根本原因之一就在于客服团队建设没有跟上。

无论在传统商业时代还是在电商时代，客服都扮演着举足轻重的角色。从迎客、介绍商品、推销、促单到售后，都是客服负责的工作范围，客服工作质量的好坏，直接决定着店铺的销量与返购率，影响着店铺的盈利与发展。

客服工作是如此重要，然而很多店主和公司并不十分重视，也不太了解如何规范地建设客服团队。也有很多客服人员认为做客服就是"人肉聊天机"，而不了解客服工作对网店盈利的重要性，这不能不说是一种遗憾。

为了让广大店主能够重视、理解客服团队建设，掌握客服团队建设的方法，让广大客服人员能够快速掌握必知必会的各种客服技能和技巧，迅速成长为一名成熟的客服，我们调研了三十余位资深网店客服、客服经理与店主，调阅了五十多万字的旺旺聊天记录，记录他们多年的客服经验和技能并整理成文，编撰成这本《客服无忧——金牌电商客服实战》，以飨读者。

本书没有冗长的理论与概念，而是偏重实际操作，使用真实的客服案例进行讲解，力图让读者从一线客服的对话中掌握各种客服技能与技巧。本书内容按照客服服务的框架进行分类，涵盖售前、售中和售后三个方面，涉及欢迎顾客、商品介绍、答疑、促单、订单处理、评价处理、投诉处理等具体的客服工作，此外，还包含了客服招聘管理与数据化提升客服工作效率的方法。整书内容可以说非常全面，既不缺乏深度，也不缺乏广度，更兼具实操性，相信能够给予客服和店主最专业的指导。

书中疏漏之处希望读者与同行不吝赐教，与笔者探讨交流。

笔　者

本书特色

本书作为网店客服学习、提升与团队建设用书，具有以下特点：

分篇合理，讲解细致

本书对网店客服工作与建设、管理的方方面面进行了细致讲解，手把手教会读者从欢迎顾客到推销商品，从促进顾客下单到处理顾客投诉，兼具客服招聘与管理等机能，真正做到"一册在手客服不愁"。

实操性强，理论适量

由于本书内容来源于一线客服，讲解的都是最实在的"干货"，解决的都是最实际的问题，因此本书自然就呈现出偏重实操，理论较少的特点，也符合本书编者力求为读者带来更多实用价值的宗旨。

技巧解答，贴心提点

为了更好地指导读者开店，本书还对内容做了进一步的解析，并将解析后的重点标记为"名师指点"与"高手支招"，不仅能加深读者对重点内容的理解和把握，还能开阔思路，帮助读者建立多角度思维。

超值赠送，物超所值

本书赠送了PPT课件、视频教学，以方便读者学习，从而快速掌握各项客服技能。视频教学在正文中扫码观看。

PPT 下载

本书约定

关于本书语言

电商客服是个比较特殊的职业，在发展历程中，创造了很多新词汇（比如"亲"），所以本书很多实际客服截图中会出现部分电商用语，可能并不符合语言规范，但是如果改成规范用语，则无法还原真实的客服场景，敬请谅解！

关于本书适用范围

本书基于阿里系案例，截图使用淘宝场景和相关工具，原因是淘宝发展时间最长，客服体系相对完善。在实际应用中，各种电商平台大同小异，所以本书同样适合其他平台，如京东、当当、拼多多、抖音快手、微店等。

目录

第1章 客服对网店而言究竟有多重要

1.1 网店客服概述 2
   1.1.1 了解网店客服 2
   1.1.2 网店客服的工作特点 3
   1.1.3 网店客服工作的大致流程 4
1.2 客服与网店生意之间的关系 7
   1.2.1 客服的交流技能可以吸引住顾客 7
   1.2.2 客服的销售技能可有效提升商品的销售量与客单价 8
   1.2.3 客服的工作熟练度也会影响销量 8
1.3 秘技一点通 8
   技巧1——如何训练客服人员的沟通交流能力 8
   技巧2——客服人员如何收集顾客属性 9
   技巧3——客服人员如何应对不同类型的顾客 9

第2章 客服需要掌握的知识技能

2.1 必须知晓的客服基础知识 13
   2.1.1 商品专业知识 13
   2.1.2 网站交易规则 14
   2.1.3 物流知识 15
   2.1.4 电脑、手机与网络知识 15
2.2 掌握与顾客沟通的技巧 16
   2.2.1 使用礼貌而又有活力的沟通方式 16
   2.2.2 遇到问题多检讨自己少责怪对方 16
   2.2.3 表达不同意见时不要让对方反感 17
   2.2.4 认真倾听，再做判断和推荐 18
   2.2.5 相同的谈话方式更容易获得顾客认同 18
   2.2.6 经常对顾客表示感谢 19
   2.2.7 说话要留余地 19
2.3 掌握顾客心理学 20
   2.3.1 利用从众心理诱导顾客随大流购物 20
   2.3.2 充分利用顾客的好奇心 21
   2.3.3 强调性价比，吸引顾客下单 21
   2.3.4 利用"占便宜"心理诱导顾客下单 22
   2.3.5 试用品让顾客打消疑虑 23
   2.3.6 喜欢新潮的时尚型顾客 24
   2.3.7 喜欢品牌的爱面子顾客 24
   2.3.8 注意分寸（不要激发顾客的逆反心理）25

2.4 秘技一点通 26
 技巧1——客服必读经典图书 26
 技巧2——客服如何"催眠"顾客，让顾客成
  为店铺义务推销员 27
 技巧3——客服人员如何调节心情、缓解
  压力 27

第3章　了解售前与售中流程

3.1 售前流程 31
 3.1.1 进门问好 31
 3.1.2 答疑与推荐 33
 3.1.3 关联商品推荐 34
 3.1.4 催促下单 35
 3.1.5 催促付款 35
 3.1.6 礼貌告别 37
3.2 售中流程 38
 3.2.1 订单处理 38
 3.2.2 订单跟踪 40
3.3 秘技一点通 41
 技巧1——客服人员怎样了解顾客的购买
  需求 41
 技巧2——同时推荐两款商品，引导顾客
  做出选择 41
 技巧3——面对难以回答的问题，客服人员
  如何绕开话题 42

第4章　说好开场白，紧抓顾客心

4.1 好用的开场"套路" 45
 4.1.1 几句话拉近双方关系 45
 4.1.2 找到对方的优点进行称赞 47
 4.1.3 用幽默搞笑打动对方 48
 4.1.4 以热情热心，让顾客感到温暖 48
 4.1.5 善于倾听也能赢取人心 49
 4.1.6 欲擒故纵，坦然让对方去他店
  调查 50
4.2 赞美顾客 51
 4.2.1 赞美要真诚，否则适得其反 51
 4.2.2 赞美顾客的淘宝账号的"套路" 52
 4.2.3 用"套路"赞美顾客的淘宝头像 54
 4.2.4 用"套路"赞美顾客的所在地 55
 4.2.5 用"套路"赞美顾客会买东西 55
 4.2.6 不要用丧失自尊的赞美方式来取悦
  顾客 56
 4.2.7 掌握常用的赞美语言 57
4.3 秘技一点通 59
 技巧1——巧用第三方间接赞美顾客 59
 技巧2——与顾客寒暄要把握一个度 59
 技巧3——赞美顾客的注意事项 60

第5章　商品介绍与答疑

5.1 介绍商品的技巧 63
 5.1.1 根据顾客需求有针对性地介绍 63
 5.1.2 突出商品卖点，给顾客留下深刻
  印象 64
 5.1.3 用证据说明商品受欢迎，进一步说服
  顾客 65
 5.1.4 用优惠政策吸引顾客 65
 5.1.5 回答顾客问题切勿拖太久 66

v

5.1.6 交流中尽量不使用专业术语 67
5.2 解答顾客疑问，打消顾客疑虑 68
　5.2.1 商品质量到底好不好 68
　5.2.2 商品真实颜色与网页图片的色差问题 70
　5.2.3 顾客不知道该如何选择商品规格或型号 70
　5.2.4 商品是否包邮 71
　5.2.5 发货时间与到货时间 72
　5.2.6 商品的退换货规定 73
　5.2.7 售后问题能否得到及时处理 75
5.3 顾客讲价应如何处理 75
　5.3.1 公司规定不允许降价 75
　5.3.2 已是同类商品中较低价格 76

5.3.3 分析商品成本，摆明利润空间 76
5.3.4 分解高价：算下来每天/周/月才花x元 77
5.3.5 和顾客装可怜，使对方放弃讲价 78
5.3.6 商品价格虽然较高，但是附加功能多/附加值高 78
5.3.7 祭出"便宜没好货"理论 79
5.3.8 象征性降价，满足顾客的心理需求 80
5.4 秘技一点通 81
　技巧1——介绍商品时切勿夸大其词 81
　技巧2——客服人员如何向顾客说明商品的缺点 81
　技巧3——顾客说要再考虑一下 82

第6章 促使顾客下单

6.1 常用促单套路 85
　6.1.1 限时促销，随时恢复原价 85
　6.1.2 限量发售，再不下单就没有了 86
　6.1.3 赠品样数多/价值高/名额有限 87
　6.1.4 赠送运费险，退货不花钱 88
　6.1.5 商品非常流行，大家都在用 89
　6.1.6 制造危机感，驱使顾客下单 90
6.2 以"礼"服人，柔性促单 91

6.2.1 买一赠X，传统但是好用 91
6.2.2 用优惠券增加店铺黏度 92
6.2.3 送礼要"走心" 93
6.3 秘技一点通 94
　技巧1——利用案例促单要注意什么 94
　技巧2——促单的关键时刻有哪些 94
　技巧3——店主如何选择合适的赠品 95

第7章 处理订单与物流状况

7.1 客服要做的订单处理工作 98
　7.1.1 确认顾客已付款 98
　7.1.2 根据约定修改订单价格 98
　7.1.3 确认发货 99
　7.1.4 完成交易对买家进行评价 100
　7.1.5 关闭无效的交易订单 102
7.2 处理物流状况 102
　7.2.1 给顾客留言，告知物流状态 102
　7.2.2 顾客催发货如何处理 104

7.2.3 顾客收到货物少件如何处理 105
7.2.4 顾客称商品受损如何处理 107
7.2.5 顾客称发错货应如何处理 108
7.2.6 快递迟迟不到要如何处理 109
7.3 秘技一点通 110
　技巧1——如何选择一家靠谱的快递公司 110
　技巧2——如何打消顾客对于商品包装的顾虑 111
　技巧3——如何处理紧急订单 111

第8章 售后工作的内容

8.1 常规售后工作 115
- 8.1.1 处理正常的退换货 115
- 8.1.2 处理退款 118
- 8.1.3 处理普通商品纠纷 118
- 8.1.4 退回邮费 120
- 8.1.5 退回差价 120
- 8.1.6 邀请顾客评价 121
- 8.1.7 与其他客服或仓管的协调 122

8.2 处理严重纠纷 124
- 8.2.1 处理淘宝平台介入的严重纠纷 124
- 8.2.2 劝导顾客取消中差评 124

8.3 秘技一点通 126
- 技巧1——订单缺货，客服人员应该怎样处理 126
- 技巧2——在售后工作中，客服人员如何缓和沟通氛围 127
- 技巧3——做好售后回访，赢得回头客 128

第9章 争取好评，扭转差评

9.1 促使顾客打好评 131
- 9.1.1 对新手顾客进行引导 131
- 9.1.2 给挑剔顾客打"预防针" 134
- 9.1.3 "好评返现金"或"好评有奖品" 135
- 9.1.4 利用额外赠品制造惊喜 136
- 9.1.5 高效处理售后问题，让顾客消气 137
- 9.1.6 多渠道回访，提醒顾客好评 138

9.2 摸清原因，妥善处理中差评 139
- 9.2.1 认为商品质量太差 139
- 9.2.2 顾客认为客服态度不好 141
- 9.2.3 认为商品使用不方便 142
- 9.2.4 认为商品是假货 143
- 9.2.5 不愿承担退货运费 144
- 9.2.6 如何防备职业差评师 145

9.3 秘技一点通 146
- 技巧1——处理差评有技巧 146
- 技巧2——客服人员如何避免顾客的中差评 147
- 技巧3——客服事先主动说出问题并积极解决 147

第10章 积极处理顾客投诉

10.1 妥善处理投诉，尽力挽回顾客 151
- 10.1.1 被投诉后主动联络顾客 151
- 10.1.2 向顾客了解投诉原因 152
- 10.1.3 倾听顾客抱怨并向顾客致歉 154
- 10.1.4 向顾客解释原因 155
- 10.1.5 友好协商，提供补偿 155
- 10.1.6 总结原因，杜绝投诉 156

10.2 客服必知必会的电话沟通技巧 156
- 10.2.1 选择合适的时间联系顾客 157
- 10.2.2 掌握好发音、语速与语气 157
- 10.2.3 说好开场白，直接进入主题 158
- 10.2.4 手边常备纸笔，随时记录信息 159
- 10.2.5 复述重要信息，防止听错 160
- 10.2.6 设置结束语"套路"，用于不同顾客 160
- 10.2.7 请顾客先挂电话 161

10.3 秘技一点通 161
- 技巧1——提供多种补偿方案让顾客选择 161

技巧2——面对顾客投诉，客服人员如何巧妙做出答复　162

技巧3——客服人员如何训练自己的语音沟通能力　162

第11章　用心经营和管理客户关系

11.1　管理客户关系　166
  11.1.1　客户关系管理的重要性　166
  11.1.2　客户关系管理的内容和目标　167
  11.1.3　针对不同等级客户制定服务　168

11.2　用心管理客户　169
  11.2.1　创建客户人群与编辑客户资料　169
  11.2.2　店铺会员等级的设置　171
  11.2.3　客户运营计划　172

11.3　搭建客户互动平台　173
  11.3.1　建立客户旺旺群　173
  11.3.2　建立老客户QQ群　173
  11.3.3　用好微信平台　174
  11.3.4　使用微博分享奖励　176

11.4　秘技一点通　177
  技巧1——老客户回访技巧　177
  技巧2——打造客户忠诚度的途径　177
  技巧3——挽救流失客户　178

第12章　客服招聘、培训与管理

12.1　招聘与培训客服人员　183
  12.1.1　确定客服人员薪水待遇　183
  12.1.2　哪些人群比较适合做客服工作　183
  12.1.3　客服招聘的几种途径　185
  12.1.4　望闻问切，四招面试客服　187
  12.1.5　做好客服岗前培训　188

12.2　高效管理客服人员　192
  12.2.1　明确客服人员的权责　192
  12.2.2　认可和赞美　192
  12.2.3　赏罚分明，恩威并重　193
  12.2.4　多与客服人员沟通　193
  12.2.5　给予客服人员一对一的指导　193
  12.2.6　以团建活动增强团队意识　193
  12.2.7　定期考查客服的执行力　194
  12.2.8　为客服制定成长目标　194

12.3　客服绩效考核　195
  12.3.1　客服绩效考核的重要性　195
  12.3.2　制订与执行客服绩效考核方案　196

12.4　秘技一点通　197
  技巧1——什么样的人才适合做客服人员　197
  技巧2——如何防止和避免客服人员跳槽　198
  技巧3——怎样缓解客服人员的压力　198

第13章　统计与分析客服数据，提升工作效率

13.1　监控客服数据　202
  13.1.1　监控客服数据的重要意义　202
  13.1.2　客服数据监控的主要内容　202
  13.1.3　客服数据监控的渠道　203

13.2　统计客服销售量　204
  13.2.1　统计客服销量与总销量占比　204
  13.2.2　横向对比客服之间的销售量　205

13.3　统计询单转化率　206
  13.3.1　影响询单转化率的因素　206
  13.3.2　从询单人数和付款人数中寻找问题　207

13.4　统计客单价　208

- 13.4.1 影响客单价的因素有哪些 208
- 13.4.2 店铺客单价和客服客单价的对比 209
- 13.4.3 客服之间客单价的横向对比 209

13.5 统计客服平均响应时间 210

13.6 统计退款率 211
- 13.6.1 横向比较客服之间的退款率 211
- 13.6.2 从客服退款率和店铺总退款率中找问题 212

13.7 秘技一点通 212
- 技巧1——网店客服如何进行数据化管理 212
- 技巧2——如何监控客服数据 213
- 技巧3——如何降低退款率 213

第1章

客服对网店而言究竟有多重要

本章导言

客服这种工作,在实体商店中长期存在。当网络购物兴起后,网店客服也应运而生,成为沟通顾客与店铺的桥梁。网店客服通过为顾客提供一系列相关服务,在网店推广、产品销售、售后服务、客户维护等方面起到至关重要的作用,网店客服可以有效帮助网店店主更高效地管理网店、及时把握商机,从容应对繁忙的生意。可以说,做好网店客服,能够极大提高网店的销售水平。

学习要点

- 了解网店客服的概念、工作特点以及工作流程
- 认识客服与网店生意之间的关系

1.1 网店客服概述

网店是近十来年兴起的远程交易形式,而网店客服则是为网店顾客提供咨询、退换货以及纠纷处理等服务的工作人员。网店客服和传统的实体店客服以及电话客服相比,既有相同之处,也有很多新的变化。

1.1.1 了解网店客服

商家将商品展示在网页上,供顾客浏览选购,而买家通过各种在线支付手段购买商品,双方不会见面。如果顾客需要咨询任何问题,不论是关于商品还是关于物流等方面的问题,都可以通过即时通讯软件(IM软件)向网店客服进行询问,如图1-1所示即为淘宝网购平台专用的"阿里旺旺",顾客和网店客服可以通过它进行交流。

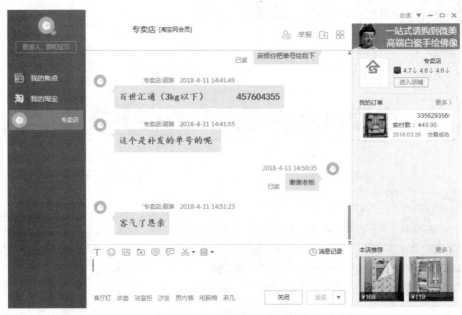

图1-1 阿里旺旺PC版界面

在实体店中,导购人员和店长各司其职,导购人员负责引导顾客购买,主要做售前与售中的工作,而店长则负责处理一些退换货、退款以及其他事务,主要做售后方面的工作。网店客服的工作则同时包含售前、售中和售后三个部分,当然,较大的网店中,这三个部分的工作也可由不同的客服人员来分担。

与传统的实体店客服不同,网店客服与顾客的交流主要是通过IM软件来进行的,交流方式为文字、图片、语音等形式,和顾客的互动性不如实体店强,交流效率也偏低。在实体店中,顾客一进门,导购就可以上前热情交谈,同时观察顾客的特点,推测顾客的收入层次、购物偏好等，并迅速制定推销策略，如图1-2所示。

在网店中，客服人员只能通过缓慢的文字交流来揣测顾客的年龄、性别、偏好等信息，其弱点是很明显的，如图1-3所示，很多在实体店中一看就能得到的信息，在IM交流中只能逐一询问，或从顾客的言辞中进行揣测。

毫无疑问，这样获取信息的效率远远比不上实体店中面对面的交流，这就需要网店客服人员更加具有耐心、更加敏锐，能够从文字中判断出顾客的各种信息。从另一方面来说，这种低效率的沟通方式也有好处，它让客服人员有更多的时间来组织语言，或者有时间查询一些顾客需要的信息并予以反馈，这显著提高了客服人员的利用率，使一名客服人员可以同时与几名甚至十几名顾客交流，这在实体店中是不可想象的。

图1-2　实体店导购员

很多客服人员都有自己熟悉的回头客，在实体店中，如果一名客服人员离职，接手的客服不熟悉老顾客的偏好，在一定程度上可能会造成老顾客的流失；而在网店中，老顾客的信息一般备注在客服人员的账号里，即使某位客服人员离职，也带不走客服账号，接手的客服人员只要进入这个客服账号

图1-3　IM聊天窗口

就能够看到老顾客的信息，并能够"无缝"地与老顾客聊天，老顾客可能根本意识不到对面的客服已经换了人，这样就会将客服离职导致老顾客流失的可能性减至最小。

总的来说，网店客服的工作要比实体店客服繁杂一点，即时性不是很强，对于客服人员的年龄、容貌、气质、普通话等都没有太高要求，对其打字速度、掌握计算机与网络技能等方面反而比较看重，这是由网店工作的特殊性造成的。

1.1.2　网店客服的工作特点

网店客服的工作形式就是一直坐在电脑前，回答顾客提出的问题，安抚顾客的情绪，处理交易订单，有时候也要与其他客服或库管等同事进行沟通。具体说来，网店客服的工作特点有以下几个方面：

1. 工作语言较为特殊

网店客服的工作语言是较为特殊的，这是因为网店客服同时兼具两个领域的特点。从服务业来讲，客服人员的语言应该礼貌、得体、亲切，和实体店客服是一样的；但同时网店客服的语言也要具有鲜明的网络特点，比如称呼顾客"亲""客官"，自称"小二"，还可以使用一些流行的网络词语和句子，比如"您再讲价小店就只有吃土了"之类，这种交流方式是普遍能够得到顾客认同的，如图 1-4 所示。

2. 工作内容重复性高

据统计，网店客服平均每天要接待数十乃至上百位顾客，顾客的问题重复性很高，通常包括以下几种类型：

- 询问产品质量。顾客通常看上了某个产品，已经有了一定的购买意愿，此时就会联络客服询问该产品的质量。
- 询问如何选择尺寸或规格。此时顾客通常已经确定要购买，再询问客服如何选择尺寸或规格以后通常就会下单。
- 议价或要求优惠。这类问题通常以"价格上能不能再少一点"或者是"有没有其他优惠、赠品或券"的形势出现，很多顾客都是抱着"有枣没枣打一杆"的心态来询问，成功了可以省一点，不成功通常也会下单。
- 询问快递问题。有不少顾客希望明确知道发货时间和所用快递的类型，以及询问快递中出现的"迟迟未到、包裹破损"等问题，因此和客服联络沟通。
- 询问售后问题。当顾客拿到商品以后，会有一些常见的疑问需要和客服进行沟通，比如色差较大、缺货少货、货不对板、质量不好、需要退换货等问题。

图1-4　网店特殊用语

以上这些问题都是在客服工作中经常遇到的，具有很大的重复性，关于这些问题的回答，可以事先编制成标准答案，当顾客询问时，直接粘贴这些标准答案就可以了。这样可以极大地提高工作效率，降低工作错误率，同时也有利于新客服快速上手工作。

3. 顾客来自天南地北

与传统的实体店客服相比，网店顾客来源更加复杂。在实体店中，顾客一般都是本地的居民，在习俗、习惯、语言、口味等方面差别不大；网店的顾客来源于天南地北，甚至有可能是外国人，这就要求网店客服能够养成一种处变不惊、不卑不亢的交流态度，能够平和地应对任意类型的顾客。

4. 熟练掌握相关技能

网店客服与顾客交流以及处理订单等，需要用到各种软件，并且还要熟悉网购交易流程。网店客服要高效率地完成工作，就必须熟练掌握关于计算机、相关软件（如卖家版 IM 软件、商品管理软件、订单软件、发货软件等）的使用，不仅如此，还需要掌握客户端购物软件、IM 软件的使用，以便指导新手顾客使用。

1.1.3　网店客服工作的大致流程

前面提到过网店客服工作大概分为售前、售中和售后三个部分，这三个部分有各自的工作流程。

1. 售前部分

售前部分的工作流程主要包括：

- **售前知识储备**。客服人员需要在平时储备大量的产品知识。这是因为产品相关问题是顾客咨询得最多的，网店客服必须对产品有相当程度的了解，才能够熟练地回答顾客的问题。一般情况下，新客服上岗以前就会进行集中培训，而在每一件新产品上架之前，也会将相关产品知识发送给所有的客服人员。

- **顾客进店接待**。当顾客对某件商品产生兴趣时，就会进店询问客服人员相关的问题。客服人员不仅要回答顾客的问题，以各种方式促使顾客下单购买，在可能的情况下，还要向顾客推销关联产品，增加店铺的整体销量。

- **督促顾客付款**。有的顾客下单之后并没有立即付款，对于这样的订单，客服人员要及时与顾客联络，督促顾客及时付款，如图1-5所示。

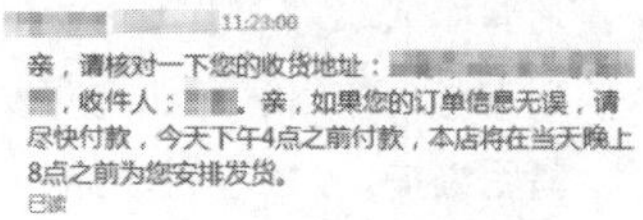

图1-5　督促顾客付款

> **专家提点——顾客没有及时付款的几种原因**
>
> 下单未付款大致上有三种情况：第一种是临时有事，忘记付款了；第二种是一时冲动拍下，付款时却很犹豫，于是延迟付款，想多考虑一下；第三种是顾客重复拍单或者选错了发货地址，但顾客一时没有时间去关闭订单。客服人员应该仔细询问后进行处理，或者引导顾客付款，或者直接关闭订单。

- **确认订单信息**。等顾客下单并付款后，要向顾客确认订单信息。有的顾客是为别人购买，但是却忘了修改地址，确认订单信息有助于顾客及时发现错误；有的顾客本想快递到公司，但却忘了默认的收货地址是家里，这种情况下，确认订单信息同样是有帮助的。如果顾客对确认信息没有进行回应，则按默认地址进行发货，如图1-6所示。

图1-6　确认订单信息

2. 售中部分

售中部分的工作流程主要包括：

- **商品库存确认**。很多时候，商品在页面上的库存量与实际库存量是有出入的，有可能顾客下单以后，仓库里却没有足够的货物。因此，客服在发货前需要与库管确认商品的库存量，以确保商品能够按时发货。如果发现货物不够，就要及时向相关同事通报。

- **订单变更通知**。如果因为各种原因，导致订单不能及时发货，或者根本无货可发，此时需要在订单上做相应的标注，标明变动事由、修改人工号以及修改时间；同时要使用电话或短信及时通知顾客，取得对方的谅解，如图1-7所示。

- **发货通知**。很多顾客在网购中都非常关注物流问题，因此在发

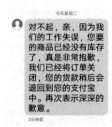

图1-7　订单变更通知

货之后，最好用阿里旺旺或者短信给顾客发送已发货信息，告诉顾客商品已经发出，并告知快递单号，这样可以增加顾客对店铺的好感，如图1-8所示。

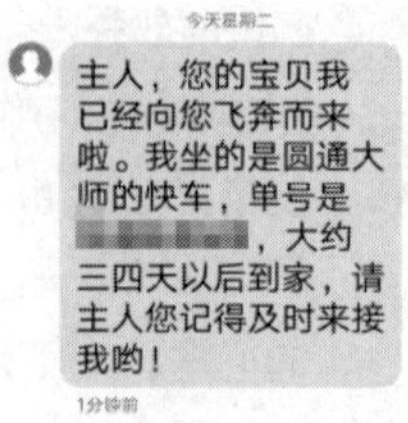

3. 售后部分

售后部分的工作流程主要包括：

- **评价处理**。交易完成以后，顾客要对此次交易做评价，客服也需要对顾客进行评价，如果顾客对交易作出了好评，则客服人员应在后台给出感谢性的回复评价，如图1-9所示；如果顾客对交易做出了中差评，则客服人员需要联系顾客，了解原因，并协商修改中差评为好评，如果对方不同意，则应对此作出解释性的回复评价。

- **售后维护**。当顾客对产品的使用或者质量有疑问时，通常会联系客服人员询问相关问题，客服人员要对此进行详细回答。当需要退换货时，客服人员应向顾客提供相应的退货地址，并与顾客协商好邮费等问题，如图1-10所示。

- **顾客回访**。交易完成后，客服还要对顾客进行定期或不定期的回访。回访内容主要包括产品质量是否满意，使用中有无问题，对相关产品有没有兴趣，以及一些相关优惠信息等。回访的目的，一是为了及时发现顾客没有反馈的问题，二是为了提高店铺在顾客心中的存在感，促使顾客再次进店购买，三是为了推销其他的产品。

图1-8 发货通知

图1-9 评价处理

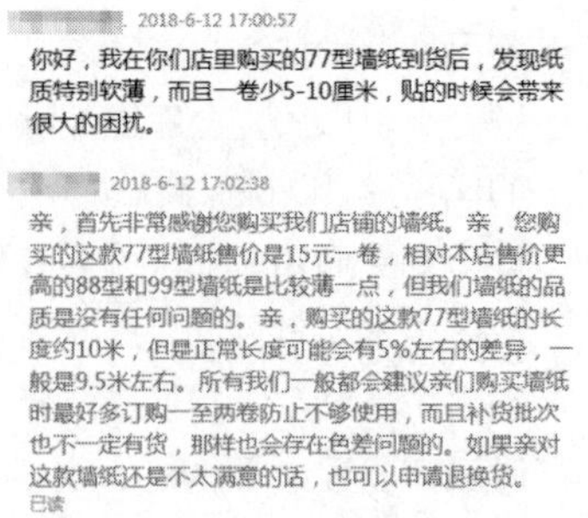

图1-10 售后维护

> **高手支招** 回访要注意
>
> 回访一般通过短信发送。为了增加顾客对回访的回应率，可以在回访短信中加入一定的优惠、奖励，促使顾客进行反馈，或者再次进店消费。比如，短信中可以加入这样的内容："收到短信三天内，可到店里领取5元无门槛消费券，全店抵用哦！"

1.2 客服与网店生意之间的关系

客服同时兼顾营销和售后两种工作，都是直接面对顾客进行交流，因此，客服人员的素质、工作效率都对网店的生意有极大的影响。一个好的客服团队，可以让网店的生意蒸蒸日上。

1.2.1 客服的交流技能可以吸引住顾客

客服主要与人打交道，交流技能是客服需要掌握的必备技能。交流技能的好坏主要体现在两个方面。

- **态度**。人们常说态度决定一切，这条准则在客服的工作中尤其适用。作为与顾客交流的一线人员，客服人员的态度代表着店铺对待顾客的态度。顾客感受到的不是客服人员本人的态度，而是店铺对待他们的态度。如果顾客认为自己没有受到热情接待，很有可能就不会在店铺进行消费了，而且由于这种不良印象的影响，顾客可能永远也不会再进店铺了，如图1-11所示。
- **敏锐度**。客服人员在和顾客交流时，要随时保持敏锐的观察力。每一句话发出去以后，顾客产生了什么反应，客服人员要立刻能够感受到，

图1-11 客服不重视顾客问题

并且能够做出相应的调整。比如有时候双方聊得正好，因为一句话甚至一个词，气氛突然就尴尬了起来，这种时候，客服人员要立刻解释或者转移话题，而不要只顾着一个劲儿地说，不然顾客会因为尴尬而流失，比如：

客服：我们这款银手镯的设计大方典雅，没有过多的装饰，比较适合40岁以上的女士佩戴，上手效果非常好。

顾客：嗯，我是想买给我女儿的，她才20岁。

客服：这样啊，真是不好意思，审美观毕竟是比较个人化的东西，我的审美可能有些偏颇，您不必太在意，自己喜欢的才是最好的，不是吗？

顾客：是啊，自己喜欢就好。

1.2.2 客服的销售技能可有效提升商品的销售量与客单价

如果一个客服人员善于交流，却不擅长推销，在为客人介绍商品时，说不到点子上，这样也会对店铺生意造成负面影响。销售能力比较强的客服，其业绩主要体现在以下几个方面：

- **主品销售量**。所谓的主品，是指顾客询问的那件商品，它与关联商品是相对的概念。掌握较强销售技能的客服，其主品销售量也较高。
- **关联商品销售量**。关联商品，即顾客在购买所需要的商品时，客服人员向其推荐该商品的周边搭配商品，比如顾客在购买咖啡时，客服人员会向其推荐各种品牌的咖啡伴侣、方糖、甚至咖啡杯和勺子等。销售技能强的客服，他的关联商品销售量更高。
- **客单价**。客单价＝总销售额÷总订单数，销售技能强的客服，其客单价也比较高，因为他/她总是善于把更贵的商品推荐给顾客，并能够成功说服顾客购买。客单价越高，就说明该客服人员每次销售行为带来的价值更高。

客服人员的工作态度也许可以在短时间内得到较大的提高，但是销售技能则有一个长期磨炼并提升的过程，这就需要客服主管或者网店负责人组织客服人员互相交流，以及提供各种培训，帮助客服人员的成长。

1.2.3 客服的工作熟练度也会影响销量

客服人员的工作熟练度也会在一定程度上影响销量。比如，客服人员在与库管对接时，没有掌握好相关的流程，导致商品不能及时发出；或者没有熟练掌握屏幕截图的方法，不能及时为顾客释疑，这些情况都可能会导致商品销量下降。

所以客服人员一定要熟悉自己的工作，尤其是在软件使用、交易流程等方面要做到一气呵成。一般情况下，客服人员一周到三周时间内就可以熟练掌握自己的工作，所以，客服工作熟练度对销量的影响周期不会太长，也不会很明显。店铺要对新客服加强培训和考核，并实施"以老带新"的工作方法，即可缩短影响期。

1.3 秘技一点通

技巧1——如何训练客服人员的沟通交流能力

客服人员每天的主要工作就是和不同的顾客不断地沟通交流，因此沟通交流能力是日常工作中最基础的一项能力。客服人员要想提高自己的沟通交流能力就必须通过针对性训练来加以巩固提升。

训练客服人员的沟通交流能力通常可以分为两个步骤。

- **情景化训练**。通过情景对话的方式，可以引出在店铺交易的每一个环节中可能用到的沟通交流技巧。客服人员可以两人相互配合模拟客服工作中可能出现的场景，从商品介绍、顾客心理、服务态度、沟通礼仪、解答问题、处理评价以及解决投诉等角度，通过多个场景去全面、生动地展示各个环节中客服人员与顾客沟通的方法。在训练过程中，客服人员一定要代入到沟通交流的情景中，增强训练的画面感。
- **套路化训练**。情景化训练会将客服工作中可能出现的沟通交流问题一一展现。客服人员需要将这些问题进行梳理总结，并找到合适的解决方法，最后使这些技巧方法形成一定的套路和模板话术。客服人员在实际的工作情景中就可以灵活应用这些套路和模板话术了。

> **专家提点**
>
> 值得注意的是，情景不同最后生成的套路和模板话术也不同，而且也不是唯一的表达方式，所以套路和模板话术也不是在任何情况下都可以拿来使用的，否则应用机器人客服就可以了，需要根据实际情况和顾客的具体问题灵动运用，切记生搬硬套。

技巧2——客服人员如何收集顾客属性

在客服服务中对于顾客属性的收集整理是尤为重要的，它可以为以后的店铺营销、二次购买顾客识别、顾客关怀以及精准推送等做好准备。

客服人员在工作中需要收集和整理的顾客信息一般包括以下几种：

- **基本信息**：包括买家的ID账号、姓名、手机、邮箱以及地址等。这类信息是卖家在销售过程中必备的一些信息，它可以帮助卖家了解顾客消费习惯、偏好以及购买能力等。
- **高级信息**：包括买家的QQ号、微信号、年龄、性别以及生日等。这类信息有助于卖家了解顾客的生活圈、消费偏好、购买能力等情况，还可以帮助卖家为QQ群营销、微信群营销以及店铺的生日关怀等做好准备。
- **有价值信息**：包括买家的购买次数、购买金额、购买单价以及购买周期等。这类信息主要用于帮助卖家了解顾客的用户黏度、忠诚度、消费能力以及等级划分等。

客服人员想要获取这些信息主要通过以下三种方式：

- 客服人员在查看买家信息时自动获取。
- 客服人员在与买家交流的过程中搜集。
- 客服人员可以创建一些调查问卷，引导顾客填写这些信息，并相应地给予填写调查问卷的顾客一些优惠券作为奖励。

技巧3——客服人员如何应对不同类型的顾客

客服人员必须要先了解顾客，才能更好地服务顾客。顾客由于性别、年龄、性格等因素的不同，对于相同商品的反应也会不同。因此，客服人员应该因人而异地对待顾客。

1. 外向型的顾客

外向型的顾客通常做事情都比较自信，任何事情都亲力亲为，并且不喜欢他人干涉。如果他认为某件事是正确的，通常会比较积极爽快地去做。对待这种类型的顾客，客服人员要赞成其想法和意见，不要与其争论，要尽量通过诱导的方法将其说服。在向他们推荐商品或服务时，要给他们留有说话的时间，研究他们的目标与需要，注意倾听他们心声。

2. 随和型的顾客

随和型的顾客一般来说性格比较开朗，容易相处，内心防线也较弱。这种类型的顾客一般不喜欢拒绝别人，所以很容易被说服，客服人员在对待这种类型的顾客时要耐心地和他们交流。

3. 优柔寡断型的顾客

有些顾客是属于优柔寡断型的，在客服人员具体解释说明后，仍然犹犹豫豫，迟迟不能做出购买决定。对于这种类型的顾客，客服人员一定要有耐心并从多个方面强调商品的特征。在说服过程中，客服人员要做到有理有据、有说服力。

4. 精打细算型的顾客

精打细算型的顾客是指那些买东西老嫌贵，特别喜欢砍价的顾客。对待这种类型的顾客，最好的办法就是跟他们套交情。客服人员首先应该热情地打招呼，赞美他，并且要提醒他已经占到了便宜，适当时候还可以倒一下苦水，让他不好意思再开口要折扣。

5. 稳重型的顾客

稳重型的顾客个性沉稳，做事不急不躁，比较精明，善于注重细节，且思考缜密。对待这种类型的顾客，客服人员无论如何一定要想办法让他自己说服自己，否则他便不会做出购买决定。不过，一旦赢得了他们的信任，他们又会非常坦诚。

6. 心直口快型的顾客

心直口快型的顾客是非常爽快的一类人，购买或是拒绝，一旦做出决定，绝不拖泥带水。对待这种类型的顾客，客服人员要保持亲切的态度，并顺着顾客的话去说服他。答复速度应尽量快一点，介绍商品时，只需说明重点，不必详细说明每个细节。

7. 慢性子型的顾客

慢性子型的顾客正好与"急性子"相反，他们做任何决定都会相对慢一点。如果碰到慢性子型的顾客，客服人员千万不能心急，只有耐心回答他的问题才能赢得对方的信任和赞赏。

8. 挑剔型的顾客

挑剔型的顾客，往往对于客服人员介绍的商品真实情况抱有怀疑态度，认为是言过其实。对待这种类型的顾客，获取他们的信任很重要。客服人员应当耐心地倾听，不应该反感，更不能带"气"来反驳顾客。

遇到那些难缠的顾客，客服人员应当始终记住自己不要和顾客"对抗"，而是要"**消除、解决和合作**"，最终将其转换为最忠实的顾客。顾客的难缠，不管有没有道理，如果能从难缠中深入检讨，通常可以发现一些自身的不足之处。顾客在难缠过程中所提出来的建议，有的可以直接采用，有的经过修改或转化后也可以采用，这些都能对网店的销售和提升带来一定的好处。

对待不同类型的顾客，应采取不同的接待和应对方法，只有这样，才能赢得顾客的信赖。

客服小故事——优质的客服服务为店铺赢得好信誉

张阳是一家网店的店主，他开店时间不长，却用短短一年时间就将店铺信誉度做到了皇冠级别，而且店铺好评率也一直保持在 99% 以上。这样的成绩令不少同行羡慕不已，纷纷来找他讨教经验。张阳也毫不吝啬地将自己开店过程中的一些体会和经验分享给大家。

张阳说，每个店铺能做好，都有自己的特色，比如装修、商品、推广、物流等，而自己店铺的最大优势就在于客服。张阳从开店到现在一直都很注重用户体验，他也一直在这方面不断探索，一步一步做好每一个细节，赋予产品最深或最大限度的附加值，从而提供给顾客一个最有力的消费理由。

张阳认为，在用户体验中，客户服务是非常关键的一环，一个好的客服团队不仅能使销量成倍增长，也能维护并提升店铺的信誉和口碑。张阳说："顾客花钱买的就是品质与服务，虽然好的产品质量是成功塑造一个品牌的关键，但是随着科技和生产效率的提高，导致市场上产品同质化现象严重，同时也加快了产品更新换代的速度，这就使得产品质量在市场上的竞争优势不再明显。如果要想获得差别化的竞争优势，提高顾客的满意度，卖家就必须在核心产品之外提供更多的价值。"

张阳店铺中的客服团队是张阳亲自组建的，每一个客服人员都是由他精挑细选的。说到这里，张阳提到了他店里的金牌客服晓晓。晓晓今年只有 20 岁，是个非常单纯自信的女孩，对顾客很友好。每一次顾客向晓晓咨询商品时，晓晓总是很有耐心地一一解答顾客的疑问。对顾客总是和颜悦色的晓晓，却经常为顾客的一个问题和负责库存、物流以及售后等方面的同事争得面红耳赤。正是因为晓晓的一次一次争执，使得店铺在整个销售流程上一次次得到改进，也正是因为晓晓的一次次坚持，赢得了众多顾客的认可与好评，带来的二次销售与再介绍也是非常可观的数据。

张阳说："一个好的客服不仅仅是要把商品卖出去，而是要真正地去满足顾客的需求，好的服务就是做到超出顾客的期望值。我们开门做生意，虽然要考虑到自己的利益，但一定不能对顾客的感受和要求置之不理，或者说不把他们当回事。我们不是只做一次买卖就完了，只有维护好我们的顾客，店铺才能长久经营下去，才会有回头客，才会让老顾客介绍新顾客，才会有不断增多的顾客给我们树立良好的口碑。"

第2章

客服需要掌握的知识技能

本章导言

网店客服人员应具备一定的知识技能，方便与顾客进行售前售后沟通，解答顾客的疑问，促进顾客购买。这些知识技能除了商品方面的专业知识以外，还包括网店交易所涉及的方方面面，如物流、付款等知识，还包括与顾客交流沟通的技巧以及常见的顾客心理学。掌握了这些知识技能，才算是一个基本合格的客服，在工作中积累经验后，即可成长为成熟的客服人员。

学习要点

- 了解客服必须掌握的基础知识
- 掌握与顾客沟通的各种技巧
- 掌握常用的顾客心理学

2.1 必须知晓的客服基础知识

客服在与进店顾客交流时,最常被问到的问题自然是关于商品本身的问题,此外还包括一些网站交易规则、付款和物流方面的问题等,有时,一些不熟悉网购的顾客还因为各种关于电脑、网络或手机方面的问题而影响下单或付款,这些问题都需要客服人员能够帮助顾客解决。

2.1.1 商品专业知识

商品相关的专业知识是一个客服应该具备的最基本素质。如果连本店的商品有什么特点、怎么使用都不清楚,解答不了顾客的疑问,顾客是不会下单购买的。

客服需要了解的商品专业知识不仅包括商品本身,还包括商品周边的一些知识。

- **商品知识**。客服应当对商品的种类、材质、尺寸、用途、注意事项等都有所了解,最好还应当了解行业的有关知识、商品的使用方法、修理方法等。
- **商品周边知识**。商品可能会适合部分人群,但不一定适合所有人。如衣服,不同的年龄、生活习惯以及不同的需要,适合于不同的衣服款式;比如有些玩具不适合太小的婴儿。这些情况都需要客服人员有基本的了解,如图2-1所示。

比如顾客进店购买微波炉,在对微波炉的基本情况(如大小、功率)进行了一番了解以后,顾客可能会问一些比较不好回答的问题,比如:

顾客:一碗鸡蛋羹多长时间能够打好?
客服:如果是700瓦的微波炉,大火两分钟左右可以打好。如果是900瓦的微波炉,使用大火一分半钟即可。不过900瓦的微波炉用大火,可能会导致鸡蛋羹爆出气泡,溅得到处都是,因此建议在碗口盖上保鲜膜,或改用中大火打两分钟,就可以避免这个问题。

图2-1 掌握商品周边知识

顾客:谢谢,使用微波炉还有什么需要注意的呢?
客服:首先要注意不能把金属器皿放到微波炉中,金属在微波中会打起火花,会损坏微波炉。
顾客:这个我知道。
客服:是的,但是容易让人忽略的是,搪瓷碗也不能放在微波炉中使用,因为它的表面虽然是瓷片,但夹层是金属的,同样也不能放进微波炉中使用,每年都会有很多微波炉因为使用搪瓷碗而损坏。
顾客:哎呀,这个我还真不知道!学习了!

可以看到，即使有的商品相关知识顾客没有询问到，客服人员也应该主动告知对方，这样既能够提升顾客好感，又能够让顾客在使用商品的过程中避免无谓的损失。

2.1.2 网站交易规则

网站的交易规则也是客服需要重点掌握的技能，不然既无法自行操作交易，也无法指导新顾客进行下单或付款等操作，在淘宝可以看到详细交易规则，如图2-2所示。

图2-2 淘宝交易规则

- **关于淘宝交易规则**。客服应该把自己放在顾客的角度来了解交易规则，以便更好地把握自己的交易尺度。有的新顾客可能不知道或不熟悉该如何操作，这时客服除了要指点顾客去查看淘宝的交易规则，有些细节上还需要指导顾客如何操作。此外，客服人员还要学会查看交易详情，了解如何付款、修改价格、关闭交易、申请退款等。
- **支付宝的流程和规则**。了解支付宝交易的原则和时间规则，可以指导顾客通过支付宝完成交易、查看支付宝交易的状况、更改现在的交易状况等。

一个典型的例子是这样的：

顾客：老板，我在你店里下了两个单，买了两样东西，一件包邮，一件不包邮，我想问一下可不可以把两个宝贝一块儿发给我，免掉邮费？

客服：可以的。请您稍等，我修改一下订单价格，把运费减去。

顾客：好的，不过现在我是在输入支付密码界面，显示的还是含运费的价格，怎么办？

客服：亲，您现在用的是电脑吧？我改好价格以后通知您一声，您再刷新一下付款页面就可以看到修改后的价格了，然后再付款吧。

顾客：这样啊，好的，我等你的通知。

客服：嗯嗯。

在本例中，顾客并不了解如何查看修改后的价格，所以需要客服来指导具体的操作。

高手支招 细微的改进

> 在本例中，客服的语言还有改进的空间。比如考虑到有的中老年顾客不知道怎样刷新页面，那么可以告诉顾客按下F5键进行刷新，比如："我改好价格以后通知您一声，您按一下F5键刷新付款页面，就可以看到修改后的价格了，然后再付款吧"。对于不知道怎样刷新页面的顾客来说，这个提示解决了他们的困惑；而对于知道怎样刷新页面的顾客来说，多这几个字也不会有任何影响。

2.1.3 物流知识

一个好的客服人员应该对商品的物流状况了如指掌，能够回答顾客关于运费、速度等问题，并且还能自行处理如查询、索赔等状况，这就需要掌握以下一些物流知识：

- 了解不同物流方式的价格：如何计价、还价余地等。
- 了解不同物流方式的速度。
- 了解不同物流方式的联系方式，在手边准备一份各个物流公司的电话，同时了解如何查询各个物流方式的网点情况。
- 了解不同物流方式应如何办理查询。
- 了解不同物流方式的包裹撤回、地址更改、状态查询、保价、问题件退回、代收货款、索赔的处理等。

比如，当顾客向客服抱怨快递迟迟未到时，其潜台词其实是希望客服帮他/她向物流查询快递的具体情况。客服此时应该能够熟练地调出顾客订单，根据快递单号在相应的快递公司查询，之后再把结果反馈给顾客。

2.1.4 电脑、手机与网络知识

客服还需要一定的电脑、手机与网络知识。一个仅仅只会用电脑和手机的客服，还说不上完全称职，因为很多顾客仅仅对电脑、手机与网络的基本使用比较熟悉，如果他们在网购中遇到了电脑、手机与网络的小问题，自己无法解决，也需要客服进行远程指导，如图2-3所示。

客服并不需要很高深的电脑、手机与网络知识，但对于常见的浏览器、插件、阿里旺旺、支付宝等相

图2-3 熟悉常规软件操作

关的问题要熟悉。除此之外，还要熟练掌握一种输入法、会使用 Word 和 Excel 软件、会发送电子邮件、会使用搜索引擎以及熟悉 Windows，如果商品中包含大量英文单词（如海外代购的商品），还要求客服有一定的英语基础。

2.2 掌握与顾客沟通的技巧

客服人员的主要工作就是与顾客沟通。沟通是一种可以不断练习的技能，客服人员首先要掌握一些基本的沟通技巧，将之运用到工作当中，并从中获得经验，提高沟通技能。

2.2.1 使用礼貌而又有活力的沟通方式

态度是个非常有力的武器，当客服人员真诚地把顾客的最佳利益放在心上时，顾客自然会以积极的购买决定来回应。而良好的沟通能力是非常重要的，沟通过程中客服人员怎样回答是很关键的。

看看下面的例子，来感受一下不同说法的效果：
- "您"和"亲"比较，前者正规客气，后者比较亲切。
- "不行"和"真的不好意思哦"，以及"嗯"和"好的没问题"，都是前者比较生硬，后者比较有人情味。
- "不接受见面交易"和"不好意思我平时很忙，可能没有时间和您见面交易，请您理解"相比，相信后一种语气更能让人接受。

2.2.2 遇到问题多检讨自己少责怪对方

遇到问题的时候，先想想自己有什么做得不到位的地方，诚恳地向顾客检讨自己的不足，不要先指责顾客。如有些内容明明写了，可是顾客没有看到，这时不要光指责顾客不好好看商品说明，而是应该反省没有及时提醒顾客以及说明是否不够醒目。

当遇到不理解顾客想法的时候，应该多站在对方的立场上考虑，换位思考永远是一个合格的客服人员应该做到的。要知道绝大多数顾客并不是无理取闹，他/她确实是遇到了某个问题才会找卖家要求解释，客服要在理解这一点的基础上与顾客沟通，才能获得较好的效果。

顾客：老板，桌子收到了，可是没有想象中的大呢。
客服：亲，我们在详情页上标注了尺寸的，您没有先用尺子预估过大小吗？
顾客：标注了尺寸的吗？我怎么没有看到？
客服：亲，在详情页的最下面可以看到。您翻翻看呢。
顾客：在最下面啊，详情页太长了，当时我没有翻到最下面，就看了一些实景照片，觉得大小可能差不多。

客服：这么说起来，我们也有一点责任。那这样亲，您现在还没有签收吧？运费险还是有效的，您先垫付运费把桌子给我们发回来，我们收到货以后再把运费通过支付宝返还给您。您看这个处理方式可以吗？

顾客：其实这个也不怪你们……，要不我补差价换另外一款尺寸合适的桌子好吗？

客服：好的，我马上就把退货地址给您发过去。

按理说，顾客没有看到尺寸描述，责任不在卖家，如果客服直接指责顾客不仔细，恐怕这个顾客从此就不会再进店购买了。如果客服主动承担自己这方并不存在的责任，反倒会让顾客感到内疚，从而变得更好说话。

2.2.3 表达不同意见时不要让对方反感

当遇到不理解顾客想法的时候，不妨多问问顾客是怎么想的，然后把自己放在顾客的角度去体会对方的心境。

如果不同意顾客的意见时，也不要生硬地表示否定，而要巧妙地以"您说得很有道理，不过有时候还会有这样的情况出现……"，或者"确实有您说的那样的情况，只是非常罕见，一般来说……"这样的表达法来进行否定，才不会让顾客产生反感。这种交流技巧叫作"先跟后带"，是客服人员的必备技能之一。

顾客：你们这款玻璃胶可以用在厕所和厨房吗？

客服：请放心使用，没有问题的。

顾客：可是玻璃胶在厨房和厕所不是会发黄发霉吗？

客服：您说得对，普通玻璃胶在潮湿的地方是容易发黄发霉，不过我们这款玻璃胶是专门的防霉玻璃胶，您可以放心在潮湿的地方使用，不会变色，也不会发霉。

顾客：真的吗，那我买一管试试。

从本例中可以看到，如果客服人员直接否定顾客的说法，将会让顾客感到不愉快，有可能会直接放弃购买，而采用"先跟后带"的表达方法，才能够在照顾顾客自尊的同时表达出相反意见。

> **专家提点——任何人都不喜欢被否定**
>
> 一个人提出看法时，不仅仅是在表达看法本身，同时还在体现自我人格。所以，如果看法遭到否定时，意味着他的"自我"遭到了或轻或重的损害，而任何人都不喜欢这种损害，很多人甚至会因此而勃然大怒。所以客服不要生硬地否定顾客的看法，要学会先肯定再否定的表达方法。

2.2.4　认真倾听，再做判断和推荐

客服要先问清楚顾客的意图、需要什么样的商品、是送人还是自用、是送给什么人等。了解清楚顾客的情况，才能仔细对顾客定位，了解顾客属于哪一类消费者，如学生、白领或家庭主妇等。尽量了解顾客的需求与期待，努力做到只介绍对的、不介绍贵的商品给顾客。做到以客为尊，满足顾客需求才能走向成功。

当顾客表现出犹豫不决或不明白的时候，也应该先问清楚顾客困惑的原因是什么，哪个地方不清楚。如果顾客表述不清，客服人员可以把自己的理解告诉顾客，询问对方自己是不是理解对了，然后针对顾客的疑惑给予解答。

顾客：请问你们这款免钉胶遇上水会失灵吗？

客服：亲，请问你要把这款免钉胶用在什么地方？这款免钉胶是不防水的。

顾客：哦，是这样，我想在厕所里粘一块免钉胶挂钩，挂一个香皂盒。因为厕所比较潮湿，我担心时间长了免钉胶会失灵，挂不住掉了，所以先问一下。

客服：这款免钉胶是不防水的，我们店里另外有一款防水免钉胶，我把链接给您吧。

顾客：好的谢谢！

2.2.5　相同的谈话方式更容易获得顾客认同

对于不同的顾客，应该尽量用和他们相同的谈话方式来交谈。如果对方是个年轻的妈妈，应该用育儿论坛中的一些"行话"来和对方交流，比如"宝宝、宝妈"等，会让对方感到亲切，更能引起对方的共鸣；如果顾客是时尚青年，可以用"亲亲"这样的称呼来称呼对方；如果顾客急于询问商品信息，就应该以简短的语言进行介绍与答疑。顾客遇上与自己说话风格相似的客服，就能够一下拉近双方的距离，从而增加购买商品的可能性。

顾客：请问这款女士戒指有没有可以调节大小的款式？

客服：对不起亲，我们这款戒指不可以调节大小，但您可以事先告诉我们尺寸，我们来定做。请问您是要自己带呢还是送人？

顾客：我是想送给我爱人。

客服：先生，您可以先用皮尺量一下您爱人手指的指围，然后告诉我们数据。您拍下戒指以后我们立刻为您定做。大约三天时间就可以做好。

顾客：好的谢谢！

在本例中，客服首先称呼对方"亲"，但在对方说出"爱人"这个词以后，客服立刻意识到对方已经上了一定的年纪，于是改为比较正式的称呼"先生"，这样会比较贴近对方的心理状态，更容易让对方感到舒适。

2.2.6 经常对顾客表示感谢

当顾客及时完成付款，或者很痛快地达成交易，客服人员都应该衷心对顾客表示感谢，感谢他/她为自己节约了时间，感谢他/她给自己一个愉快的交易过程。

感谢不要太少，但也不要太滥，太滥容易让人觉得这样的感谢流于形式。感谢时最好说明感谢的原因，这样的效果要比单纯地说"谢谢"要好得多，因为这样可以让顾客明白卖家究竟在感谢对他/她的什么行为，比如"谢谢您，这么爽快就成交了！"或者"多谢，您真是通情达理！"

> **专家提点——用感谢来强化顾客的行为**
>
> 感谢顾客的具体行为，可以强化顾客使用这种行为的习惯，让顾客下次保持同样的行为。比如这次因为爽快付款而被感谢的顾客，下次就很可能又会表现出爽快付款的行为，这样其实是有利于卖家的。

2.2.7 说话要留余地

客服在与顾客交流中，不要用"肯定、保证、绝对"等字样，因为凡事都有意外，谁也不知道哪位顾客会遇到商品质量问题。试想，如果自己去店里买东西，老板拍胸脯保证："放心用！一年以内绝对不会出问题！"但拿回家半年就坏了，此时自己的心情如何？是不是很失望？

为了不让顾客失望，最好不要轻易说"肯定、保证、百分之百"之类的词语。可以用"基本上、一般来说、绝大部分"等，在充分肯定的基础上，又留有一丝余地，不要把话说死，免得出现意外时搞得自己很尴尬。

客服：我们这款产品质量很好的，通过了国际×××认证。您可以放心使用。
顾客：我就担心用不了几个月就坏掉了，即使可以免费维修也挺麻烦的。
客服：亲，我们这款产品迄今为止卖出了8000多件，一年内的损坏率为0.14%，也就是说每2000件产品中，仅仅有3件产品会在一年内损坏。相比同类产品，我们的损坏率是相当低的，您完全可以放心使用，加上我们遍布全国的售后服务网点，您完全不必有什么担忧。

在本例中，如果直接回答顾客，我们的产品一年内绝对不会出问题（虽然这个可能性很大），显然是不妥当的，因此客服采取了数据说明的方法，告诉顾客产品虽然有可能会损坏，但损坏率极低，是可以放心使用的。这样万一顾客的产品一年内损坏了，也不会因为客服过于绝对的保证而生气。

> **高手支招** 抽象的数据需要适当的解说
>
> 对抽象的数据进行适当的解说，可以更有效地打动顾客。在本例中，如果只告诉顾客损坏率为0.14%而不加以说明，顾客可能对此没有什么直观印象，加上后面这句"每2000件产品中，仅仅只有3件产品会在一年内损坏"，顾客一下子就会直观地感受到，这件产品的损坏率还是相当低的。

2.3 掌握顾客心理学

客户服务是一件与人打交道的工作，如果客服人员能够熟练掌握顾客的心理，将会对自己的工作有相当大的帮助。客服人员并不需要掌握很高深的心理学，只需要了解一些常见的顾客心理就可以在工作中使用了。

2.3.1 利用从众心理诱导顾客随大流购物

人是一种群居动物，普通人都会有从众的心理。法国著名社会心理学家古斯塔夫·勒庞撰写过一本著名的书——《乌合之众》，专门研究群体心理，如图2-4所示。

在书中，勒庞阐述了群体以及群体心理的特征，指出了当个人是一个孤立的个体时，他/她有自己鲜明的个性化特征，而当这个人融入了群体后，他/她的个性会被群体所淹没，他/她的思想立刻就会被群体的思想所取代。

图2-4 《乌合之众》

从众心理在生活中比比皆是。比如很多人第一次去一家餐馆吃饭时，喜欢先到大众点评网上去看看大家对这个餐馆的评价，评价不高就不去，如图2-5所示；又或者想去看一部新电影时，喜欢先到豆瓣网上去看一看这部电影的评分，评分低就不看，如图2-6所示。

图2-5 大众点评

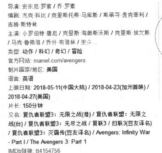

图2-6 豆瓣评分

客服人员在向顾客介绍产品时，也可以充分利用顾客的从众心理。比如："很多宝妈都在用这款奶瓶喂宝宝"或者"这款电热毯去年冬天卖掉了两千多张，大部分都是像您这样的年轻人买来孝敬老人的，您可以看看这款电热毯的评价，用了都说好"，这些话就利用了客户的从众心理，暗示客户可以放心购买。

顾客：老板，你们这款保温杯的质量怎么样？
客服：质量上请您放心，我们卖出 7000 多件，无一差评。另外这款保温杯还参加了去年 ×× 质量评比大会，获得了银奖，给您看看证书吧（贴出证书给顾客看）。
顾客：不错啊，那我就买三个吧，正好家里一人一个。
客服：亲，您真是关爱家人的典范，我们都要向您学习。

在本例中，当顾客询问商品质量时，客服人员没有直接从材质、做工等方面进行阐述，而是给出了两个含有从众心理的证据，暗示顾客购买。

专家提点——有的顾客不适合从众心理诱导法

有些类型的顾客，可能不太适合从众心理诱导法。通常来说，女性比男性更容易受从众心理的影响；性格内向的人比外向的人更容易受从众心理的影响。在沟通过程中，如果发现顾客比较有个性，就要谨慎使用从众心理诱导法。

2.3.2 充分利用顾客的好奇心

好奇心是驱动人类社会发展的动力之一。好奇之心人皆有之，利用人类的好奇心，可以巧妙地推销商品。对于电商客服而言，调动顾客好奇心的方法有几种，比如：
- 购买本店商品，有神秘小礼品赠送哦！
- 我们的图书还有作者的亲笔签名，您拿到手就知道了！
- 其实，这款电熨斗还有一个方便又有趣的小功能，我们没有在详情页上进行介绍，您可以在使用中自行发掘哦！

专家提点——利用好奇心要把握好度

好奇心虽然人皆有之，但在实际使用时要注意适可而止，不要一味装神秘，不然有可能适得其反，尤其是对一些性格急躁的顾客而言。调动好奇心可以作为一种辅助手段，配合其他话术进行使用。

2.3.3 强调性价比，吸引顾客下单

所谓性价比，即性能与价格的比值，是客户选购产品的重要参考指标，通俗来说就是实惠不实惠——性价比越高的商品就越实惠。顾客在购买产品时总是喜欢货比三家，目的就是

以最低的价格买质量最好的产品，"图个实惠"。

土豪只是少数，绝大多数网购的顾客还是喜欢实惠。网店客服在向顾客介绍产品时，可以在适当的时候强调一下性价比，以此打动顾客。

顾客：你们这款保健鞋我挺喜欢的，不过价格感觉贵了点。

客服：是的，您说得对，这款保健鞋是比同类商品要贵5%左右，但它是物有所值的。这款保健鞋有全方位波纹按摩功能，可以促进脚部血液循环，促进全身新陈代谢，我亲自试穿过三个月，真的感觉精神变好了，晚上睡觉也更香了。

客服：除了波纹按摩，鞋底还有远红外材料，能够深层刺激脚底穴位和经络，对人体五脏六腑也有保健作用。很多女性顾客都反馈，原本冰冷的脚，穿了我们的保健鞋之后，现在没那么容易冷了。

客服：另外，在鞋面夹层里还埋藏有十几味名贵中药材粉末做成的药包，对脚气、脚汗和脚臭等病症都有很好的疗效。其实，最体现我们用心的是，为了设计出最舒适的鞋型，我们的产品设计师采集了12000双脚的样本，根据大数据设计出最适合中国人穿的鞋型，上脚非常舒服，您看看评价就知道了。其他店铺的保健鞋，哪一家的鞋有我们这款鞋这么多功能，哪一家花费了我们这么多的精力来制作鞋型？但我们的价格仅仅只贵5%而已，算下来要比买其他店的保健鞋划算多了。

顾客：感觉是挺划得来的，那我买一双试试。

> **高手支招** 如何提高性价比
>
> 提高性价比的几个常用方法有：降低价格、提高质量、增加功能、加送赠品等，或者在附加值上下功夫，比如顺丰包邮、限量版等。一般来说，提高性价比是以增加成本、降低利润为代价的，所以一定要谨慎核算，不要过度操作。

2.3.4 利用"占便宜"心理诱导顾客下单

在商品质量、品牌和服务大致相同的情况下，价格是影响顾客购买与否的主要因素。由于现在网络和物流非常发达，很多产品都严重同质化，在面对这些商品的时候，顾客通常倾向于购买最便宜的那一款。

这种追求"便宜"的心理是可以被淘宝商家和客服利用起来的。淘宝商家可以采用一些促销手段，如打折、买一送几、返券等方法让利给客户，如图2-7所示。

同时，客服人员也要重点向顾客介绍本次促销行动能让顾客得到哪些实惠，比如：

图2-7　促销手段

- 这款鞋子目前正在打 7.5 折，今天是最后一天了，过了零点马上恢复原价！如果您要购买的话，请一定抓紧时间下单！
- 我们这款电磁炉目前赠送价值 320 元的汤锅和炒锅各一个、碗筷一副、调味瓶一组，非常实惠，赠品只有 300 套，送完为止，请抓紧时间购买！

> **专家提点——促销+紧迫感可以有效提高销量**
>
> 在宣传促销手段时，一定要告诉顾客促销截止的时限，这样会给顾客制造一种紧迫感，让顾客有一种"过了这个村就没有这个店"的感觉，害怕错过促销而下单。对一些本来性格比较犹豫、喜欢仔细考虑的顾客来说，这个方法尤其有效。

2.3.5 试用品让顾客打消疑虑

很多顾客对商品的功能或安全性有一定疑惑，这是很正常的。怎样解决这种疑虑，促进顾客购买？赠送试用品是一种行之有效的方法，常见于化妆品、保健品和小食品等种类的商品销售中。尤其是网上购物过程中，顾客只能通过图片和文字了解商品，怎样让客户对产品有更加全面的认知就变得很重要，赠送试用品是一个重要的途径，如图 2-8 所示。

淘宝、天猫都经常组织商家搞大型的付邮试用专场，顾客只要支付邮费，就可以获得喜欢的试用品。除了这种官方组织的试用品专场，商家也可以在自己网店进行试用品赠送活动，由客服人员向顾客介绍推广。

图2-8 赠送试用品

顾客：你们这款护手霜效果怎么样？我之前买的 ××× 牌的，搽了之后不能说完全没有用，但感觉效果有限，皮肤还是粗、干。我听朋友说你们店这款护手霜不错，但我没用过也拿不准。

客服：我们这款护手霜是用高级甘油为基底、加入进口洋甘菊精华制成，纯天然、纯绿色，不含防腐剂和其他添加剂……，对手部皮肤的滋养和保护都有很好的效果。

顾客：真的有这么好吗？

客服：亲，口说无凭，您可以试用一下。正好我们店正推出付邮试用活动，您只要出 6 元邮费，就能免费获得这款护手霜的小样一管，您试用过以后，觉得不错的话再来购买，完全没有任何风险。或者您在本店消费 60 元以上，也可以免费获得任意一件产品的小样，您觉得哪种方式比较适合您呢？

顾客：我想付邮试用。

客服：那好的，我马上给你发来付邮试用的链接，您直接拍下，并在留言中注明"洋甘菊护手霜"即可。

2.3.6 喜欢新潮的时尚型顾客

大部分中青年人对于新事物、新产品都比较喜欢和关注。男性喜欢电子产品（如手机、电脑、无人机等）；女性关注新款服装、首饰与化妆品等。尽管新产品不一定比老产品好，但对这类人群而言，新产品有不一样的意义，拥有新产品让他们感觉自己站在潮流的前沿，心理上有很大的满足感，如图2-9所示。

图2-9 时尚新品

中青年是网购消费主流群体，淘宝商家要想成功赢得这个群体，就必须有敏锐的潮流触觉，勇于推陈出新、更新换代。对于网店客服人员而言，在向顾客介绍产品时，要将产品**超前性**以及**普遍受欢迎**的这两个特点介绍出来。

- **强调产品的超前性**。更容易激发顾客追求"新潮"的心理，刺激客户的购买欲。超前性可以让持有产品的顾客"走在潮流前面"。
- **强调产品的普遍性**。当产品已经被社会普遍认可，并且即将或已经成为趋势时，顾客就也会进行购买，不然顾客就会觉得自己落伍了。普遍性可以让持有产品的顾客"不落后于潮流"。

2.3.7 喜欢品牌的爱面子顾客

亲朋好友聚会时，经常晒娃、晒房、晒车，这些举动背后的心理含义就是追求面子。爱面子是我们这个族群几千年来沉淀下来的社会文化，自有它存在的特殊意义，其好坏我们这里不做评判。

苹果手机的售价，对一般工薪族而言不算便宜，其功能也并无独一无二的特点。但奇怪的是，很多人勒紧裤腰带都要为自己买一台时尚的苹果手机，为什么？因为苹果手机是品牌手机，拿出来有面子。像 LV 等名牌包包，在女性眼里也是增加自己面子的利器。追求"面子"的顾客，在消费时可以不计得失，因为他/她们希望通过昂贵的品牌产品表现自己。

对于淘宝商家而言，一旦创建起属于自己的品牌，就能够吸引到顾客。客服要向顾客传递丰富的品牌信息，让顾客全方位了解本店品牌的优势，从而舍得掏钱购买，如三只小熊就是网销名牌，深受大家喜爱，销量也非常好，如图2-10所示。

图2-10　三只小熊

下面提供一种常见的关于品牌的"套路"说辞，供大家参考。

亲，我们的××品牌创建于1990年，有将近30年的历史了，我们虽然不是超一线品牌，但其实很多人都喜欢的，比如×××（某明星）在出席戛纳电影节的时候，戴的领带就是我们品牌的，×××（某明星）的皮带也是我们品牌长年供应的（如有相关照片可以出示给顾客看）。

2.3.8　注意分寸（不要激发顾客的逆反心理）

什么是逆反心理？我们这里不做研讨，通俗地说就是"对着干"。产生逆反心理的原因主要有两种：
- 一种是因为有的人个性比较强，就喜欢和人"对着干"；
- 另外一种是当有的人认为自我、尊严等受到了威胁和否定，从而产生了一种应激反应，表现出来就是和对方对着干。

有的客服在和顾客交谈时，往往喜欢所谓的"把握谈话节奏，控制谈话方向"，这种方法本身是无可厚非的，但有的时候，会对一些顾客产生反作用。比如，有的客服人员对顾客长篇大论介绍商品,全然不顾顾客的情绪变化,在这个过程中,顾客就有可能逐渐产生逆反心理。

当顾客产生逆反心理后,他有可能会频繁地对客服人员的话进行反驳,也有可能长时间对客服人员的话不产生任何反应,或者只是冷淡地回答"嗯,我知道",当客服人员在遇到这几种情况的时候,就要意识到,必须改变当前的谈话方式和节奏,才有可能重新获得顾客积极的正面回应。

客服:我们这款产品,它功能非常多,……(长篇大论介绍产品)
顾客:哦。
客服:这款产品目前正在搞活动,买一赠五,赠品包括……
顾客:你们这赠品也不咋地。
客服此时意识到顾客已经产生了逆反心理,于是马上改变策略,对顾客说:真是对不起,我们的产品没能让您满意,浪费您这么多时间听我介绍。
顾客:好吧,其实也没那么差了,我再选两件宝贝,到时候连这个宝贝一起下单。
客服:好的,您再挑选吧,有什么疑问可以随时问我。
顾客:嗯。

客服要养成敏锐的观察习惯,不要自顾自地说话,而要随时留意顾客的反应,根据顾客的反应来调整自己说话的方式和策略。

2.4 秘技一点通

技巧1——客服必读经典图书

作为一个专门与人打交道,心理压力较大的服务性行业,客服更需要通过各种渠道汲取知识,充实自己。而充实自己,最有效的手段莫过于读书。

1.《客服圣经:如何成功打造顾客忠诚度》(美)蒂姆 著

本书将客服技能的应用性和理论性进行了完美整合,以简单易懂的方式呈现给读者,从多个视角探讨了如何提升顾客服务技能,如何成为超越顾客期望的客服人员的方法。

2.《客户服务与客户投诉,抱怨处理技巧》朱玉华 著

本书通过大量的实战经验深入探讨了客户投诉处理的方法和心态,让新手客服学会如何与投诉的顾客打交道,将投诉从问题转化成动力。

3.《抗压力:逆境重生法则》(日)久世浩司 著

客服人员在工作中经常会遇到激烈的对抗,有时候会导致强烈的失败感和挫折感,心理

压力很大。如何增加自身抗压能力,以及掌握减压技巧,是每个客服人员都必须掌握的。因为,有了良好的心态,才能做好这份与人打交道的工作。

4.《乌合之众》(法)古斯塔夫·勒庞

作者在书中极为精致地描述了集体心态,对人们理解集体行为的作用以及对社会心理学的思考发挥了巨大影响。本书观点独特,语言生动,是研究群体行为的上佳之作,已印至第29版,极有阅读价值。

5.《如何阅读一本书》(美)莫提默·J. 艾德勒/查尔斯·范多伦

阅读本身也是一种技能,有其内在的规律与技巧。花时间来掌握正确的阅读方法,可以有效地提高阅读任何书籍的效率,也就是所谓的"磨刀不误砍柴工"。本书介绍了各种阅读方法与技巧,以及阅读所应具备的广阔视野。即使对经常阅读的人而言,通过本书也可以获得更深的阅读体悟,让自己的阅读技能更上一层楼。

技巧2——客服如何"催眠"顾客,让顾客成为店铺义务推销员

一个好客服,不仅能把商品推销出去,还能让顾客成为店铺的义务推销员。俗话说:"一传十,十传百。"一旦顾客成了推销员,产品的美誉度和知名度能直线上升,广告费也可省下一大笔。更重要的是,获得难能可贵的人气,这些都是无价之宝。

客服要让顾客成为推销员,有以下三个诀窍。

- 要从顾客利益出发,以优良的商品质量、良好的信誉、一流的售后服务赢得顾客,树立良好的品牌形象。
- 必须搞好同顾客的关系,让顾客有宾至如归的感觉。顾客在购买商品的同时,还购买了比商品更重要的东西——情感、尊重等,而这部分价值是客服带来的。
- 客服不要只发动"感情攻势",在让顾客成为推销员时,还可以给顾客一些实惠。

> **专家提点——喜新不厌旧**
>
> 比如一定比例的报酬,或者一定程度的折扣,从情感和物质两方面将顾客拴牢在店铺中。
>
> 值得注意的是,当顾客向客服推荐了新顾客以后,无论生意成功与否,都要对老顾客表示感谢,这是最起码的礼貌,也让老顾客知道自己的努力没有被忽略,不然老顾客就会觉得灰心,从而渐渐失去推荐的动力。

技巧3——客服人员如何调节心情、缓解压力

客服人员每天要面对大量的负面情绪,自己的心理也难免受到感染,有的人会感觉心理压力大,会出现失眠、头疼、胃口差、掉头发、面色枯黄、脾气暴躁等现象。一旦出现这些现象时,就需要采取一定的手段来减压了,不然长期下来,会对生活质量、身体健康造成很大的影响。

调节心情、缓解压力的方法有很多，适合普通上班族每天操作的有：

- **慢跑**。慢跑可以促进血液循环，提高心肺功能，让人放松心情。慢跑的成本很低，效果很好，是比较适合城市白领的锻炼方式。慢跑的唯一缺点是对空气和场地有一定的要求。
- **瑜伽**。通过拉伸肌肉和关节，使身体得到彻底放松，从而让心情也得到放松，瑜伽适合在室内做，非常方便，但练习瑜伽时要注意，不要操之过急，否则有可能拉伤筋骨，造成伤害。
- **冥想**。通过冥想，人的身体和大脑会得到彻底放松，整个人会处于轻松愉悦的状态。冥想不仅能够缓解人的身心压力，还能够让人的感知变得更加敏锐，非常适合客服。冥想时注意力放在鼻尖，体会呼吸就可以了，不需要更多的技巧，也不一定非要盘腿而坐，只要能端正坐着，保持脊柱正直就没有问题。
- **找到一门爱好**。爱好能够帮助一个人转移工作压力，使身心得到良好的恢复，每天练习自己的爱好，半小时到一小时，对自己的身心都很有帮助。帮助自己转移身心压力的爱好最好不要太耗神，也不要太激烈，像书法、绘画、乐器、十字绣等等，都是不错的选择。打麻将也挺好，只要不打太晚，影响休息即可。

其实缓解压力，放松身心的方法还有很多，大家可以寻找适合自己的方法来进行练习。除了可以缓解工作带来的身心压力外，说不定还能学会一门技艺呢。

客服小故事——新手客服的成长之路

刘小西是一个小县城里的一名普通职高生。职高毕业以后他跟着同乡来到了广州找工作。广州人才济济，一个职高生工作不太好找。在面试了很多次以后，小西终于被一家网店录用了，工作内容是做客户服务。店主觉得小西声音清晰，脾气好，打字又快，非常适合做客服，所以把毫无工作经验的他给录取了。

于是刘小西就这样开始了人生的第一份工作。刚工作没几天，刘小西就遇到了麻烦。一名中年妇女在店里看中了一款男鞋，刘小西热情地接待了这位顾客，并以会员积分等优惠吸引这个顾客，但这位顾客却迟迟不肯下单，一直推说要再考虑看看。过了一段时间，又有一名中年男子来问同一双鞋子，但鞋子已缺货了。这位先生得知后立即发飙，旺旺信息随即飞来："之前我老婆问了都有货，我正等着穿呢。你们店里怎么搞的，还有没有信用？货少就不要开店啊。"随后之前那位中年妇女也发来旺旺信息，辱骂刘小西，还要挟说要给差评和投诉。

刘小西觉得很委屈，于是向旁边的同事诉苦。同事告诉刘小西："这些顾客无故刁难，无非就是想让客服减价补偿。我们能做的就是一边尽量安抚顾客，一边催促仓库尽快补货。"刘小西听后顿时明白了该怎么做，看到夫妻俩的轮番攻击，虽然心里还是很难过，但刘小西一直忍住，始终没有辩解，只是不停道歉，并表示自己会尽快跟进。最后这个单子足足花了两天时间，刘小西才将它做完。

虽然刘小西的脾气比较好，但有时候还是会被无理取闹的顾客气得火冒三丈，然而他又必须时刻忍耐，他说："最初我是强行按下脾气，不和顾客争吵，后来逐渐的，我意识到顾客发火也是有原因的，多站在他们的立场上考虑，很多事情就会变得比较容易想开。再后来，无论顾客怎么不讲理，我也能够平静地和他们沟通。我觉得我成长了。最明显的一个变化是，我的投诉量几乎没有了。"

在做客服的这段日子，小西学会了很多关于怎样去做好一名客服的技巧，也遇到过很多麻烦，但是好在一切都解决了，虽然有些问题解决得不是很完美。比如有的顾客怎么都不听解释，不肯撤销投诉；有时遇到一些顾客，无论怎样和他们沟通，都不肯修改差评，除非给他们打款，遇上这样的情况，客服人员也是很无奈的。

客服的工作不算特别多，但是很充实，每天刘小西都能够和不同的人交流，每天都在慢慢地成长。现在刘小西已经跳槽到了另外一家中型网店做客服，老板很欣赏小西，决定网店规模进一步扩大后，客服单独成立一个小组，让小西担任组长。刘小西觉得有时候人生很神奇，自己从来没有想到过做客服这个工作，不经意间，却快要当上客服组长了。

第3章

了解售前与售中流程

本章导言

淘宝客服的工作可以分为三个阶段(售前、售中和售后),其中售前工作是决定商品成交的关键,也是整个客服工作的核心;售中工作则是商品出售过程流畅与否的重要环节。那么在售前和售中过程中,客服都需要做些什么呢?简单来说,客服在售前的主要工作就是介绍和推荐商品,回答顾客的疑问等;而售中的主要工作是处理并跟踪订单,确保送货流畅。

学习要点

- 了解售前过程中客服的具体工作内容
- 了解售中过程中客服的具体工作内容

3.1 售前流程

售前工作在客服的工作中占较大比重。客服人员在售前过程中,不仅要解答顾客关于商品、物流等各方面的疑问,促进顾客下单,推销关联产品,还要塑造店铺形象,提升顾客对店铺的好感,使新顾客变成回头客、老顾客变成高频购买顾客。

3.1.1 进门问好

第一印象在人与人之间的交往中影响重大,有时候第一印象会终生存在于两个人的交往之中,在网店交易中也是这样,当新顾客第一次上门时,如果客服人员给他/她留下了轻松愉快、尽心尽责等正面印象,那么他/她有很大可能就会变成回头客。对于老顾客而言,如果每次进店都能受到热情的接待,自然也会增加对店铺的黏度。

进店问好是客服人员给顾客留下第一印象的最好时机。进店问好要注意以下几点:

1. 礼貌热情

礼貌热情的招呼可以让顾客感到心情舒畅,从而增加顾客下单的可能性,这是因为顾客在受到热情招待以后,就会减少抵触心理和逆反心理,比较容易接受客服人员的暗示。典型的进店问好是这样的:

顾客:老板,在吗?

客服:客官,欢迎光临小店!请问有什么能帮到您的吗?

也有的顾客会直接发来一个商品的链接,然后询问该商品的细节:

顾客:(发来商品链接):请问这款长裤的拉链是YKK的吗?

客服:亲,谢谢您关注本店商品!没错,这款长裤的拉链就是YKK的,质量非常好,是我们老板亲自去批量采购的正品。

客服人员切忌死气沉沉,问三答一,有的客服人员习惯使用一两个字来回答顾客,这样倒是省事了,可是会给顾客造成非常不良的印象,比如:

顾客:老板,在吗?

客服:在

顾客:我看这件衬衫没有白色款了,可是我很想要白色的,可不可以到货时通知我一声,我现在给你留个电话。

客服:好的

这样就会给人一种爱搭不理的感觉，让顾客觉得自己受到了冷遇。又比如：

顾客：（发来商品链接）：请问这款长裤的拉链是YKK的吗？
客服：是的，质量很好。

这样回答顾客，其不良影响是显而易见的。

高手支招 关于文字数量

> 有一些资深客服曾经总结出这样一个道理：在顾客刚进店时，客服人员回答顾客的文字数量，最好等于或者超过顾客问题文字的数量，这样会让顾客潜意识觉得自己受到了重视。而在顾客重点阐述问题时，客服人员最好就不要再回应较多的文字，而应以简短的文字来鼓励顾客继续说下去。

2. 用语统一

网店客服人员应该事先统一用语，在实践中，多使用"您""咱们"等词汇，可以有效地拉近双方的距离。另外，统一的用语也有利于给顾客造成店铺很规范、客服人员训练有素的良好印象。

3. 风格独特

在网店竞争激烈的今天，如何给顾客留下独特的印象也成了一个重要课题。除了网店整体装修、详情页的精心布局之外，客服人员的说话风格也可以给顾客留下深刻的印象。

一般的网店客服人员，都是用一种彬彬有礼、不卑不亢的语气和顾客交谈。这种风格本身是没有什么问题，但因为大家都在使用，所以难以给人留下深刻的印象。下面我们总结了几种独特的谈话风格，供大家参考。

- **卖萌型**。卖萌是一种比较受网民欢迎的交谈风格，一般都能够迅速博取顾客的好感。比如"亲，在的呢~~""好哒！""嗯嗯！""小的明白了！"等词句就能起到卖萌的作用。注意，卖萌要有度，过度卖萌会引起顾客反感。此外在交谈中使用一些表情符号，也能够起到卖萌的作用，如图3-1所示。

- **江湖型**。武侠文化在中国人的意识中可谓是根深蒂固。因此具有武侠味道的交谈风格也很容易被顾客接受，比如称呼顾客为"客官""大侠"，客服人员自称"小二""小女子""本姑娘"等，称呼自己的店铺为"小店""鄙店"等，让顾客觉得有趣之余，迅速给顾客留下深刻的印象。

图3-1 卖萌型客服

- **幽默型**。幽默总是让人难以忘记。不过要维持幽默的交谈风格，对客服人员的个人素质要求较高，较难通过培训达到目的。可以说幽默的客服人员是可遇而不可求的。

这里只讲解了一些比较常见的、有趣的交谈风格，淘宝店主应该鼓励客服人员自行创造各种有意思的交谈风格，以便给顾客留下深刻的印象，不过一定要把握好度。

3.1.2 答疑与推荐

顾客来到网店中进行询问，一般有以下两种情况：一种是顾客已经看中了一个商品，需要找客服了解更多的情况，或者有一些疑问需要客服进行解答；另一种是看中了本店的一类商品，需要客服帮助进行选择。

1. 为顾客答疑

当顾客已经看中一个商品时，通常会发送一个该商品的链接给客服人员，淘宝平台会自动把这个商品的缩略图附在链接的下面，并显示给客服人员，如图3-2所示。

图3-2　顾客想了解的商品

客服人员在回答顾客关于商品的问题时，要抓住关键词进行详尽而不啰嗦的回答。回答时注意两点：

- **多条排序**：当答案包含好几个点时，可以用数字序号将们分开来，这样看起来会显得有条有理，便于阅读和理解，如图 3-3 和图 3-4 所示。

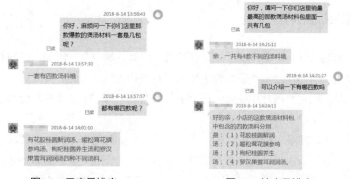

图3-3　无序号排序　　　　　　　图3-4　按序号排序

- **长文分段**：当答案太长时，可以适当分段，而不要将一整段文字直接发送给顾客，顾客看到长篇文字可能马上会感到厌烦，而分段后，观感则会好很多，如图3-5和图3-6所示。

图3-5　长段不便于阅读　　　　　　图3-6　分段便于阅读

2. 为顾客推荐商品

有时候顾客进店询问时，并没有看上特定的商品，而是看上了店里一类商品，需要了解这类商品的细节，或者需要客服人员帮助选择，如图3-7所示。

例如某顾客告诉客服人员需要购买一件冬季大衣，一件"保暖性好，款式好看，并且价格不太贵"的大衣，而店铺中有好几件衣服满足顾客的需求，顾客不知道如何进行取舍，求助于客服，此时客服应先详细了解顾客的一些喜好和情况，比如询问顾客喜欢哪几种颜色，喜欢长款还是短款，瘦身款还是宽松款，甚至还可以询问顾客是否方便发送一张全身照给客服参考。

图3-7　为顾客推荐商品

在了解这些情况后，客服人员可以对各种选项的优点和缺点进行阐述，比如冬季穿亮色的衣服会比较好看，但是不耐脏；比如顾客腿型比较好看，适合穿短款大衣，可以充分展示腿型等等。总之，要切实地站在顾客角度进行阐述，还可以将其他顾客的长期使用反馈信息告诉给顾客，尽量帮助顾客将选择范围缩小；如果顾客不太挑剔的话，甚至可以帮顾客确定一件。

3.1.3　关联商品推荐

所谓关联商品，就是与顾客所要购买商品有一定联系的商品，比如，当顾客在服装店购买西装时，导购人员通常会询问顾客要不要购买衬衣和领带，此时，衬衣和领带就是西装的关联产品；当顾客购买奶瓶时，导购人员会推荐奶瓶刷、备用奶嘴等商品给顾客，此时，奶瓶刷、备用奶嘴就是奶瓶的关联商品。

由此可见，关联商品对顾客购买的主商品有补充、辅助的作用，并且关联商品的价值和作用不能高于主商品。比如顾客购买手机时，手机套可以作为关联商品向顾客推荐，但当顾客购买手机套时，向顾客推荐手机是不合适的，而推荐手机贴膜就是合适的。

客服人员在回答完顾客关于商品的疑问，或者帮助顾客挑选商品以后，不要着急让顾客下单购买，而应该抓紧机会向顾客推荐关联商品。

推荐关联商品可以极大地增加店铺商品销量，也是客服人员提升销售提成的机会。

要注意，关联商品搭配主商品时，在价格上应该有一定的优惠。例如顾客单买一件冬衣的价格是200元，单买围巾的价格是65元，当客服人员将二者搭配出售时，价格可以适当优惠到245元。还有一种情况是，单买主商品可能不包邮，但在购买了价格并不高的关联商品后，两件商品都可以包邮，这是常见的"关联商品优惠法"。

一个典型的关联商品销售例子如下：一位顾客进店询问了关于某名牌钢笔的一些问题后，决定购买，此时客服人员应该不失时机地推荐关联商品。

客服： 请您使用的时候务必注意，不要摔到钢笔，否则有可能损坏笔尖，有好多顾客客就是不小心把笔掉在地上，结果把笔尖给摔裂了。

顾客：我会尽量注意的。

客服：人有失手马有失蹄，如果真的摔坏笔尖，其实也不必太担心。您可以购买几支原厂出品的备用笔尖，质量和钢笔上的笔尖是一样的，而且换起来也非常轻松，跟着我们的教学视频，两分钟就可以学会。我建议您适当购买几支，有备无患嘛。

顾客：还有备用笔尖啊，不知道贵不贵啊？

客服：不贵的，单买备用笔尖的话，是36元一支，如果和钢笔一起买的话，价格更加优惠，28元一支。

顾客：还不错，那我再买两支备用笔尖吧。

客服：好的，我马上把链接发给您。

3.1.4 催促下单

当顾客确定要购买商品，但又迟迟没有下单时，可以对顾客进行适当的诱导，让他们马上下单。诱导的方法很多，比如，人为制造一种紧迫感，就是一种屡试不爽的方法。

在制造紧迫感时：

- 可以利用时间上的因素，比如"这个活动仅此一天，过了12点就恢复原价啦"或者"今天是优惠的最后一天，明天就没有优惠了"；
- 也可以利用数量上的因素，比如"这件衣服卖得特别好，现在还剩最后三件了，您再不下手可就没有了，因为这款衣服是绝版，卖完就补不到货了"，或者"这个手办是限量发售的，只有200件，非常珍贵，先到先得，犹豫就没有了"等。

总之只要发挥想象力，可以从很多因素上制造出紧迫感。

诱导顾客下单的方法还有很多，比如通过赠品、优惠券、运费险来促使顾客下单，以及通过各种话术来"刺激"顾客下单等，这些方法将在后面详细讲解。

3.1.5 催促付款

顾客拍下产品却迟迟没有付款，这是很常见的情况，客服人员几乎每天都会遇到，此时就要催促顾客进行付款。催付工作能够有效提高询单转化率，对促进店铺销量有很重要的作用，应当引起重视。

那么，当客服人员催付时，应该用怎样的方式，选择什么时间，使用怎样的语言，才能达到最好的效果？下面就一起来看看资深客服人员总结出来的一些经验。

1. 催付的方式

常用的催付方式为电话、短信、阿里旺旺三种，如果客户已经和商家建立起微信或QQ上的联系，那么还可以通过微信和QQ进行催付。从统计效果上来看电话催付的效果是最明显的，其次是旺旺和短信。如果能够通过微信或QQ催付的话，效果也是很好的。

无论使用哪种方式催付，一定要掌握好频率，切忌过度操作，过于频繁会让顾客反感，顾客不仅不会付款，还会从心里将店铺拉入黑名单，可能以后再也不会到店消费了。

> **专家提点——任何人都不喜欢被否定**
>
> 最好不要针对同一个顾客使用多种催付方式，哪怕每种催付方式只使用一次，也会给对方造成很大的干扰。建议选择其中一两种方式即可，且每种方式只使用一次，根据实际经验来看，这是比较容易被顾客接受的。

2. 催付的时间

一些没有经验的客服人员，在看到顾客下单后长时间没有付款时，本能地就想要催促付款。其实见单就催不是一个很好的习惯，催付也是要把握好时间的。经过一线客服人员的总结，催付时间要根据订单时间来：

- 上午订单最佳催付时间：11:00 ~ 12:00
- 下午订单最佳催付时间：16:00 ~ 17:00
- 当晚订单最佳催付时间：次日 11:00 ~ 12:00

这是因为顾客上午工作到 11:00 ~ 12:00，下午工作到 16:00 ~ 17:00，一般都会感到疲惫，此时有很大的可能在做与工作无关的事，比如看看网页、逛逛淘宝，这个时候催付不容易引起顾客的反感，顾客也有时间来进行付款。

> **高手支招** 通知顾客关闭订单也是一种催付
>
> 客服人员在第一次催付之后，可以在隔天的同一时间再次进行催付，引起顾客的重视。如果顾客仍未付款，则最好不要再次催付了，有的店铺会最后通知顾客关闭订单，这也是一种变相的催付，可以借鉴。

3. 催付的内容

催付不是讨债，不要让顾客感到不快，而要让顾客感受到客服的热情与克制。热情是指要让顾客感到客服人员对顾客本人的热情，而不是对订单和钱的热情；克制则是不要表现出迫切想要顾客付款的心情，而要让顾客觉得轻松自然，没有心理压力。

不同的催付方式要使用不同的催付内容，才能达到较好效果。催付方式大致分为三类，即电话催付、短信催付与线上催付（阿里旺旺、微信和 QQ 等），下面来看看各种催付方式的内容特点。

- 电话催付。电话催付适合网购不太频繁的新顾客，因为这类顾客还不太信任网络交易，如果客服通过电话这种传统方式与其沟通，则能够较好地打消顾客的疑虑，获得顾客的信任。客服在进行电话催付时，要事先了解顾客的身份信息与所拍商品，便于在催付时使用。电话催付的常用开场白为：

您好，请问您是 ×××先生/小姐吗？我是 ×××店的客服，我叫 ×××，您上午在我们店拍下了 ××××商品，还没有付款，请问您需要我们的帮助吗？如果您有付款方面的问题，请告诉我们。

- 短信催付。短信催付可能效果没有电话催付那么好，这是因为很多人的手机都有垃圾短信过滤功能，催付短信有可能会被当作垃圾短信过滤掉。短信催付的优势在于速度快，成本低，对顾客的干扰很小，在催付的顾客比较多时，使用短信催付效率要高一些。在使用短信催付时，一定要在短信的开头说明顾客的名字，这样顾客才会耐心阅读，而不会直接将短信当作垃圾信息删掉。

　　×××先生，您好！我是××店铺的客服人员，您之前在我们店铺购买的××商品目前还没有付款，如果您在今天16点30分之前付款，我们今天就可以安排发货。您有任何问题都可以咨询我们，我们将竭诚为您服务！

- 线上催付。线上催付主要通过阿里旺旺、微信或QQ来进行。线上催付的成本更低，但即时性可能没有短信效果那么好，因为毕竟不是所有人都随时会去看旺旺、微信或QQ上的信息，而短信则基本随到随看，从这点上来讲，短信的即时性要高于线上。线上催付对于发送时间的要求没有那么高，因为顾客会在自己方便的时候才去查看线上的信息，因此线上信息一般不会打扰到顾客。线上催付的内容可以稍微活跃一点，适当加入一些网络用语以及表情，都是可以的，如图3-8所示。
总而言之，催付工作的核心要点就是要在不让顾客反感的情况下，敦促顾客付款，提高店铺的询单转化率。

图3-8　线上催付

3.1.6　礼貌告别

当顾客下单并付款后，如果不再询问客服相关的问题，则表示这次交流可以结束了。此时客服人员要主动与顾客告别，这样不仅可以给顾客留下好印象，还能够使客服人员把注意力投向其他的顾客，为更多的顾客服务。

告别内容通常是一些感谢的话语，比如"感谢您购买本店的产品，欢迎您下次再来！"，或者"感谢您对小店的支持，客服×××祝您生活愉快，工作顺利！"，以这类话语向顾客明确表达本次交易已经结束的信息。

图3-9　备注顾客信息

在告别顾客之后，还要添加顾客为好友，做好备注，如图3-9所示。当顾客再次光临时，可以通过查看备注知道到对方的一些特点，比如"爱讲价""好评率高"等等，这样能有效避免一些交易上的麻烦。

> **高手支招** 将顾客分组
>
> 除了为顾客添加备注以外，还可以将不同类型的顾客分组，这样便于管理，比如将女性顾客归为一组，当有新的女士服装上架时，可以通知相应分组的顾客。

3.2 售中流程

当售前流程结束后，客服人员就要将顾客的订单发送给仓库，让仓库发货，在仓库反馈"已发货"信息后，客服人员应及时修改订单状态为"已发货"；如果仓库反馈缺货，则应该对订单另行处理。此外，客服人员还应该跟踪订单，并及时通知顾客签收以及对本次交易进行评价。这就是客服在商品售中的大概工作流程。

3.2.1 订单处理

当顾客拍下商品并付款以后，客服人员就要开始对订单进行处理，一般来说包含以下几种处理方式。

1. 确认订单，交送仓库

在收到顾客的拍单付款信息之后，客服要通过旺旺与顾客及时取得联系，确认顾客填写的信息是否正确，避免发错地址，引起纠纷。如图3-10所示为顾客在手机淘宝上接收到的订单确认信息。顾客点击"确认"按钮即可完成确认。

订单确认无误后，可将相应的快递单打印出来，并移交给仓库，由仓库管理人员发货。

2. 修改订单状态

如果仓库反馈已经发货的信息，则客服人员就要将订单修改为已发货状态，也就是在网店管理后台中，找到"买家已付款"的订单，点击"发货"按钮，该订单会自动转移到"待确认发货"一栏，如图3-11所示。

一般来说，上架商品的数量和库存数量是一致的，不会出现顾客下单后仓库无货可发的状况。但有时候也有例外，比如仓库中货物发生损毁，导致实际库存减少，而仓库方面又没有及时通知客服修改数量，这时就会发生缺货的状况。

图3-10 确认订单

图3-11 修改订单状态

缺货订单要及时进行处理。淘宝规定，如订单超过72小时或者约定时间不发货，顾客可以就此投诉卖家。所以客服一定要定期与仓库沟通，不足的货品要及时补货或下架，尽可能避免订单缺货的情况，如图3-12所示为在网店管理后台中，选中商品并将之下架的操作。

图3-12 处理缺货订单

3. 处理缺货订单

当出现缺货的情况时，除了及时下架相关商品外，客服人员一定要尽快与顾客取得联系，商议出最佳的解决办法。常见的一些解决办法有：退还顾客购物款、为顾客调换商品款式（补差价）、赠送本店优惠券或升级顾客的会员等级等，务必要让顾客感到满意。

缺货本来就是店铺方的工作失误，因此客服在解决这类问题的时候要比平时更加小心，以安抚顾客情绪为主。否则顾客不满意，就可能会向平台投诉，影响店铺的排名，会给店铺生意带来很大的损失。

4. 排查未发货订单

为避免订单出错，客服人员一定要每天定时检查订单，重点排查未发货的订单。这类异常未发货的订单大多是因为商品缺货、客服人员未及时修改订单状态以及商品预售等有关系。排查未发货订单需要有较强的敏感性，对客服人员有一定的要求。

3.2.2 订单跟踪

店铺将商品发出后，客服要对订单进行跟踪与查询，确认商品安全到达顾客手中。之后还要通知顾客对本次交易进行评价。这是整个售中流程的终点。

1. 跟踪物流

一般来说，如果顾客没有反馈物流问题，客服人员是不用去查询商品物流状态的。有时候顾客会联系客服人员，反馈说迟迟没有收到快递，客服人员就要查询该顾客订单的物流状态。查询的方式一般有两种，一种是在淘宝网店后台管理系统里面进行查询，如图3-13所示；另外一种是在快递官网上进行查询，或直接在百度搜索栏中输入快递单号进行查询，如图3-14所示。

图3-13　淘宝后台查看物流信息

图3-14　物流网站查看物流信息

2. 提醒顾客签收

当快递在派件途中的时候，平台会提示卖家，某商品正在派件，当客服人员收到信息之后，可以用短信或线上的方式提醒顾客注意签收，这不仅能让顾客感受到店铺的周到服务，还能让顾客预先调整自己的时间去接收包裹。如图 3-15 为顾客在手机上收到的提醒签收短信。

3. 提醒顾客评价

客服每天要检查订单物流，如果发现某订单已经被顾客签收商品，则最好再发送短信给顾客，对顾客表示感谢，并以优惠券、赠品、返现等形式促使顾客及时给予好评，如图 3-16 所示。

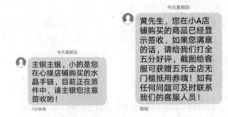

图3-15　提醒顾客签收　图3-16　提醒顾客评价

3.3 秘技一点通

技巧1——客服人员怎样了解顾客的购买需求

客服人员想要成功地销售一件商品,首先需要做的就是了解顾客的购买需求。只有在了解清楚顾客的购买需求后,客服人员才能有针对性地介绍商品。盲目推荐商品,只会让顾客反感,从而导致交易失败。那么客服人员要怎样去了解顾客的购买需求呢?

第一步:了解顾客的基本情况。

客服人员首先需要搞清楚顾客的一些基本情况,例如要了解顾客购买商品是自用还是送人;要了解使用人的年龄、性格以及喜好等。客服人员只有在对这些基本情况有了一定了解之后,才能基于了解到的情况作出有针对性地介绍,从而提高该商品成交的概率。

第二步:了解顾客的购买目的。

不同的人购买同一类商品的目的也许是不同的,因此他们希望商品达到的效果也是不一样的。例如购买洗发水,有的人需要滋养护理,有的人需要水润去油;又如同样是购买运动鞋,有的人购买运动鞋每天都会穿,有的人购买运动鞋只是偶尔运动时才会穿……因此客服人员需要弄清楚顾客购买该商品的目的,然后根据顾客的具体需求来推荐自己的商品。

技巧2——同时推荐两款商品,引导顾客做出选择

在网上购物,很多顾客会出现"不知道自己到底该购买哪一款商品"这种犹豫不决的情况。这时,如果客服人员能够同时为顾客推荐两款同类型的商品,那么顾客通常会在这两款商品中选择一款,这样有助于增加商品成交的几率。

客服人员在向顾客同时推荐两款商品,应当注意以下几点。

1. 推荐的两款商品必须是同类型的

客服人员在向顾客同时推荐两款商品时必须要把握一个原则,那就是所推荐的两款商品必须是同类型的,这样才能促使顾客尽快作出选择。例如,推荐电吹风就只能介绍不同型号的电吹风,不能一个是电吹风,而另一个是电熨斗。

2. 推荐的两款商品需要有价格区别

客服人员选择向顾客同时推荐的两款商品,在价格上要有所区别。最好是一款价格稍微高一点,一款价格相对低一点,这样有助于顾客根据自己的情况作出合适的选择。

3. 推荐的两款商品需要有各自的卖点

客服人员向顾客同时推荐的两款商品需要有各自的卖点,不同的卖点会促使顾客根据自己的情况考虑是否购买。两款商品的卖点可以是产品特色、性价比以及优惠等。

> **专家提点——不要替顾客作出选择**
>
> 值得注意的是,客服人员向顾客同时推荐两款商品,是为了帮助和引导顾客作出选择,但不能自作主张地替顾客作出选择。客服人员只需将两款商品各自的特色告知顾客,让顾客自己作出选择即可。

技巧3——面对难以回答的问题,客服人员如何绕开话题

当客服人员在面对顾客的咨询时,遇到一些难以回答或者无法给出准确回答的问题。这时,客服人员要学会绕开话题,然后逐步引导顾客,最终促成交易。

客服人员想要绕开话题,可以选择以下两种回答方式:

- 搪塞式回答。客服人员在面对顾客的提问时,如果不能给出准确答案,可以选择搪塞式回答。搪塞式回答是指客服人员用一些无关紧要的话去表达自己对顾客所提问题的态度。例如,顾客询问商品的质量有什么保证,客服人员可以回答:商品是通过国家专业机构检测合格的,但不说具体是哪家机构检测的。
- 闪避式回答。客服人员与顾客交流时,顾客提出的一些问题,有些是客服人员是不能够或不方便回答的,这时客服人员可以选择闪避式回答。例如,顾客向客服人员要优惠,而恰巧顾客看中的商品没有优惠,这时客服人员不必直接拒绝顾客,可以绕开这个话题,转而向顾客介绍这款商品的设计、质量以及好评等,来转移顾客的注意力。

客服小故事——一个客服人员的工作日常

李思玲，今年25岁了，现在是一家大型网店的客服主管。六年前，李思玲从老家河南来到杭州打工，顺利进入了一家销售女鞋的网店做客服，开启了她的职业生涯。

最初李思玲觉得自己的工作就是每天在网上陪顾客聊天，向顾客推销商品，很简单，几乎没有技术含量。可工作了一段时间后，李思玲的心态发生了转变，认为客服工作虽然不复杂，但却很烦琐，每天需要处理很多不同的问题，也需要掌握很多与顾客沟通的技巧。

李思玲说，客服的工作一般是白班和夜班两班轮换的，白班的工作时间是9:00～17:00，晚班的工作时间是17:00～1:00。李思玲回忆说，如果上白班，自己会在早上9点前准时来到网店所在的办公地点。网店的办公地点是在一栋老旧的写字楼里，网店员工的办公区和堆放货物的仓库都在一起。因此，在网店的办公室常常能看到这样的景象，一边是堆积如山的货物，一边是忙碌的网店工作人员。

来到办公室后，李思玲会迅速打开电脑，登录自己的旺旺账号，开始自己一天的工作。李思玲一般会先花十几分钟时间处理积累的离线留言，帮助顾客跟踪货单、查询物流等。同时，又会有新的顾客咨询，"亲，您好，请问有什么能帮到您吗？"在与顾客的交流中，"亲"是一个通用的称呼，不知道从什么时候起，客服们已经习惯用"亲"来称呼顾客。李思玲说，把握这些客服日常工作中的词汇很重要，自己一般会把这些常用语输入进快捷键中，一有顾客咨询，一按键就可发出。

每天上午11点左右会迎来店铺的一个客流小高峰，客服人员的聊天框会接二连三地弹出。这时，李思玲往往需要同时面对好几个对话框的"攻击"。"你好，请问一下这双夏季新款凉鞋的质量怎样？""这双鞋有36码的吗？""我的货发了吗？"……这时李思玲的精神一直紧绷着，往往也有顾客由于等久了没回复而发脾气，不断催促，自己都必须一一耐心安抚。在跟顾客交流时，客服人员还必须根据顾客的语气、打字的快慢，揣测出对方的心情和性格。

李思玲告诉我们，其实上白班还算好的，毕竟白天工作时间上网购物的人还不算太多。客服人员最忙碌的时候，应该是在晚上7:00～10:00，这个时间段才是一天中顾客购物的最高峰。这个时候客服人员开一个账号都不够用了，通常需要同时开两三个账号来聊天。经常超过了旺旺打开账号的限制数目，甚至电脑都会被卡死。而客服们的手都麻痹了，眼都花了，那时李思玲半个小时内往往要接待十几位顾客。

几年时间过去了，李思玲早已从入行时那个毫无经验的小客服成长为一名资深客服，也从当初那个只有七八个员工的小网店，跳槽到了现在这家拥有五六十名员工中型网店，还凭借自己丰富的客服经验当上了客服主管。

第4章

说好开场白,紧抓顾客心

本章导言

俗话说:"良好的开端是成功的一半"。当顾客与客服接触后,客服要热情地说好开场白,作为本次销售的一个良好开端。在几句话的开场白中抓住顾客的心,是一个客服应有的基本素养。一个会说话的客服人员往往可以很快地拉近与顾客的关系,使交谈气氛变得非常融洽,从而打动顾客,促进交易达成。

学习要点

- 掌握几种常见又好用的开场白套路
- 掌握赞美顾客、拉近关系的方法

4.1 好用的开场"套路"

顾客主动进店是很不容易的,客服要用有特色的开场白留住顾客,以免顾客流失。

有特色的开场白可以是热情的,也可以是温馨的,还可以是体贴的……总而言之,有特色的开场白可以对顾客造成正面的"冲击",短短几句话,就可以让顾客对店铺产生深刻的印象,并且愿意继续和客服交流,并掏钱购买商品。

本节向大家介绍一些有特色的开场"套路",大家可以在学习这些"套路"的基础上,提炼出有自己个性的开场白,吸引更多的顾客。

4.1.1 几句话拉近双方关系

很多新手客服不知道,要和顾客拉近关系,才能方便在后续的交谈中顺利进行推销。新手客服一般会按照程序机械地向顾客打招呼,殊不知,这样做其实白白浪费了一个和顾客拉近关系的机会。

要在几句话内拉近关系,最好的方法是根据客户的信息寻找话题。当顾客发来信息时,不要着急应答,应当先看看客户的资料,进而获得一些话题的灵感。如图4-1所示,顾客资料页面显示,顾客是来自成都的年轻人,那么就可以和对方聊聊宽窄巷子、九眼桥酒吧等年轻人常去的地方,或者聊聊文殊院、青城山、都江堰等旅游名胜,这些都能迅速拉近关系。

也可以根据顾客的头像来寻找话题。比如,顾客的头像是一个小孩,那么基本上可以判断这个小孩99%的可能性是对方的儿子或女儿,因为一般人都不会用别人的孩子照片作为自己的头像。此时客服可以夸夸孩子,比如说孩子活泼可爱,家长一定很会照顾小孩;或者夸夸孩子的衣服很漂亮,说想给自己的宝宝也买一套(如果自己的店铺是卖妇婴衣服的就不能这么说了),天下的妈妈都一样,听见别人称赞自己的宝宝肯定会高兴的,客服通过几句简单的称赞,就可以和顾客拉近关系。

图4-1 查看顾客资料

又比如,顾客的头像是火影忍者,那么顾客很可能就是火影的粉丝,如图 4-2 所示,那么客服可以和顾客谈论火影忍者的话题,这样很快就能够找到共同点,拉近关系。

要注意的是,在和顾客拉关系的时候,不要把话题扯得太远,否则就会浪费时间,得不偿失,一个典型的反面例子如下所示。

顾客:老板在吗?
客服:在的亲,咦,您的头像是漩涡鸣人啊,您肯定也喜欢看火影忍者吧?
顾客:那还用说,我是火影忍者的铁粉。
客服:握握手,我也是火影铁粉,我收集了好多鸣人和佐助的手办,堆了一屋子,哈哈!

顾客：真的吗？能不能发相片给我看看，我也有一些手办，我们可以互相换一换。
客服：好的，那我的微信是××××××××，你加我微信吧！
顾客：好，马上加。
……

图4-2 根据头像分析顾客

客服本来是想和顾客拉近关系，但是没想到最后和顾客聊远了。客服应该具有随时把话题拉回生意上的能力，比如上面的对话就应该这样进行：

顾客：老板在吗？
客服：在的亲，咦，您的头像是漩涡鸣人啊，您肯定也喜欢看火影忍者吧？
顾客：那还用说，我是火影忍者的铁粉。
客服：握握手，我也是火影铁粉，我收集了好多鸣人和佐助的手办，堆了一屋子，哈哈！
顾客：真的吗？能不能发相片给我看看，我也有一些手办，我们可以互相换一换。
客服：没问题，不过我这个月的销售任务还没完成呢！不如您先说说需要什么样的商品，说完正事以后咱们互相加微信，看手办。
顾客：那说定了啊！我先咨询一下你们店里的电饭煲。

总之，客服要有清醒的意识，知道自己聊天是为了推销，不要迷失在与顾客的聊天中。

专家提点——平时要多注意积累知识

顾客的资料里面透露出来的信息五花八门，单单从头像来说，就有可能是明星名人、风景名胜、地标建筑、影视动漫等等，从所在地、签名等地方也可以看出很多信息。客服平时要注意积累知识，这样才能够迅速从顾客资料里找到话题。

4.1.2　找到对方的优点进行称赞

没有人不喜欢被赞美。赞美可以活跃气氛、拉近关系，使对方减少防备心理，对于客服来讲，是必须要掌握的一种开场白技巧。适度的、言之有物的赞美，可以让顾客更容易接受客服，认同客服的观点，为后续的营销打下良好的心理基础。我们不用去追究这里面深刻的心理机制，只要学会找到顾客的优点，进行适当的赞美即可。

最常见的一个场景是这样的：

（顾客发来一个棕垫的宝贝链接）

顾客：老板，我想问一下这款棕垫的情况。
客服：客官，我们这款棕垫销量非常好，您真有眼光。您有什么疑问请尽管提，我会为您解答。
顾客：它的内材是什么棕？
客服：客官，我们这款棕垫内材用的是云南的山棕，每棵山棕树每年只能收割 6～8 片棕片，上百棵山棕每年仅能提供一床标准床垫的原材料。
顾客：是云南的山棕啊，还不错。那请问棕垫采用的是什么黏合方式？是胶黏还是线缝？
客服：都不是，我们采用进口黏接纤维定型的。
顾客：哦，就是通过热风定型的材料。
客服：对的，您真内行，一般人可不知道这个。这种方式既不像胶粘那样含甲醛等有害物质，又不像线缝棕垫那样不能保证床垫整体的平整度，可以说是目前最理想的粘合方式。
顾客：哈哈，我也是偶尔了解到的。价格方面，能再优惠点吗？

有部分顾客喜欢在购买前对商品做一些详细调查，了解了商品相关的知识以后再去询问客服。这类顾客在与客服交谈的时候，就会显得比较内行，客服可以抓住这样的机会去称赞对方。

只要保持敏锐的观察力，就可以发现顾客很多值得称赞的地方。比如有的顾客交流时用词典雅，可以称赞对方有文学修养；有的顾客对产品非常挑剔，可以称赞对方有品位，不是随便将就的人；对于买东西给父母的顾客，可以称赞对方有孝心；有的顾客言语中透露出优越感，那么对方的生活可能比较优渥，客服可以称赞对方生活幸福，让对方得到心理满足，等等。

高手支招　顺其自然

如果实在找不到对方的优点，不要强行称赞，否则会让对方觉得客服纯粹是为了称赞而称赞，反而起到不好的效果。客服要谨记，好的开场方式有很多，不一定非要用称赞这种方式。

4.1.3 用幽默搞笑打动对方

幽默是一种人格魅力,可以征服很多人,在客服工作中,如果能够用好"幽默",让顾客莞尔一笑,自然就能拉近双方心理距离,减少顾客对客户的潜在抵触心理。

幽默是一种比较有创造力的语言艺术,并没有固定的套路和简单的方法,一般都是灵感一闪就能够说出让人捧腹的语言来。能够随时迸发幽默灵感,这和人长期养成的思路与交谈风格有关系,我们与这样的人交往时,随时都能够感受到对方的幽默,这种人当上客服,才可以挥洒自如地以幽默风格和顾客交谈,而不是勉强说几个并不应景的笑话。

有的客服可能天生就比较严肃,不太会开玩笑,是不是他们就不可以用幽默搞笑来打动对方呢?答案是可以的。这样的人虽然没有什么幽默创造力,但对幽默的鉴赏能力应该还是存在的,因此可以借鉴网上正在流行的幽默段子、搞笑图片和有内涵的梗,适度地加入到与顾客的交流中,也能取得很好的效果,如图4-3所示,顾客进店告诉客服,他女朋友让他来店里买一款莫名其妙的公主裙,完全不知道好看在哪里,面对这样的开场,客服赞成也不是,反驳也不对,于是赶紧发送了一张"女朋友说的都是对的"的暴漫表情,一下子就让对方笑了起来。

图4-3 幽默风趣的聊天内容

所以,即使本身没有太多幽默细胞,也不用太担心,只要平时多留意流行的幽默搞笑元素,并灵活地加以运用,也能起到良好的效果。

> **专家提点——尽量用通俗易懂的幽默搞笑元素**
>
> 使用幽默搞笑的元素,主要是为了拉近与顾客的关系,由于顾客的理解力千差万别,所以应该尽量用通俗易懂的幽默搞笑元素,力求让对方一看就能明白,也不会产生误会,因此不要使用有深度的梗,以及冷笑话、冷幽默,以免造成冷场。

4.1.4 以热情热心,让顾客感到温暖

一般的客服都能做到彬彬有礼地接待顾客,如果在此基础之上,能够加上一些热情热心,让顾客在感受到尊重之外,还能感受到温暖,这样能够极大地增加顾客购买商品、并成为回头客的概率。一个典型的热情争取到顾客的例子如下:

顾客:老板?

客服:在的亲,请问您有什么事儿?

顾客:想请问一下你们LH-5这款机器的一些情况。

客服:好的,您请讲。

顾客:这款机器在按Power键开机以后,按照说明书上说的,第三个红灯应该亮起

来，闪烁完毕后变成绿色，就进入工作状态了。如果红灯一直闪，会是什么原因呢？

客服：亲，您这个问题应该是在实际使用机器时才会遇到的吧？可是我看了一下，您好像没有在我们店购买过任何机器啊？

顾客：还真是抱歉啊！其实我是在另外一家店购买的这款机器，刚才用着用着就出现了这个情况，本来是想联系他们的客服，但时间有点晚了，他们那边的客服已经下班了，没有人回答我，我又急着要用机器，没办法就想找你们店问一问，因为你们也在卖同款机器。如果你不回答我的话，也没有关系，毕竟东西不是在你们那儿买的，你们没有义务回答我。

客服：亲，没关系的。您说这个情况，应该是滤网没有清洗干净引起的自检错误，您把滤网取出来，用刷子清洗干净，再装回去就可以了。如果还不行，你可以用圆珠笔笔尖戳一下复位孔，就可以搞定了。复位孔就在机器底部，翻过来就可以看到，上面标注着"Reset"。

顾客：真是太感谢了！我马上去试试。

客服：不客气的亲，你这台机器的耗材消耗得比较快，我们店的耗材价格比较实惠，质量一点也不差，您后续有需要的话可以找我们购买哦！

顾客：没问题。

后来，这位顾客果然一直在店里购买耗材，成为店里的回头客之一，还热心介绍了多位顾客进店购买。当初客服的热心帮忙，取得了不错的回报。

4.1.5 善于倾听也能赢取人心

有的顾客特别有倾诉欲，喜欢把所有的细节都讲得清清楚楚，有的甚至把不相关的东西也说上半天，比如明明是购买妇婴用品，结果非要拉着客服聊自己的育儿经。对于这样的顾客，客服无需说太多的话，只要倾听顾客，给予适当的回应，并抓住机会将话题引导到商品上即可。

顾客：老板，你们店里这套A78青花瓷摆件，如果不小心摔坏了其中的一件，还可以单独补吗？

客服：请尽量不要摔坏了，因为我们拿的都是成套的，单独补一个，还要专门发单子给厂家，价格虽然不是特别贵，但需要的时间就比较长了。

顾客：你不知道，我们家的小泰迪特别调皮，每天到处碰、到处咬，可是我先生呢，又坚持要在博古架上放摆件，因为他就喜欢各种瓷器摆件。结果，我们家小泰迪打碎了好几个摆件了，那些商家都不给单独补的，所以我才来问你们万一打碎的话能不能单独补一件。

客服：您放心购买吧，没有问题的。

顾客：那就太好了。你不知道啊，除了摆件，我们家小宝贝还弄坏过不少东西，我先生说过很多次，干脆送人得了。可是我一个全职家庭主妇，白天老公上班，儿子上学，我一个人在家里待着太无聊，养只小狗逗一逗，没事出去遛遛狗，就没那么无聊了。可是我老公一点儿都不考虑我的感受，就会叫我把狗送人，刚结婚那会儿可不是这样！

客服：家里有只小狗要热闹得多，不然一个人在家里空落落的，这我完全理解。

顾客：就是嘛，我们楼上有两口子，人家结婚十多年了，还是恩爱得很，每天出门都还是手牵手，老公对老婆说话都是轻言细语，面带笑容。人家老婆也是全职家庭主妇，怎么待遇就这么不一样呢！

客服：既然您老公喜欢瓷器摆件，那您可以在我们店购买一些比较有趣的小摆件，作为礼物送给他，多跟他交流一下您的一些想法和感受，一起来商量一下，看有没有办法既不影响小狗活动又不会打碎东西。

顾客：嗯，这样也好，你有什么有趣的摆件可以推荐吗？

客服：有的，您看这套限量版套娃怎么样？

善于倾听也不是就任由顾客一个劲儿自顾自地说下去，客服还是要抓紧时机把话题引导到商品上来，毕竟销售才是终极目的。客服不要嫌顾客啰嗦就对顾客爱搭不理，只要稍微付出一点耐心，促成交易是迟早的事情。

4.1.6 欲擒故纵，坦然让对方去他店调查

欲擒故纵是一种常见的心理策略，它充分利用了顾客的逆反心理。有些顾客比较挑剔，无论客服怎么展示商品的优点，这类顾客都会找出缺点进行反驳，即使找不到商品本身的缺点，也会从价格、售后等方面进行挑刺，他们仿佛不是来购物的，而是非要和客服一争高下。此时，最好的方法是坦然告诉顾客，让顾客去别家店看看，进行横向比较后再做决定。如一个典型的例子是这样的：

（顾客给客服发来一个宝贝链接）

顾客：为什么你家的锡兰茶比别家贵，都是一样的品牌、一样的包装，别人家只要×××元，还有赠品，你们这个价格贵，也没有什么赠品，为什么啊？

客服：亲，我们这款茶在同行中的确不是最便宜的，非但这款，我们全店的茶都是这样。有些行业规则，我们不好和您细说，但请您相信，一分钱一分货，你想买又好又便宜的，不是买不到，但是很难。您与其花很多时间去搜寻尝试，还不如直接买我们店的锡兰茶，贵是贵了点，但是喝着肯定放心。

顾客：可是这是你们自己说的，我怎么知道你们店里的茶究竟是不是正宗的？

客服：这是我们老板在斯里兰卡的产地直接运回来的，有进口报关单、保险单、装箱单、提货单等正规票据，还有提货、开箱、分装等视频，您要看的话可以

发送给您，这些东西足以证明我们店里的货是非常正宗的。
顾客：可是，我问了其他店，其他店貌似也有这些。
客服：既然是这样，那就请您再多逛逛，多对比一下。网上购物不要急，货比三家才能买到好东西。您可以各家店都少买一点来尝试，如果您能找到比我们家便宜，质量又不比我们家差的，那您就在那里买！如果您最后还是觉得我们的茶好，那我们也欢迎您常来购买！

如果顾客无论如何都不相信客服的话，那就不要再多说，对这样的顾客，过多的劝说只会起到反效果，还不如让顾客货比三家，然后再做出购买决定。一般来说，这种自信的回答可以让一部分客户信服，并成功促使其下单；同时也可以让客服人员在这种固执的顾客身上少花点时间，把精力投入到更加容易说服的顾客身上去，产出更多的价值。

> **专家提点——照顾好顾客的面子**
>
> 如果顾客经过货比三家，觉得还是这个店的东西比较好，再次回店购买的时候，客服一定不要提起之前的对话，比如"看，之前我就告诉过您，我们店的东西是最好的，贵得实在，现在您该相信了吧！"之类的，这会让顾客觉得没面子，从而有可能影响后续的购买行为。

4.2 赞美顾客

赞美是人与人之间的润滑剂。从心理学上讲，合理的赞美能够满足一个人的自我，让一个人获得精神上的愉悦感，从而对发出赞美的人产生好感。赞美是客服最常用的交谈技巧，比如在实体店中，大家可以经常看到导购小姐称赞顾客"您的腿型真好看，很配这双鞋"，或者"您的气质比较适合这款衣服"，顾客听了这样的赞美以后，心里会很高兴，购买的可能性也增加了。

对于淘宝客服来讲，学会赞美是非常必要的，当顾客高兴地接受赞美后，就更加容易接受客服的推销。与实体店导购人员不同，淘宝客服见不到顾客，赞美的难度也就比较高。下面就讲解一些淘宝客服需要掌握的赞美技巧。

4.2.1 赞美要真诚，否则适得其反

赞美的第一要点是真诚，一定要基于事实来进行赞美，不要虚假浮夸，否则会令顾客感觉虚伪，甚至会反感。这一点相信所有的客服都知道。所谓的真诚赞美，是指以下几个方面：

1. 顾客的确存在可以赞美的地方

要根据事实去赞美顾客。如果无中生有、言过其实，会让顾客觉得客服是一个阿谀奉承

的小人，为了销量罔顾事实，不值得信任，从而也会对客服人员介绍的商品产生怀疑。

赞美顾客需要一个着力点，这个点最好是客户自身所具备的一个优点。一名优秀的客服可以在与任何人沟通的过程中，发现对方的优点，这就是所谓的"不缺千里马，只缺伯乐"。任何人身上都有优点，就看客服善不善于发掘。

顾客的优点可以从多方面来寻找，如身体外貌、语言习惯、生活品位、儿女宠物等。要赞美的优点应当是一个比较确定的事实，没有争议的事实。如果是对于争议较大，或者主观性较大的事实，则最好不要进行赞美，因为这样的"优点"对顾客来说可能其实是缺点，赞美的话非但不会得到顾客的认同，甚至会让顾客认为客服在讽刺自己，其后果可想而知。

顾客：我有点喜欢这款耳环，但拿不准戴上之后好不好看，你能帮我参考一下吗？
客服：好的好的，亲，你发一张大头照给我吧！
（顾客发来一张大头照）
客服：亲不错的，您的脸色比较红润，配上这款淡绿的玉质耳环，相互衬托，但也不会过于夸张，很养眼。还有，我们这款耳环比较长，也正好适合您的脸型。
（顾客发来一张表示不高兴的表情后，就再也没有了回音）

大家在总结这个案例时，一致认为顾客可能属于脸型比较长的类型，而且她对这件事比较介意，而客服的话正好暗示了她的脸型比较长，所以让顾客感到不舒服。因此赞美的时候要站在对方的角度仔细考虑一下，所赞美的点是否会引起对方不快，如果存在这种可能，最好更换一个赞美点。

2. 赞美时不要太过笼统，要进行"精确打击"

所谓笼统的赞美，就是诸如"您身材真好"、"您的皮肤真好"、"您的腿型真好看"、"您的知识面真广"、"您真能干"等，这样的称赞不能说不适用，但其实还有提升的空间。比如"您的皮肤真好！看上去又有弹性，又有光泽，还那么白"，或者"您的知识面真广，像关于×××方面的知识是很冷僻的，没想到您竟然了如指掌！上次一个××大学的教授说的还不如您清楚呢"，这样的赞美才是"精确打击"的赞美。

3. 赞美时不要太过浮夸，让人感觉不实在。

客服一般都是年轻人，而很多年轻人说话有一个特点，就是比较夸张。在称赞顾客时，夸张往往会起到反作用。顾客的戒指做工只是还不错而已，客服却夸张地大喊一声"哇！！！您的戒指实在是太精美了！！！"顾客听了，会觉得客服要么是虚假恭维，要么就是没见过世面，从而也就会对客服的话失去信任。

夸奖顾客时，还要注意态度自然，不要让顾客觉得突兀。客服要在赞美之前组织好语言，用词力求平实、准确，切勿使用华丽的辞藻，否则会让顾客认为客服是一个不实在的人。

4.2.2 赞美顾客的淘宝账号的"套路"

当顾客进店时，客服应该第一时间查看一下顾客的资料。其中，顾客的淘宝账号会透露出很多信息,如图4-4所示,顾客可能会看过电影《七宗罪》。

从淘宝账号里比较容易找到赞美点。不过对于这方面不太擅长的客服来说,可能会感到比较棘手,如果按照以下套路来赞美,则相对比较容易。如图4-5所示。

图4-4 查看顾客淘宝账号　　　　　图4-5 "赞美"的"套路"

1. 赞美顾客的账号很时尚

一些时尚的顾客,其账号名也会比较时尚。客服看到这样的账号,可以称赞顾客是时尚达人或者潮男潮女,并在此基础上,将话题延伸到商品上,使对方在高兴的心情中接受营销。

客服:亲,您的账号好潮啊,您也玩烦烦 free style ?
顾客:哈哈,是啊!
客服:看得出来您本人也是个潮男啊!
顾客:一点点啦!
客服:哥,咱们店的 T 恤有不少很潮的,特别是您看的这一款,卖得相当之好,是潮男必备啊!
顾客:对的,我要的就是它!

2. 赞美顾客的账号有个性 / 有趣

很多人在现实中可能循规蹈矩,但在网络上却充分展现出有个性的一面。这个性的一面常常体现在账号中,如"穷也要站在土豪堆里""一脸的美人痣""削发为女汉子""千年二货"等等,非常有特点。当客服看见这样的个性账号时,如果觉得比较有趣,那么就应该顺理成章地称赞顾客的账号有个性,获得顾客认同后,再进一步进行营销。

很多时候,个性账号的背后也会是一个比较有趣的人,那么夸奖对方的账号有趣也是可以的,在对话中还可以抓到对方有趣的一面,继续进行夸奖,比如"刚才看您的账号,我就觉得您应该是个比较有趣的人,我没有猜错,跟您交谈起来好有意思!"

3. 赞美顾客的账号有爱心

很多顾客会用账号来表达爱心,比如"小七我爱你1314""一辈子猫奴""祈祷世界和平"

等等，看到这样的账号时，可以多称赞对方有爱心，比如：

客服：亲，看您的账号就知道您家有个猫主子，怎么样，你家猫主子还好伺候吧？
顾客：就是不好伺候，小毛病特别多，不过我家主子还挺黏我的，每天等我回家就跟我撒欢，看它这么乖的分上，我就不和它计较了。
客服：亲，您真是个爱心满满的铲屎官（跟随一个捂嘴偷笑的表情）。
顾客：嘿嘿还行吧！

4. 赞美顾客的账号

顾客的账号有时候会体现出顾客的教育水平，比如有的账户名是长长的英文单词，有的账户名是优雅的古文，有的账户名是晦涩难懂的专业词汇，对于这样的账户名，客服可以直接进行搜索，并根据结果来称赞。

客服：哇，您的账号"ThinkingPhilosopher"感觉好牛，您是不是喜欢哲学？
顾客：没有了，其实就是平时喜欢瞎想。
客服：思考才会让人成熟啊，怪不得您选的这件衣服挺有味道的。
顾客：我就是觉得它特别顺眼。

上面介绍了几个简单的称赞套路，新手客服可以拿来就用。当然，顾客的账号里可以称赞的东西是非常多的，绝不仅限于以上几个方面，当客服熟练掌握称赞的技巧以后，可以从很多角度去发现顾客账号中的闪光点。

4.2.3 用"套路"赞美顾客的淘宝头像

头像也像账号一样，透露出顾客的很多信息。比如前面提到过的，当发现顾客的头像是火影忍者的时候，就和对方聊相关的话题，拉近关系。但不是每一个顾客的头像都有拉近关系的"点"，比如，顾客头像是一对男女合影，看得出来是顾客及其恋人（或配偶），此时可以通过赞美对方般配、郎才女貌等等；如果头像是单人，则很有可能是顾客本人，此时可以赞美顾客帅气或漂亮，以及有气质，会搭配服装等；如果头像是小孩，那就称赞顾客的小孩可爱，很萌，很聪明等。

需要注意的是，如果顾客的头像没有明显的可赞美的点，就不要强行尝试。比如当客服看见顾客的头像为一只猫时，进行了以下的称赞，结果失败了：

客服：客官，您头像的猫好可爱啊！您一定很喜欢它吧！
顾客：不是了，是我随便从网上找来做头像的。
客服：哦，好吧……。对了，您刚发来的这个水杯，有什么疑问吗？很高兴能为您解答！

高手支招 如何判断宠物是否是顾客自己家里的

> 对于宠物头像,可以看背景,如果背景比较生活化,能够看到家具,那就很有可能是顾客家里的宠物,如果背景比较干净,比如纯白色,那很可能是网上找来的图片。

4.2.4 用"套路"赞美顾客的所在地

前面提到过,根据顾客资料中的所在地信息,可以和对方聊聊自己对那个地方的一些感受,以此来拉近关系。可是一般人的旅游范围是有限的,很可能顾客所在的城市客服本人没有去过,这样也就谈不上什么感受了。此时,可以从网上搜索对方所在地的一些名胜古迹、民俗风情、特色小吃来进行称赞。注意这种称赞要点到即止,毕竟没有亲身感受过的东西,称赞起来未免会流于形式,还是及时将话题转移到商品上来比较好。

顾客:老板?
客服:在的亲,有什么能帮助您的吗?
顾客:这款吊带能不能少一点啊?给我少5元吧!
客服:亲,这款吊带的价格本来就比较实惠了,实在是没法降了。
顾客:给我少3元总可以了吧!
客服:亲,我看你是重庆妹子吧,都说重庆妹子又漂亮又爽快,亲就不要再讲价了吧,这款吊带老板规定了不能降价的。
顾客:(发来一个笑脸表情)那好吧,我拍了。
客服:嗯嗯,谢谢亲。

有了搜索引擎,随时可以搜索顾客所在地的信息,找到相关的称赞点,这样的利器一定要学会使用。

4.2.5 用"套路"赞美顾客会买东西

如果无法从顾客的资料中获取赞美点,那么可以尝试从顾客的购买行为中进行赞美。比如,顾客买的商品是高销量的爆款,可以称赞顾客跟得上潮流;如果顾客买的商品是比较冷门的款型,则可以称赞顾客有眼光,不俗气;如果顾客指定要购买老款商品,则可以称赞顾客做事稳重,知道"最新的不一定最好的"这个道理,等等。下面是一个典型的交谈案例。

(顾客发来一个商品链接)
客服:请问有什么可以帮您的吗?
顾客:我就是跟你们说一声,这款连衣裙,你们店里有花色和素色两种,我要的是素色那一款,你们千万不要发错了哦!

客服：您的眼光真好！这款素色连衣裙简洁大方，比起花色的那一款来，更衬托气质。另外，这款连衣裙花色的卖太多了，容易撞衫。

顾客：我也是这样认为的。

客服：您放心吧！我会特别叮嘱库房，让他们检查了是素色这款才给您发。您可以放心地拍了。

顾客：好哒。

4.2.6　不要用丧失自尊的赞美方式来取悦顾客

赞美顾客有一个要点，即在赞美对方的同时，不要贬低自己来衬托和取悦对方。这样容易让顾客觉得客服没有自尊，潜意识中也就不会尊重客服，客服的推荐营销也不会受到重视。

顾客：老板，帮我选一下这款唇膏的色调吧，我拿不太准。

客服：好的亲，您能不能发一张素颜照给我呢？

（顾客发来一张素颜照）

客服：哇，亲，您的皮肤保养得真好，请问您平时都怎么保养的？

顾客：我天生就是这样，没有特别保养，最多做做黄瓜面膜什么的，美容院都没有去过一次。

客服：您这是天生丽质啊，太羡慕了！不像我，人长得本来就一般，还满脸的青春痘印子，多少年了都还在，跟您比起来就是一个天上一个地下。

顾客：别这么说。不好意思，我临时有点事儿，改天再聊。

事后，客服小组在总结这次谈话时，分析顾客当时的心理可能是这样的：这个客服说自己脸上有那么多痘印，自己都管理不好，我才不想让这样的人为我选唇膏呢。于是顾客就找个借口走掉了。但事实是，这个客服相貌还算可以，脸上也并没有痘印，她只不过是为了衬托顾客才这样说，谁知道反而引起顾客不适，起到了反效果。正确的交流方式应该是这样的：

顾客：老板，帮我选一下这款唇膏的色调吧，我拿不太准。

客服：好的亲，您能不能发一张素颜照给我呢？

（顾客发来一张素颜照）

顾客：哇，亲，您的皮肤保养得真好，请问你平时都怎么保养的？

客服：我天生就是这样，没有特别保养，最多做做黄瓜面膜什么的，美容院都没有去过一次。

客服：太羡慕您了！虽然我在同事里算皮肤比较好的，但其实我在皮肤保养上花了很多时间和钱，和您这种天生丽质的不能比。

顾客：还好啦，其实我就是吃的比较清淡，吃太辣太油了皮肤就要出问题。

客服：是的，辣的、油的都很伤皮肤的。亲，根据您的脸部皮肤来看，我个人觉得3

号和 5 号唇膏比较适合您,显得性感而不张扬。

顾客:好,谢谢你的意见,我再和我闺蜜商量下,今晚一定拍。

客服:好的,不客气哈。记得今晚的约定哦!(发送一个笑脸表情)

如果客服觉得有必要拿自己和顾客进行对比的时候,一定要把自己说得比较好,只比顾客差一点点,这样的对比才能让顾客觉得心情舒畅,因为如果一个对手太差,赢了也不会有自豪感,如果对手水平和自己非常接近,这样的胜利才有意义。

4.2.7 掌握常用的赞美语言

任何技术都是从模仿开始的,赞美也不例外。要熟练掌握赞美技巧,可以先从模仿他人的赞美话语开始。下面总结了一些常用的赞美话语,供大家参考。

1. 赞美男性顾客

- 您很配这件商务外套,穿上去感觉很帅!
- 您的气质很阳光,非常适合穿浅色系衣服。
- 您练过健美吗?身材好棒!
- 亲,请允许我大胆地叫您一声:小鲜肉!
- 同为男人,我要嫉妒您了,怎么您的皮肤就那么好!
- 您的短发看起来很有运动感。
- 银边眼镜很符合您的气质,给人感觉挺斯文的,像大学老师。
- (顾客告诉客服自己已经四十多岁)一点都看不出您已经四十多岁了!您不说,我感觉您最多只有三十的样子。
- 风衣就得要您这样身材高挑的人穿才好看。
- 您的眉毛又浓又黑,感觉正气十足,很有阳刚味。

2. 赞美女性顾客

- 您穿浅色高领毛衣,再搭配这件毛衣链,会显得很时尚。
- 您的气质适合穿黑色,显得高贵典雅。
- 您的头发不但浓密,发质也很好,真羡慕您!
- 您太会持家了,谁娶到您真是幸福!(注意不要对很会砍价的顾客说这样的话,可能会让顾客觉得是讽刺)
- (如果顾客长相普通,不便夸其漂亮)您笑起来好可爱的样子,很有亲和力。
- 您平时肯定很注重饮食和运动,要不然身材怎么会这么好。
- 您的身材这么好,完全看不出来像生过小孩的人。
- 这是您女儿?我还以为是您妹妹呢!

3. 赞美顾客的脸部

- 虽然我不会看相,但我感觉您的脸型一看就有富贵之气。
- 您的耳垂真大,一看就是有福气的人。

- 您的眼睛真好看,就是传说中的丹凤眼吧?我还是第一次见到。
- 您的鼻梁真挺,戴上眼镜特别显气质。
- 您的眼睛很有神,感觉好像能说话一样。
- 我妈说眼小的人都很有智慧,果然是这样。
- 您的笑容很有感染力。
- 您笑起来很有亲和力。
- 您的笑容真得体,很配您的衣服。
- 您笑起来让人如沐春风。
- 您的牙真好看,又齐又白。

4. 赞美顾客的个人能力
- 您真干脆,感觉您特有魄力。
- 您考虑问题这么全面,一定是领导。
- 跟您谈话,就知道您是一个认真负责的人。
- 哇,您太内行了,我刚才还以为遇到同行了呢。
- 先生,您对混动车的了解真的非常全面,您肯定是资深汽车爱好者吧。
- 看您说话有条有理,一定带过团队。
- 您分析得非常正确,和我们这边的专业分析结果差不多。

5. 赞美顾客所处的环境
- 这是您的卧室吗?感觉真的好温馨啊!
- 您家装修真气派,一看就非常有档次。
- 您办公室真的与众不同,感觉很有书香气息,不愧是搞文化工作的。
- 您这街拍是在哪里拍的?真有意思,我也想去拍一张!
- 您墙上这幅油画意境不错,我看了一会,感觉越看越有味道。
- 听人说您公司的福利待遇非常好,好多人都想进去工作呢!
- 贵公司可是当地的纳税大户啊,连我这个外地人都知道。

专家提点——赞美太多不值钱

货币发行太多,就会贬值,这在经济学上叫作通货膨胀。赞美也是一样的,针对一个顾客的赞美不要太多,否则顾客就会觉得没有价值,对客服人员和店铺也不会有好印象。适度的赞美才是最好的。

4.3 秘技一点通

技巧1——巧用第三方间接赞美顾客

学会赞美顾客，使顾客心情愉悦，能够增加商品成交的几率。与直接赞美顾客相比，客服人员利用第三方间接赞美顾客，往往更能增强赞美的可信度，也更容易让顾客接受。常见的第三方间接赞美方法主要有两种：

1. 通过赞美第三方而间接赞美顾客

这里的第三方通常是指与顾客有紧密联系的人，包括家人、朋友、同事等。客服人员可以这样赞美第三方："亲，您母亲身体真好，看起来真精神，一点也不像七十多的老人"，或者"亲，您男朋友真是太有品味了，我们店里的这款蓝牙音箱外观精致，是由意大利著名的工业设计大师专门设计的，而且音质也非常清晰。"

2. 通过第三方的话而间接赞美顾客

这里的第三方通常是指与客服人员或顾客有关系的人，包括客服或顾客的家人、朋友、同事以及其他顾客等。客服人员可以这样利用第三方的话间接赞美顾客："亲，刚刚我同事过来看到您正在挑选这款口红，就一直在我旁边说这位买家太有眼光了，一上来就把店里仅有的10套限量色号的口红选中了"，或者"亲，您朋友说的没错，您皮肤真的是白皙红润的那种，如果配上您挑选的这款绿叶翡翠吊坠特别凸显气质。"

技巧2——与顾客寒暄要把握一个度

为了拉近和顾客之间的关系，客服人员在和顾客交流的过程中通常都会和顾客简单寒暄几句。寒暄是激起买家兴趣的一种重要手段，它能够快速拉近客服人员与买家之间的关系，营造良好的沟通氛围，同时也有助于激发买家的购买需求。但是，为了达到预期的沟通效果，客服人员在与顾客寒暄的过程中一定要把握好一个度，注意以下两点问题。

1. 选择顾客感兴趣的话题

客服人员要想通过寒暄的方式取得预期的沟通效果，就需要从顾客感兴趣的话题入手。通常顾客购买什么，就证明他们喜欢什么、需要什么，因此客服人员可以以顾客看中的商品为切入点进行寒暄，这样定能激起顾客的交谈兴趣，最大限度地拉近自己与顾客之间的关系，从而对整个沟通过程起到促进作用。

2. 寒暄的时间不宜过长

寒暄的目的只是为了拉近和顾客之间的关系，营造融洽的沟通氛围，因此客服人员在与顾客寒暄的时候一定要注意控制时间，千万不要太长，话题也千万不要扯太远，能够营造出合适的沟通氛围即可。

技巧3——赞美顾客的注意事项

好的赞美有助于拉近客服人员与顾客的关系，促进销售，但是不合适的赞美只会让顾客觉得虚伪、做作和不舒适。很多时候客服人员在赞美顾客的时候，虽然自己感觉很真诚，但是顾客却感觉不到。

客服人员在赞美顾客时一定要注意以下5个方面：

- 客服人员如果面对的是新顾客，建议不要贸然赞美，因为彼此还不是很熟悉，贸然赞美有可能会使顾客产生疑心，甚至反感。面对新顾客，客服人员只需礼貌回答顾客的疑问，顺势向顾客推荐商品即可。
- 客服人员如果面对的是老顾客，则可有针对性地适当赞美一下。客服人员可以留心一下老顾客这次来和上次来有什么变化，如果有的话，即时献上赞美，会取得非常不错的效果。
- 客服人员在赞美顾客的时候，一定要从具体的事情、问题以及细节等层面进行赞美，例如可以赞美顾客提的问题很有水平、很专业，这样说不定反而会让顾客感觉到很真实、很真诚。
- 客服人员如果能借第三方的话去赞美顾客，可信度更高，也更容易让顾客接受。
- 如果顾客下单以后再来与客服人员进行交流，客服人员也要通过赞美来坚定顾客购买的信心。

今年20岁的赵可是一位性格开朗的女孩，现在是成都一所大学电子商务专业大二的学生。前段时间，赵可和自己的表姐李璐一起吃饭，很久没见面的姐妹边吃边聊，聊着聊着表姐告诉赵可说自己去年在淘宝上开了一个小店，卖衣服，并对赵可说："小可，网店现在光靠我一个人真的忙不过来，不如你趁平时没课的时候就来帮我一起打理吧。"

赵可心想着，反正自己这学期课程不多，就当兼职为自己积累一点工作经验了；而且自己正好也是学电子商务的，说不定还真能帮上表姐的忙，于是就答应了表姐。

赵可来了以后，按照课堂上学到的方法，不仅帮表姐将店铺重新做了定位，重新进行了一系列全新的装修，还帮助表姐处理了不少客服上的棘手问题。聪明又善谈的赵可常常通过网上几句简单的聊天就能很快判定出买家的性格和心理，找到共同话题，拉近彼此关系。

例如有一次，一个女生向赵可咨询店里的一件男士T恤。赵可想这个女生应该是给她男朋友买的，于是热情接待了她："您好亲，看见您咨询的是男装，可以请问一下您是为谁挑选衣服吗？我这边好为您推荐一下。"

"我给我男朋友买衣服，他的衣服平时都是我给他挑。"

"亲，您可真是体贴啊，那您需要什么尺码的呢？"

这个时候，女生发来了一个笑脸表情，显然是被夸奖后感到高兴了。女生继续说道："我男朋友平时一般都穿M号的。"

这时赵可已经通过衣服尺码判断出了她男朋友的大致体型，并且通过这名女生网上聊天的语气，赵可还判断出了这是一位豁达、爱做主的女生。赵可想，对于这类外向开朗的顾客来说，他们通常不会排斥与客服聊天，只要多和他们聊聊天一般就能很快与拉近距离。于是赵可与那个女生欢快地聊了起来，从那个女生的男朋友聊到彼此的兴趣爱好，随后两人越聊越投缘，那个女生还给赵可发了一张她和朋友的聚会照片，让赵可猜猜哪个是她。赵可心想，一个豁达、爱做主的女生应当是站在显眼地位而且穿着时尚、引人注目的，于是立即猜出了谁是那个女生。

那个女生觉得很惊讶，询问赵可是怎么猜到的。赵可告诉她："我觉得您应该是一个开朗大度、独立性强的人，照片里面就中间那个女生最符合这个气质，所以我就猜是你，没想到猜中了"。

对方听了以后非常高兴，一下子两人的关系又拉近了很多。后来，这位女生不仅买了那件男士T恤，还在店里挑选了几件女装，并在以后多次返购，成了优质回头客。

天生活泼开朗、善解人意的赵可，无论面对多么难缠的顾客都能轻松搞定，还和不少来店铺买衣服的顾客成了好朋友。"小可不愧是电子商务专业的高材生，店铺的运营、推广以及客服工作她是样样在行，特别是和她聊过的顾客，没有一个不高兴的，都被她夸得笑着下单。现在店里的流量增加了，销量增加了，信誉度也提高了，就连差评和投诉也几乎没有了。"说起自己这位小表妹，赵可的表姐也是一脸的骄傲。

第5章

商品介绍与答疑

本章导言

顾客看了商品详情页之后,如果来与客服接触,说明顾客有一些购买的愿望,希望进一步了解商品,同时也有关于商品的一些疑问需要客服解答,之后顾客可能会和客服讲价,希望能花较少的钱就买到商品。在这个接触的过程中,客服要仔细地向顾客介绍商品,并耐心解答顾客的诸多疑问,当顾客讲价时,要使用各种技巧拒绝顾客,让顾客放弃讲价并心甘情愿地下单购买商品。

学习要点

- 掌握向顾客介绍商品的技巧
- 掌握解答顾客各种常见疑问的技巧
- 掌握让顾客放弃讲价并购买商品的技巧

5.1 介绍商品的技巧

向顾客介绍商品的目的,是为了说明商品的基本信息和卖点,以及相关的快递、售后等服务的情况。顾客在了解了所有情况并感到满意后,才会考虑下单。因此客服要掌握一些技巧,针对顾客的心理进行介绍,以便推动顾客购买。

5.1.1 根据顾客需求有针对性地介绍

要想促成顾客下单,必须先摸清顾客的需求,然后有针对性地介绍产品,才能有的放矢,打动顾客。如果只是照本宣科,机械地介绍产品,不能真正地解决顾客的需求,会让顾客感到不满,下单的可能性也就降低了。因此客服在和顾客交谈时,应该主动提问,摸清顾客的需求,再选择相应的商品进行介绍;或者针对顾客的需求,重点介绍商品的对应特点。

> **专家提点——摸清基本情况与目的**
>
> 客服首先要摸清楚顾客的基本状况,比如顾客购买服装,就要摸清顾客的身高、体重、腰围等情况,如果是为别人购买,同样也要问清楚他人的基本情况;其次要摸清顾客购物的目的,比如同样是买衣服,有的顾客要薄款的,看着好看,有的顾客要厚款的,穿着保暖。问清楚顾客的基本情况与目的再进行介绍,是一个客服人员具有的基本素质。

顾客: 我是你们店的老顾客了,每年都在你们这里淘日用品。最近我发质有点变差了,我想重新买瓶带护发效果的洗发水。

客服: 欢迎光临,刘姐!您发质现在是个什么样的状况?

顾客: 我现在的发质特别油腻,半天不到就油得很,而且掉发情况也比较严重,头发末梢还有分叉。

客服: 您这情况比较严重,我建议您先用去油的洗发水洗头,然后再用护发素养护。您可以先用我们品牌的××款洗发水,清新去油,控油效果好、时间长,对头皮也有保护作用;护发素我给您推荐我们品牌的×××款,对抑制掉发、头发分叉有较好的作用。这两款组合起来,非常适合您现在的头发情况。

顾客: 好,那我就一款买一瓶来试试。

发质油腻和发质干枯是两种不同的问题,如果不问清楚就向顾客介绍商品,肯定会给顾客留下冒失的印象,虽然顾客不一定就不会购买,但总是会降低店铺在顾客心里的信任度,长此以往就会对店铺产生不好的影响。

5.1.2 突出商品卖点，给顾客留下深刻印象

顾客在向客服询问一款商品时，可能只是对商品有一些简单印象，并不是非常了解。这就需要客服向顾客特别介绍商品的卖点，让这些卖点在顾客心里留下深刻印象，打动顾客下单。

客服在平时就要做好文案工作，把店铺里各种商品的卖点一一列举并写下来，放在电脑桌面备用。当顾客询问时，可以迅速查找到相应商品的卖点，并针对顾客的需求进行介绍，这样回复顾客的效率就比较高了。

高手支招　容易被顾客接受的词汇

> 在各行各业，都有一些容易被顾客接受的词汇。比如向顾客推荐健康食品时，可以使用"纯天然、绿色、无污染、放养"等词汇；向顾客推荐护肤品时，可以使用"清新、水润、Q弹、滋养、呼吸"等词汇；向顾客推荐数码产品时，可以使用诸如"宝石蓝、橄榄绿、柠檬黄"等颜色词汇，容易被顾客所接受。客服平时要注意留心这些词汇，进行积累。

顾客：我最近皮肤变差了，想买一款精华素来保养一下。我看你们家的这款LBV基因精华素好像还不错，你能给我仔细介绍一下吗？

客服：好的，亲。我们这款LBV基因精华素，是通过生物工程技术，将基因重组后得到的一种新型的、水溶性高分子生物胶原蛋白，称为LBV胶原蛋白精华素。LBV胶原蛋白精华素采用超高纯度的纳米胶原做基料，配以灵芝、人参、雪莲等植物精华提取物，可以充分补充肌肤营养，全面增强细胞活力，增加皮肤弹性与紧密度，还有缩小毛孔，清除表皮暗淡代谢物的效果，能令肌肤的每寸纹理都变得更加饱满、紧致，整个脸部会变得容光焕发。

我们这款LBV基因精华素采用××××专利技术制成，不含色素与人工香料，质地柔滑，效果好却不刺激，可以快速渗透肌肤底层，有效淡化细纹与色素，使肌肤变得平滑、紧实、Q弹，更有光泽。对于长期化妆、熬夜的白领，以及年纪较大、肤质下降的人群，都非常适用。

顾客：这么厉害啊，不知道我用了有没有这么好的效果啊？

客服：亲，看您头像，您的年纪也不大，应该是工作太劳累，导致肤质变差了吧？

顾客：是的，最近加班太多，睡觉太少，感觉皮肤都粗糙松弛了。

客服：那您可以试试我们这款LBV基因精华素啊，它的纳米胶原和植物精华会帮助您的肌肤得到恢复，效果一定会很好的。

顾客：好，那我下单了。

在上面的对话中，客服使用大量的卖点词汇，比如"生物工程、纳米胶原、植物精华、饱满、紧致、快速渗透、有效淡化"等，都是非常打动女性顾客的词汇。客服要学会使用本

行业的卖点词汇，才能更加有效地打动顾客。

5.1.3 用证据说明商品受欢迎，进一步说服顾客

当顾客听完商品介绍，还是比较迟疑，这可能是因为商品的特性没能打动顾客，也可能是顾客本身的购买意愿不太高。此时，客服要想办法进一步说服顾客，促使顾客购买。

由于前面已经介绍过商品了，不能再反复拿商品卖点来劝说顾客。最好的方法是拿出证据，让顾客看到商品受欢迎的一面，从而放心购买。一般证据都有：销量与评论量截图（如图 5-1 所示）、收藏截图（如图 5-2 所示）等。

图5-1　销量与评论量截图　　　　图5-2　收藏截图

此外，也可以将顾客的具体评论截图下来作为证据，如图 5-3 所示。

虽然这些信息顾客自己也能看到，但并非所有的顾客都会去看，客服主动将这些信息展示给顾客，可以让顾客在犹豫不决的时候痛下决心。

此外，还有一些顾客看不到的信息也可以用照片的形式展示给顾客看，比如大量的库存、厚厚的一沓快递发货单等等，都对打动顾客有良好的效果。

5.1.4 用优惠政策吸引顾客

图5-3　评论截图

顾客犹豫的时候，客服可以主动将店铺里的优惠活动告诉顾客，以吸引顾客购买。即使是那些本来觉得可买可不买的顾客，也往往会被优惠所吸引，下单购买。一般的优惠包括店铺赠品、优惠券、购买返现、下单折扣、满就送、包邮等，这些活动不一定都会在店铺首页或者商品详情页写明，有些活动甚至只针对老顾客，所以有时候顾客并不知道店铺有什么活动，如果客服主动告诉顾客，则会让顾客产生惊喜的感觉。

客服：这款保健茶壶的功能，您还满意吗？

顾客：还可以吧，不过我好像也不是很着急。

客服：亲，保健这种事儿表面上看起来，好像早一天晚一天都没有关系，其实早一天开始就能够早一天得利，早一天健康。您咨询保健茶壶，肯定也是对保健这方面有所需要，对吧。既然是这样，为什么不早点买呢？而且我们这款保健茶壶现在正在做活动，凡是新顾客购买这款保健茶壶，都可以获赠一套青花瓷茶具，做工非常精美，数量也有限，配上保健茶壶非常有格调。虽然您不是我们店的新顾客，但如果您今天下单购买的话，我也可以特别申请送一套茶具给您。

顾客：也是，早买早受益，那我就买一只吧。茶具检查好再发给我，不要有破损哦。

客服：肯定会先检查的，您放心。

> **专家提点——关于效率**
>
> 客服在向顾客介绍优惠政策之前，要注意观察顾客是否处于一个买与不买的临界状态，处于此状态是最好的介绍时机。但如果顾客购买的意愿不强，也可以不向他/她介绍优惠政策，直接把精力转移到更加具有购买可能性的顾客身上，从工作效率上来说，这样更划算。

5.1.5 回答顾客问题切勿拖太久

现代社会是一个快节奏的社会，人人都希望能够高效率地做事，即使购物也不例外。顾客在与客服沟通时，都希望自己的问题能够迅速得到解答，如果顾客问一个问题很久才得到回应，心里面肯定是会不高兴的，购买商品的欲望也就降低了，没有耐心的顾客甚至会直接关闭交谈窗口到其他店铺购买商品。

因此，网店客服要尽量加快响应速度，比如，当顾客有疑问时，尽量在 3~30 秒范围内回答顾客，这样不仅能够给顾客留下良好的印象，还能从侧面体现商家的实力，这是因为只有商家聘请了足够多的客服，才能够快速回答所有顾客的提问，如果商家实力不够，是不会聘请那么多客服的，顾客的问题也就得不到快速响应。

有个店铺的客服曾经反映这样一个问题：自己向顾客介绍的商品，其质量和价格都有明显的优势，介绍也很到位，礼节方面也做得很好，但最后顾客往往就是不购买，甚至有的顾客中途就关闭窗口离开了，这是为什么呢？

经过客服经理仔细观察发现，原来该店客流量较大，客服要同时和多名顾客打交道，所以对顾客的响应普遍较慢，这就让很多顾客感到不满，从而离开，造成了顾客流失，即使商品质量好，客服介绍到位，都不能弥补这方面的问题。客服经理增加了人手以后，这个问题就得到了缓解。

有时候也会存在进店顾客分流不合理，导致部分客服接待顾客较多的情况，这就会导致这部分客服响应速度变慢，流失顾客，这种情况下，客服经理或者店主就要重新进行分流设置，使之变得更合理，尽量使顾客工作平均分配到每个客服身上。

5.1.6　交流中尽量不使用专业术语

先来看一个反面的例子：

顾客：你好，我想问问你们店里主打的这款对讲机，传播距离有多远？

客服：亲，是这样的，一般手持对讲机的频段大致分为 VHF 和 UHF 两个频段。VHF 段信号的绕射能力和地波传播能力相对比较好，但其信号对建筑物的穿透力比较差，在开阔地带其通信距离一般能保持在 3~10 公里左右。

至于 UHF 段，这个频率段的信号穿透能力很好，但是地波传播能力和绕射能力较差，所以在城市建筑群里比较适用，在城市里通信距离在 2~3 公里。

但是，以上通信距离也不是绝对的，根据对讲机的发射功率、周边电磁环境和地形环境的不同，可能还会缩减或延长。所以您要问对讲机的传播距离，真的挺不好讲的。

顾客：晕了，我就想知道一下这款对讲机的大致传输距离而已，你说了这么多，我都不懂，听到最后我都不知道你们这款对讲机到底有多长的传播距离，算了我去其他店问问再说吧。

在本例中，客服使用了大量的专业术语来解释对讲机的传播距离，但他/她没有考虑到，顾客完全不理解这些术语，最后也没有得到想要的答案，只能另寻店铺购买。

在与顾客的交流中，客服尽量不要使用专业术语，因为很多顾客并不是专业人士，也不理解专业术语，听见客服接二连三地蹦出专业术语，有的还会对这些专业术语进行逐个询问，结果浪费大量时间；有的则碍于面子不询问，但又不理解其意思，最后只好放弃购买，礼貌告别，留下一脸不解的客服人员，还不知道自己哪里做错了。

客服使用专业术语，或者简称、缩略语和英文单词等等词语的动机，大约分为两种，一种是为了方便，因为专业术语可能一个词就可以代表很复杂的意思，与懂行的人交流起来非常方便；一种是为了显得自己有水平、有层次，所以使用大量专业术语来包装自己。客服经理或者店主在日常培训中，应明确地向客服们指出这两种动机的有害性，让客服们自查自己是否有这两种心态，如果有，一定要摈弃。

> **专家提点——特殊情况下可以使用专业术语**
>
> 如果客服发现顾客是一名专业人士，对于要购买的商品非常精通，那么客服就可以在与顾客探讨的时候，使用各种专业术语，这样做不仅不会让顾客感到不快和不解，反而能够让顾客有一种遇到内行人的感觉，交流起来会非常愉快，也会增加顾客下单购买的可能性。

5.2 解答顾客疑问，打消顾客疑虑

由于网购的特殊性，顾客见不到商品实物，因此顾客就会有很多关于商品本身和店铺服务的疑问，只有解决了这些疑问，顾客才能放心购买。客服要针对顾客的疑问，进行直接有力的回答，让顾客信服。

5.2.1 商品质量到底好不好

当顾客询问客服商品质量到底好不好的时候，客服当然不会说自己的商品质量不太好，但单纯的说明并不能让顾客满意。客服最好先询问顾客觉得商品不好的原因，然后针对性地进行解答，这样才能够让顾客心服口服，掏钱购买。

在实践中，顾客常常因为以下几个方面，会向客服询问商品质量的问题。

1. 价格太低了

通常顾客会因为价格低而提出这样的疑问：

顾客：这款商品的价格太低了，这质量能好吗？
客服：亲，我们店铺有自己的工厂，店里的商品都是我们自己产的，从原料购买到成本控制，都有专业人士负责，所以商品成本比其他店铺要低不少，但质量一点都不会差，这正是我们店的优势。

也有这样提问的：

顾客：你们这款商品价格比专柜低，是不是因为质量有什么问题啊？
客服：放心吧亲，我们这款商品是公司专门推出的网销款，主要是为了配合马上要举办的"双十一"促销活动而设计的，为了充分吸引顾客购买，所以价格定得低一点，但是质量一点都不缩水，保证和专柜一样好，还享受和专柜一样的售后服务。所以不用担心质量有问题的。

2. 赠品增加成本

有的顾客认为，赠品看起来太多而商品总价并不高，那么抛开赠品的成本，商品本身的价格就比较低了，会不会影响商品质量。

顾客：送这么多赠品，商品算下来才多少钱，质量能好吗？
客服：是这样的，这段时间搞活动才送这么多赠品，活动完了就只送一张清洁布了。活动期间我们的商品都是不赚钱的，利润都贴在赠品里面了，但是我们的商品质量是没有一点问题的，所以现在购买非常划得来。这个请您放心。

3. 商品评论不佳

有的顾客下单前喜欢先到商品评论区看一下评论，结果看到了一些不好的评论，于是产生了"商品到底好不好"的疑问。

顾客：我看有些评论说这款商品不太好，我问一下到底质量如何啊？

客服：亲，很少有商品是100%好评的，特别是我们这种卖出上万件的爆款，更不可能100%好评，这是因为众口难调，再好的东西都会有人说不好，除此之外还有些职业差评师打的差评在里面，这个真的没办法。但是您可以看看我们的好评率为98%，如果真的那么差，不会有这么多人打好评的。

顾客：有人说通电后发热很厉害，是不是质量问题呢？

客服：热不热这个是比较主观的一个判断，有的人可能觉得热一点，这个是可以理解的。主要还是看大部分人怎么说，因为大部分人的感觉和判断都应该是差不多的。我相信您应该也属于大部分人里面的一位吧。

4. 同行评价不佳

有的顾客喜欢货比三家，在与多家店铺的客服交流过以后，顾客可能会听见一些对于某个店铺某款商品的不利言论，这就会让他/她产生疑惑。

顾客：有几家店铺都说你们这款商品有问题，是真的吗？

客服：有句话叫作"同行是冤家"，我相信您应该很清楚的，所以他们的回答其实没有什么意义，您还是看看我们商品的销量和好评率，就知道我们家商品质量究竟怎么样。

5. 三包期短

有的顾客认为，商品质量好，三包期就应该长，质量差的商品，三包期就会比较短，因此会对三包期过短（顾客主观上认为短）的商品提出疑问。

顾客：为什么这款商品三包期只有六个月，连一年都没有？是不是因为商品质量不行，你们不敢保长了？

客服：亲，您误会了，我们这款商品的三包期是按照国家颁发的《××××标准》制定的，可不是因为质量不行才不敢保长了。我们也考虑到有的顾客希望保长一点，因此特意设置了"半年保险套餐"和"一年半保险套餐"，也不贵，如果您希望保一年，可以购买"半年保险套餐"，加上商品本来的半年三包期，就可以保到一年；如果您希望保两年的话，可以购买"一年半保险套餐"。另外，就算过了三包期，商品出了问题，我们也会以成本价为您维修的，请您别担心。

在客服与顾客的实际交流中，可能还会遇到很多奇奇怪怪的原因导致顾客对商品质量产生疑问，客服只要摸清原因，对症下药进行解答，就能够打消顾客的疑虑。

5.2.2 商品真实颜色与网页图片的色差问题

商品经过数码相机拍摄,以及照片后期处理,再通过不同的显示器展示出来时,自然就会与实物颜色产生一些差别,这种差别叫作"色差"。简单来说,就是顾客在自己的显示器或手机屏幕上看见的商品颜色,与真实商品的颜色有一定的误差。

对色差比较敏感的顾客群体大多是女性顾客,尤其是在购买服装、饰品和箱包时,可能一点点的色差都会引起她们的不满。所以这个群体的顾客通常会在购买前询问客服,商品真实颜色是否与网页上的图片有误差。

顾客:你们这款裙子的颜色我挺喜欢的,就是不知道图片与实物有没有色差啊?
客服:亲,网上购物色差是无法避免的,不同灯光下、不同相机拍出来的照片都会有色彩上的区别,即使我们根据实物校正过照片颜色,但顾客使用不同的显示器或手机观看时,还是有一定的色差存在,具体颜色以收到的实物为准。如果您不能接受色差,那么请考虑清楚后再购买,因为本店已经在详情页里声明,色差问题不能作为中差评、退换货或投诉的依据,顾客购买商品就视为同意此声明。

> **专家提点——使用参照物说明色差**
>
> 在拍摄商品照片的时候,可以在旁边放一些常见的物品进行色彩上的对比。比如,对于红色居多的商品,可以在旁边放上一听可乐作为参照物;对于白色居多的商品,可以在旁边放上打印纸作为参照物。这样即使有色差存在,顾客也可以根据参照物的颜色来判断商品原来的颜色,以及色差的严重程度。

5.2.3 顾客不知道该如何选择商品规格或型号

有些商品会有很多规格,比如服装、数码产品等,顾客往往不知道怎样选择自己需要的规格或型号,因此会询问客服,以期获得帮助。

以服装为例,当顾客不知道如何选择自己的尺码时,客服首先应该询问顾客说的是哪一款商品,等顾客发来商品链接并打开后,再询问顾客的身高、体重、肩宽、胸围和腰围等详细数据,然后对照尺码表推荐型号。

顾客:我不知道怎么选你们家这款T恤,你帮我瞅瞅?
客服:好的,亲,您报一下您的肩宽、身高和体重就可以了。
顾客:嗯,我的肩宽是××厘米,身高是×××厘米,体重是××公斤。
客服:好的,亲,根据您的数据来看,您可以穿我们的XXL号T恤,正好合适。
顾客:好,谢谢了。

而当顾客对自己的数据不清楚时，客服可以根据其他参考方面入手来确定顾客的尺码，比如：

顾客：我比较喜欢你们这款裤子，但是不知道该穿什么尺码。
客服：亲，在商品详情页下面有尺码表的，您可以对应自己的腰围等数据进行选择。
顾客：我就是不太清楚我的数据，因为我减肥一段时间了，现在身材都变了，我还没有去量过呢。
客服：亲，减肥有效果了吧，恭喜您啊！既然不知道现在的数据，那请问最近有没有买过长裤？
顾客：有，上个月在商场买了一条西裤。
客服：您买的条西裤是什么尺码的？
顾客：我记得应该是加大号。
客服：就是 XL 对吧？
顾客：是的。
客服：亲，我们的裤子是外版尾货，同样尺码的裤子要比中国版大一点，我建议您选择 L 号，应该就比较符合您的体型了。
顾客：好的，谢谢！
客服：不客气，亲。

高手支招　特殊情况特殊处理

> 当服装为宽松型，对肩宽、胸围、腰围等数据无要求时，客服可以根据顾客的身高和体重来推荐尺码。

当顾客询问商品详情页里面的尺码表是否准确，客服可以这样回答：

亲，我们每件衣服均为平铺（或吊挂）测量的，数据误差很小，当然手工测量不会百分之百准确，有时候会有一点小误差，一般在 1～2 厘米之间，完全不影响穿着，您尽管放心。

5.2.4　商品是否包邮

一般来说，商品包不包邮，可以从商品的详情页看到。不过，一些店铺可能会有特殊的包邮规定，比如"满百包邮""满三件包邮""江浙沪包邮""青海西藏补邮费"等，需要客服向顾客讲解清楚，比如：

顾客：老板，请问你们店铺满三件包邮，具体是怎么回事？
客服：客官，是这样的，购买全店任意三件价值五元以上的商品，就可以包邮。请注意，三件商品每件都要五元以上才可以。

顾客：刚好五元算不算？
客服：算的，客官。

或者：

顾客：你们店铺首页上写的江浙沪包邮，那江浙沪以外邮费怎么算？
客服：亲，江浙沪以外的邮费也不贵，首重六元，续重四元。偏远地区只发中国邮政，不发快递。如果是西藏青海的话，邮费另算。亲，您是哪里的，我帮您算算邮费吧。

也有的店铺会把详细的邮费政策贴在商品详情页最下方，供顾客了解，如图5-4所示。但有的顾客未必会看到页面最后，所以免不了还是会询问客服。客服要熟悉自家店铺的包邮政策，才能流利地回答顾客的问题。

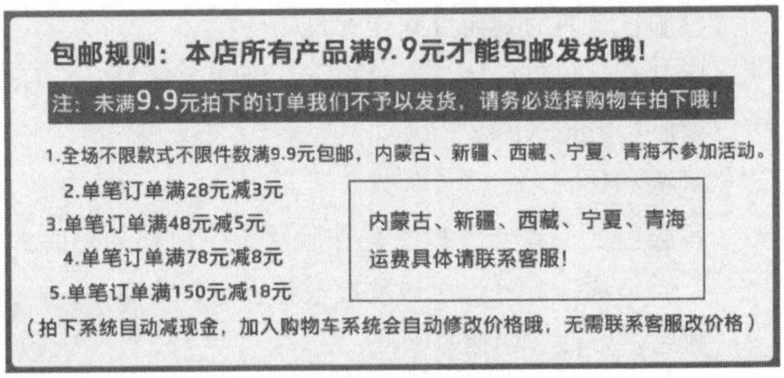

包邮规则：本店所有产品满9.9元才能包邮发货哦！
注：未满9.9元拍下的订单我们不予以发货，请务必选择购物车拍下哦！
1.全场不限款式不限件数满9.9元包邮，内蒙古、新疆、西藏、宁夏、青海不参加活动。
2.单笔订单满28元减3元
3.单笔订单满48元减5元
4.单笔订单满78元减8元
5.单笔订单满150元减18元
（拍下系统自动减现金，加入购物车系统会自动修改价格哦，无需联系客服改价格）

内蒙古、新疆、西藏、宁夏、青海运费具体请联系客服！

图5-4 邮费政策

5.2.5 发货时间与到货时间

顾客在了解了商品本身的情况，以及邮费的情况以后，就开始关心商品的发货时间和到货时间了。当然，也有的顾客会在下单之后才向客服询问这方面的问题。

顾客：我现在下单的话，请问什么时候可以给我发货啊？我急着用。
客服：亲，您现在下单的话，我们下午4点就会把货发出去。到南京大约要两三天时间，没有意外的话，大约大后天上午您就可以收到货。

或者：

顾客：我刚刚拍下的花瓶，今天能给我发货吗？
客服：哎呀，对不起啊，刚刚才把今天最后一批货发出去了，您的花瓶只能等到明早10点那一批发了。不好意思啊。

以上是最常见的收发货时间的解说。对于一些特殊商品，如现制作的手工艺品、大件家具等，可能会有不同的发货时间和收货时间，要特别向顾客说清楚。

顾客：我拍的这款黄阳木雕怎么还没有给我发货啊？都一天多了。
客服：亲，我们这款木雕是纯手工制作，接到订单才做，一般会在七天内完工并发货，在商品详情页最后有相应说明的。

或者：

顾客：我买的衣柜什么时候能到我这里啊？
客服：您好，由于家具是大型商品，我们会使用物流发送到您所在的城市，时间上大约要一周。我们将会在今天上午11点左右给您发出去，请您通过物流单号查看物流情况，算好时间接货。特别要说明的一点是，物流只到楼下，不上楼，请您事先找好帮手，方便到时候搬回家里。

当顾客要求加急快递时，客服可以这样告诉顾客：

顾客：我现在拍的话什么时候可以到我这里？
客服：亲，大约三四天之后就能到您手里了，如果中途没有意外的话。
顾客：可是我着急用，后天就要，能不能想想办法？
客服：亲，我很体谅您着急的心情。这样吧，我和快递公司联系一下，看能不能给您发次日到快递，但是邮费方面您要补差哦！
顾客：没问题，补多少？
客服：补多少要我询问了之后才知道，我5分钟后联系您，请您稍等。
顾客：好的，谢谢。

客服人员应该在职权范围内尽量为顾客解决快递方面的困扰，这样才能够让顾客更加信任店铺，从而成为多次购买的回头客。

> **高手支招** 要把"没有意外的话"挂在口边
>
> 在顾客询问快递到货时间时，客服可以按照通常的情况进行估计并告诉顾客，但前面一定要加上一句"没有意外的话"，比如"没有意外的话，星期六可以到您的城市"，这样，既给了顾客一个比较靠谱的答案，顾客听了会安心，又让顾客不能把快递的意外延误怪罪到客服身上。

5.2.6 商品的退换货规定

退换货是顾客比较关心的问题之一。当顾客觉得正在购买的商品自己有可能不喜欢，或者对商品质量不太信任，就会希望到时候能够顺利地退换货。

提供了"七天无理由退货"服务的商品，在商品详情页可以看到相应的提示，如

图 5-5 所示，看见这个提示的顾客一般不会再询问关于退换货的问题。

如果没有提供"七天无理由退货"服务，顾客可能就会对退换货服务进行询问；此外，即使商品参加了"七天无理由退货"服务，有的顾客还会询问七天之后退换货的相关规定，这种情况在一些短期内看不出质量好坏的商品上显得尤为突出。

图5-5　七天无理由退货

顾客：我看这款皮箱没有参加"七天无理由退货"，那万一我不喜欢怎么办？

客服：亲，如果皮箱没有任何质量问题的话，是不接受退货的哦，不能以"不喜欢""太小"等理由来退货。不过，如果您坚持要退货，或者更换另外的款式，也是可以的，只要您这边负责退换货邮费就可以了。另外，退回的皮箱不能有任何损坏、擦痕、气味等影响二次销售的因素存在，否则我们是不接受退货的，这点请您务必注意。

或者：

顾客：虽然你们家的这款音箱有"七天无理由退货"服务，但是超过七天后想退货还可以吗？因为音箱煲机要煲好几天的，我担心煲完后的声音我不喜欢，到时候又超出七天了，想退怎么办？

客服：亲，七天之后，如果商品没有质量问题，是不能退货的，这一点请您谅解。如果您不能确定煲完机后的声音自己喜不喜欢，您可以听一下我们通过高保真录音设备录制的音箱播放效果，虽然不能百分之百还原音箱的声音，但可以为您提供不错的参考。

顾客：那好，你把文件传给我听听吧。

客服：好的，建议您使用品质较高的耳机来播放，这样还原度比较高一点，也便于您更加准确地判断。

专家提点——一定要告诉顾客关于邮费的规定

在客服向顾客讲解退换货规定的同时，一定不要忘记告诉顾客关于邮费的规定，以免后期产生不必要的纠纷。

5.2.7 售后问题能否得到及时处理

良好的售后服务可以让顾客放心购买商品,而不用担心商品出现问题无法处理,遭受损失,所以售后服务也是顾客最常询问的问题之一。通常顾客询问得比较笼统,如"你们售后服务怎么样啊?",或者"你们家售后服务好不好?",但是客服的回答就不能这样简单,客服应该以一段长短合适的文字对售后服务进行说明,排除顾客的后顾之忧。常用的回答有:

①售后服务方面请您放心,我们的售后服务绝对是有保障的,因为我们公司非常重视售后服务,去年和今年连续两年获得了××市消费者信得过荣誉奖,售后服务已经成为我们公司的品牌价值的一部分。您尽管放心购买好了,我们店的售后服务保证会让您感到满意。

②请您放心,我们是著名的网商品牌,对于顾客的使用体验是非常注重的,因此不仅是商品质量经得起考验,在售后服务上也是能让顾客感到满意的。只要商品出现问题,或者您在使用上有什么不清楚的地方,可以随时联系我们的客服人员,我们迅速为您解决和解答,真正让您后顾无忧。

③我们虽然不是大公司、大品牌,但是我们也明白售后服务做得好才能留住顾客的道理,所以请您放心,如果您有任何商品质量和使用方面的问题,可以随时通过旺旺、电话或微信和我们的售后服务人员联系,我们会竭诚为您服务。我们的服务时间从早上8点到晚上11点,只要您联系,就会有人响应,请您放心购买我们家的商品吧。

当顾客开始询问售后服务时,可以说已经下定决心要购买商品了,因此客服要给出让顾客满意的回答。

5.3 顾客讲价应如何处理

讨价还价是一种根深蒂固的购物习惯,很多人把这个习惯带到了网购中,在购物前喜欢和客服砍砍价,成功了可以节约一点小钱,不成功也没有任何损失。所以客服在与顾客交流的过程中,经常会碰到讲价的情况。

对于讲价,客服应该尽量不让顾客成功,因为损失的店铺利润,也会间接影响到客服本人的收益。

5.3.1 公司规定不允许降价

有的客服有一定范围内的降价权力,有的客服则没有。不管有没有,当客服决定不接受顾客讲价时,都可以向顾客表示自己没有降价的权力,从根本上杜绝顾客想讲价的企图。

顾客：这款海底泥还能再便宜点吗？再便宜点我就买5份。

客服：亲，您买多买少，我都不敢降价的，因为公司有规定，任何商品都不允许客服私自降价，否则客服得自己掏钱，还要扣绩效分。要不这样，您拍5份的话，我送您一套黄瓜面膜试用装好不好？

顾客：也可以的。

高手支招　小店铺不适合这个理由

> "公司规定不许降价"这种理由比较适合大中型店铺或天猫店，因为这几种店铺通常是以公司的形式来运作的，对降价有各种严格的规定，所以用来当理由是很合理的。但等级低、销量小、装修一般的小店铺，最好就不用这个理由了，不能够让人信服。

5.3.2　已是同类商品中较低价格

当顾客讲价时，客服可以用"横向对比法"，将其他商店的同款商品价格摆给顾客看，让顾客明白这个店铺的商品价格已经是比较实惠的了，降价空间不大，从而放弃继续降价的想法。

顾客：你们这款凉被，我觉得有点贵了，能不能再便宜一点？

客服：亲，我们店价格是比较优惠的了，您看×××店、×××店和×××店，同款凉被，我们都是在同一个厂家进的货，质量一样，但是他们价格要比我们贵十多元。

顾客：淘宝上肯定还有比你们更便宜的同款。

客服：这个我不否认，不过我们店价格应该是同类商品中价格比较低的了，您不信可以再去逛逛。而且有一点请您考虑，我们是金冠店，信誉和售后都没得说，在我们这买东西，您完全可以放心，我们绝对不会只管销量不管质量。

顾客：这样啊，那我不看了，就在你们这里买吧！

高手支招　收集价格信息

> 当然，店铺的商品必须要真的比大多数同行都便宜，才有底气让顾客去自行比较，这就要求店主或客服平时要注意收集同类商品的价格信息，明白自己店铺商品的定价处于哪个层次，以此来决定是否使用这个理由来拒绝降价。

5.3.3　分析商品成本，摆明利润空间

顾客讲价无非是希望卖家把利润让一点出来，假如卖家能够说服顾客相信自己的利润本来就很低，就可以理直气壮地拒绝顾客的讲价。

那么怎样让顾客相信自己的利润不高呢？一个好的办法是：将商品的各个组件和各种成

本摊开来告诉顾客，并明确说明自己的利润空间已经很小，通常就可以让顾客放弃讲价的想法。

顾客：这台组装的吃鸡主机要××元，有点小贵了，可不可以再便宜一点？

客服：亲，我们都是赚点手工费，辛苦钱，配件都不赚您的钱的，价格上真的没法再少了，请您理解！

顾客：不可能啊，几千块的东西怎么就没法再少了？

客服：亲，您听我给您算算账。这款主机要保证吃鸡流畅，首先CPU就用了i5××，时价××元，配套的主板不能太差，不然就拖后腿了，对吧？所以采用了××的主板，时价××元，采用了××型号的独立显卡来保证画质，时价××元，为了保证流畅度，内存也用了8GB的××内存条，时价××元，硬盘是××牌256GB的固态硬盘，时价××元，以及××牌550W电源和××牌机箱，一共××元。这些加一起，要××元，我们店加了一百元组装费就卖给您了，还要负责运费和售后的开销，赚的真是辛苦钱，请您体谅下我们，不要再杀价了。

顾客：哎，好吧，你们也挺不容易的，那就来一台吧。

客服：谢谢亲的理解！

高手支招 分析成本的方法适用于哪些商品

> 这种分析成本的方法适合有多种组件，结构相对复杂的商品，如电脑、家具、数码产品等。对于结构简单的商品，可以用变通的方法来分析成本，比如把商品的研发费、开模费、原料费、包装费、储藏费和运输费等费用分析给顾客听，也是不错的方法。

5.3.4 分解高价：算下来每天/周/月才花x元

如果顾客觉得商品贵，不妨换个角度解释，让顾客觉得比较便宜，可以接受，从而瓦解顾客讲价的心理基础。

一个常用的方法就是：将产品价格分摊到每月、每周或每天，自然就变得不是那么让人难以接受。比如我们常见的汽车广告里面就有这样的话：每天60元，您就可以拥有××汽车……，其实算下来每个月要付1800元，也不是一个小数目了，然而换个说法就让人觉得也不是很贵。这就是所谓的"分解高价法"。

顾客：你们这张床也太贵了点啊，一张床就要6000，能不能给我优惠一下？

客服：客官，我们这款床从头到尾用的全是金丝檀木，连铺板都不例外，质量可不是那些俄罗斯樟子松床可以比的。我们的床非常结实，用几十年一点问题都没有，就按20年算，摊下来每年才300元，每个月才25元，您想想，每个月25元就可以让您睡得舒舒服服，安安稳稳，还算贵吗？现在25元能做什么，买一盒烟就差不多了，您每个月少抽一盒烟就能把这个钱省下来，还能让身体更健康，何乐而不为呢？

顾客：你说的也不是没有道理，那我就拍一张吧。要送床头柜的吧？

客服：要送的，客官，不过床头柜就不是金丝檀木的了，请您知悉。

顾客：好的，我知道了。

高手支招 用花钱的嗜好来做对比

> 用分解高价法时，可以用顾客的一些比较花钱的嗜好来做对比，如果这个嗜好还有点不健康就更好了，比如抽烟就是一个很好的例子，其他比较适合用来对比的嗜好有：打麻将、吃烧烤、下馆子、逛商场等等，根据顾客的性别来选择使用。

5.3.5 和顾客装可怜，使对方放弃讲价

面对处境困难的人，一般人都会生出同情之心。当顾客讲价时，客服可以向顾客"诉苦"，引起顾客的同情，从而让顾客不忍心再讲价，这也是常用的一种策略。

顾客：再少一点嘛，给我少10元我就拍。

客服：亲，不是我不给你少，实在是我们店都在微利运行了，一件商品毛利只有几元钱，还要扣除人工、运费、房租等开销，真的赚不了多少。我们老板为了开源节流，把客服都裁得只剩两个人了，我和另外一个小妹除了做客服，还要身兼库管、收发货等工作，每天工作十一二个小时，累得要死，您想想，要是每个顾客都让我们降价，我们店只好关门大吉了，我就失业了啊。

顾客：那你只给我少，给其他人就不少了嘛。

客服：每个顾客都是这么说的，您让我怎么办啊？请您体谅一下吧，现在淘宝竞争那么激烈，价格都做透了，利润都很少的，我们实在是不能再降价了。

顾客：唉，你们也不容易啊，的确现在淘宝的竞争太激烈了。行了，我也不讲价了，不过你得给我仔细挑一件好的，免得我来回退换货麻烦。

客服：您放心，我亲自检查过再给你发过去！谢谢亲的支持！

高手支招 适度"可怜"

> 恻隐之心人皆有之，客服可以扮惨装可怜，激发顾客的同情心，让顾客放弃讲价，同时也要注意，不要把自己的情况说得太夸张，以免顾客不信。

5.3.6 商品价格虽然较高，但是附加功能多/附加值高

顾客觉得商品价格过高，无非是觉得商品的价值配不上它的价格。如果能够说服顾客相信商品的价值比较高，那么较高的价格顾客也就可以接受了。

那么怎样才能说明商品的价值比较高呢，一般来说可以从下面两个角度入手：

- 商品的附加功能多。说明商品的设计费了不少的功夫，用料和制造上面也比单一功能的商品要多一些成本，最重要的是，商品的附加功能可以给顾客带来方便和实惠。抓住这三点，说服顾客就不太难了。

    顾客：你们这款野外求生刀，做工还可以啦，就是有点贵，可以便宜点吗？
    客服：亲，我们这款求生刀，不仅做工精良，而且功能很多，刀身可以切、锯、钻，刀柄里还藏有针线、鱼钩、镁棒打火石、刀柄盖上还有指南针，可以应对很多野外状况，非常方便的。这款刀是我们设计师调查了五百多名资深驴友以后设计出来的经典作品，仅仅是调研设计费，我们公司就花掉了几十万，定型生产后，驴友们都反馈说不错。您看这么一把好用的求生刀，才卖您××元，真的不算贵了，毕竟我们除了生产成本以外，还有设计成本在里面的。所以请您别砍价了！

- 商品的附加值高。通常体现在售后服务、潜在升值能力、文化属性等方面，比如一模一样的两块玉佩，一块是现代生产的，一块是清朝的，肯定清朝的玉佩要值钱得多，这就是商品文化属性的价值。当顾客讲价时，客服可以向顾客展示商品的附加价值，让顾客感到商品总价值很高，对得起它的价格，从而放弃讲价。

    顾客：你们这款显示器能不能便宜点？感觉你们跟大品牌同款显示器一个价了。
    客服：亲，我们虽然是小品牌，但是我们处于一个积极的成长阶段，我们愿意提供比大品牌更好的产品和服务，来换取顾客的认可。最直观的就是我们的售后服务，不仅提供三年质保，还提供两年碎屏保，质保期过后，提供终身免费上门成本维修服务。您看，我们的售后服务是不是比所谓的大品牌还要实惠？
    顾客：的确是。他们一般都是一年质保，碎屏保得另外花钱买。
    客服：是啊，我们提供这么好的售后服务，也是要花很多成本的，所以我们的利润并不高，您让我们降价，真的是降不下来了。
    顾客：理解了。既然你的售后服务这么好，那我就当多花点钱买个安心吧。
    客服：您真明智！

此外还可以从商品的质地、用料、做工等方面来体现其附加价值，这就要靠店铺文案或客服人员平时来琢磨了。

5.3.7 祭出"便宜没好货"理论

当顾客质疑商品太贵，要求降价时，客服可以使用"便宜无好货"的俗语来说服顾客。尤其是当同类商品便宜很多时，本方法就格外实用。

顾客：我看其他店的檀香才几十元一盒，怎么你们的檀香那么贵啊？能不能少点？

客服：亲，我们店的檀香是从印度进口的，油性足，香味宜人，让人闻了心旷神怡。您说的那种几十元一盒的檀香，檀香占比很少，掺杂了大量的其他香粉，有的根本就没有檀香，是直接混合香精调配出来的化学檀香，味道浓烈刺鼻，长期使用还对人体有不好的影响。您想想，老话说"一分钱一分货"不是没有道理的，进口天然香和化学香能卖一个价吗？我们店的檀香是货真价实的，价格上已经很优惠，没法再少了，要再少，我们也只有掺假了，您愿意要吗？

"便宜没好货"理论比较适合用于"水很深"的商品类目，比如上面提到的香，还有玉石、文玩等等，这些类目的商品里，以假乱真，以次充好的情况非常普遍，导致同类商品的价差很大，是"便宜没好货"理论最适合的品类。

5.3.8 象征性降价，满足顾客的心理需求

有的顾客特别难缠，意志非常坚定，无论客服使用什么方法，都不能打消他/她讲价的念头，这类顾客往往就是喜欢讲价，只要成功了就感到很高兴，到底能讲下多少钱，反而不是他们最在意的地方。对于这种顾客，客服可以在权限范围内象征性地降一点价，满足顾客的成就感，又不会让店铺利润损失太大，达到两全其美的效果。

（顾客已经和客服讲了很久的价）

顾客：你就给我少一点吧，少一点我马上就拍。

客服：哎，真拿您没办法，给您减五元吧，这已经是我能做到的极限了。

顾客：五百多的东西，就给我少五块钱啊！

客服：亲，其他顾客一分钱都没有少的，给您少五元已经破例了。要不是看您那么有诚意想买，我五元都不会少的。

顾客：好吧，五元就五元，我这就去拍。

客服：嗯嗯。

高手支招 象征性降价的其他表现形式

除了直接给顾客降一点价以外，还可以用赠送店铺优惠券、赠送小礼物等方式来变相实现降价。

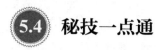

5.4 秘技一点通

技巧1——介绍商品时切勿夸大其词

为了吸引顾客购买,一些客服人员在介绍商品时,常常会夸大商品的使用效果。但过分的夸大商品效果不仅不利于商品的交易,还会使店铺的信誉受损,甚至还会使店铺受到淘宝平台的处罚。客服人员对商品信息和店铺信息进行夸大描述的情形主要有以下几种:
- 使用全网最高、最低、最热、最优等词汇对商品进行描述;
- 出现假一罚万、考试必过、N天见效等夸大效果的描述;
- 介绍保健食品时在功效上进行虚假和夸大描述;
- 将非药品冒充药品,并明示、暗示具有治疗或治愈功效等。

根据淘宝规则,商品描述信息中出现治疗、治愈、无效退款、立竿见影、不复发、考试包过、稳赚不赔、N天见效、N次见效等词汇时将被认定为夸大效果的描述。

客服人员只有实事求是地介绍商品,不故意夸大商品使用效果,确保顾客购买的商品与所描述的信息相符,才会使顾客产生信任感,才能使店铺持续稳定经营。因此,客服人员应该认真学习淘宝规则中关于夸大效果描述的管理规定,在向顾客介绍商品时,应尽量呈现对商品最真实的描述,突出商品细节的描述,提供其他顾客在使用效果等方面的真实用户体验。虽然客服人员不能故意夸大商品的使用效果,但是可以在尊重事实的基础之上对商品的描述进行适当地美化。

技巧2——客服人员如何向顾客说明商品的缺点

人无完人,金无足赤,任何商品都不可能是完美无缺的,总会出现一些不可避免的问题。作为一名优秀的客服人员不仅要尽力展现商品的优点,也要学会适当承认商品所存在的不足。承认商品的不足,并不是简单地将所销售商品的缺点一一罗列在顾客面前,而是需要讲究一定的技巧。客服人员向顾客说明商品的缺点,有以下三个技巧。

1. 主动说出商品的缺点

如果客服人员只是不停地夸奖商品的优点,对商品的缺点却一味地掩饰和隐藏,这样做不仅得不到顾客的信任,还会引起顾客更多的怀疑。为了让顾客相信自己没有夸大其词,客服人员最明智的做法就是主动说出商品存在的一些缺点,让顾客感受到你的真诚。需要注意的是,客服人员说出的这些商品缺点必须是在顾客能接受的范围之内,对商品的整体功能没有太多影响的。

2. 选择性地说出商品的缺点

客服人员在向顾客说明商品缺点时,要有一定的判断能力,判断商品的哪些缺点是可以说的,哪些缺点是不可以说的,哪些缺点可以只说一半。而且对于一些没有购买意向的顾客,就算客服人员客观地说出了商品的优缺点，他们也不会下单购买的。需要注意的是，客服人员在向顾客说明商品缺点时，千万不能将商品中涉及商业机密的一些问题说出去。

3. 通过欲扬先抑的方法说出商品的缺点

对于客服人员而言，说出商品的缺点不是最终目的，最终目的是要促使顾客下单购买商品。要达到这个目的，客服人员就需要在说出商品的缺点后继续渲染商品的优点，把顾客的注意力从商品的缺点转移到商品的优点上。例如，客服人员在向顾客销售一款养生茶时，可以提前向顾客说明这款养生茶价格虽然比市场同类商品要高一些，但商品的用料却是选用的最上乘的原料。在优点和缺点的对比之下，顾客会对商品产生全面感性的认识，并很容易让自己作出下单购买的决定。

当顾客知道商品的缺点，决定放弃购买时，客服人员不能带有情绪，更不能指责顾客，应该礼貌地表达出理解和关切，给顾客留下一个友好的形象，也许以后这名顾客还会再来。

技巧3——顾客说要再考虑一下

在商品销售过程中，如果客服人员向顾客介绍完商品，顾客还是说要再考虑一下，那么有可能是顾客为自己找的一个拒绝的借口，但也有可能是买家一种真实的心理状态。有些顾客在购买商品时会显得信心不足，对自己的购买决定很犹豫，他们不知道购买这个商品是不是自己一时冲动的决定，不知道是不是有质量更好一点的商品，不知道商品的价格是不是最合适。因此，客服人员就应该了解清楚顾客到底顾及的是哪个问题，然后给予他们信心。

面对犹豫不决的顾客，客服人员应该从以下三个方面进行处理：

1. 找原因，给压力

面对顾客的犹豫，如果客服人员不闻不问、没有任何行动，使顾客感受不到一点压力的话，他们就会自然而然地放弃购买，选择离开。大量的销售案例证明，适当地给顾客施加一点压力，可以使商品销售变被动为主动，从而找到顾客犹豫不决的真正原因，有利于促进商品的销售。因此，在顾客提出想要再考虑一下时，客服人员一定不能轻易让其离开，要及时追问原因，尽量让顾客说出自己心中的顾虑。但客服人员在追问顾客原因时一定要注意把握好一个度，千万不可以追问得太紧，否则会让顾客感到不满。

2. 立即解决顾客顾虑，及时推荐购买

找到顾客心中犹豫不决的原因以后，客服人员就应该立即解决，化解顾客心中的疑虑。当解决了顾客的疑虑后，客服人员就应该趁热打铁地及时推荐顾客购买。因为当顾客还在店铺中时，客服人员可以去影响和激发顾客的购买欲望，但顾客一旦离开或下线，客服人员也是鞭长莫及了，所以一定不能轻易让顾客离开，应该抓住一切机会进行销售。

3. 增加回头率

如果经过努力劝说后，顾客还是想再考虑一下，客服人员应给予理解。若此时客服人员还继续强行推荐，只会让顾客感到不舒服。根据研究表明，顾客一旦再次回到店铺中，其购买的概率为70%。所以，在久攻不下的情况下，客服人员应该给顾客留下一个深刻而美好的印象，争取顾客再次回来。

客服小故事——网购达人化身网店达人

李文文是一个活泼开朗的90后女孩，平时最大的爱好就是网上购物，是一名标准的网购达人，无论是衣服、生活用品还是小零食几乎都是在网上购买的。李文文不仅自己热衷于网购，还经常帮亲戚、朋友和同学在网上代购商品。

临近毕业，同学们都开始忙着找工作了，李文文却萌生了创业的想法，想着平时自己喜欢网购，是不是也可以在网上开家网店呢？李文文是个行动派，有了想法就一定会去做，于是李文文开始了她的开店之路。通过一系列的市场分析后，李文文最终决定自己的小店就从海外商品代购做起，正好自己身边有好几个朋友在国外，货源的问题也就解决了。

小店开张以后，李文文也随即忙碌起来，一边忙着打理店铺，一边又要不断学习网店经营规则。李文文作为一个资深的网购达人，对于买家的购物心理可是很了解的，对于不同的买家她也有不同的应对手段，特别是对于那些爱砍价的买家，颇有心得。

李文文介绍说："很多买家在购买商品时都喜欢砍价，当然这是无可厚非的，谁不希望花最少的钱买最好的商品呢。为了留住买家，自己店铺给顾客的优惠力度一般都很大，但还是有些顾客不满足，总是要砍价"。每当这时候，李文文都觉得很无奈，因为如果继续让价那自己可能就只有亏本了。

既然不能继续给买家让价，又要想办法留住买家，那怎么办才好呢？李文文说："那就只有使出自己的绝招了！也就是找到买家的痛点，对症下药，打动买家。"

李文文接着说道："买家既然决定购买进口的品牌商品，那么对商品的品质一定是有所期望的，虽然他们会顾及商品的价格，但是他们更在乎商品是不是正品，这就是买家最大的痛点。找到了买家的痛点就好对症下药了"。

分析了买家的痛点后，李文文每次遇到那些嫌价格太高不断砍价的买家，就会善意地提醒对方："现在市场上一些进口品牌的商品假货泛滥，购买时不能只看商品价格，而放弃对商品品质的追求，如果哪家代购店卖低价货，您真的敢放心买吗？"。很多买家听了李文文的话后，也就不再讲价，直接下单了。

李文文凭借自己多年的网购经验，将店铺的客服工作做得是得心应手，现在到店里购买进口商品的顾客越来越多，生意也是越来越好了。

第6章

促使顾客下单

本章导言

客服工作中,"促单"是一种必须要掌握的推销方法。所谓"促单",是指当顾客询问客服之后,如果表现出犹豫不决的态度,客服就应该使用一些技巧,在不让顾客反感的前提下"推"一把顾客,让顾客下定决心付款。促单是一种技巧性较强的工作,需要客服熟练掌握,为店铺增加销量。

学习要点

- 掌握各种常见的促单方法
- 掌握柔性促单的技巧

6.1 常用促单套路

怎样推动顾客下单购买，也是有一定的套路的。这些套路上手比较轻松，新人也可以快速掌握，迅速提高销售业绩。

6.1.1 限时促销，随时恢复原价

有很多顾客在了解商品之后，要考虑几天再决定购不购买。对于这种类型的顾客，限时促销是一个非常好的促单套路。限时促销，能给顾客制造一种时间上的紧迫感，促使顾客不再拖延，立即下单购买。

图6-1　限时促销

限时促销一般在众所周知的节日进行，如春节、国庆，也可以在平台举行的双11、双12购物节时举行，为期一般为2~7天。限时促销的实现方式有很多，比如促销期内拍下立减、拍下打折、拍下送赠品等等，如图6-1所示。

客服在促销期间常用的促单套路为：
- 我们这次促销到20号就截止了，双11之前再也没有这么大力度的优惠了，请您抓紧时间购买。
- 亲，这次促销只有三天时间，到今晚11点就结束啦！11点以后立即恢复原价！您现在不买，以后再买会多花七十多元呢，您省下这些钱来买别的东西多好啊！
- 亲，这款卫生纸促销期间打六折，买得越多省得越多，您最好在促销期间多囤一点，可以省下不少钱呢。不过时间上您得抓紧，促销到明天就截止啦！

当与顾客沟通时，顾客说要考虑考虑，或者长时间没有反应，这个时侯就可以提醒对方"本商品限时促销，一定要把握好时机"，以此推动顾客下单。

……

客服：怎么样，您觉得还满意吗？

顾客：功能是挺不错的，设计师考虑得很周到。不过我还想再看看还有没有更好的。

客服：您做得对，货比三家是非常好的购物习惯。别家店的这款商品价格都在350元左右，您可以去看看，其实这也是行业价格。不知道您有没有注意到，我们店的这款产品正在做限时促销，今晚8点以前下单打7.5折，算下来您可以节

约将近 90 块钱了。过了 8 点恢复 345 元，请您抓紧时机购买。

顾客：那好，我先去看看，如果真是你说的那样，我马上就来下单。

客服：好的，亲。

高手支招 不用步步紧逼

> 有的顾客比较谨慎，即使看到限时促销，可能还是会到别的店去比较。对于这样的顾客，不用步步紧逼，只要他/她看到限时促销的优惠，自然会回来下单。

6.1.2 限量发售，再不下单就没有了

限时促销是在时间上进行限制，制造紧迫感；而限量发售则是在数量上进行限制，让顾客感到紧迫，推动顾客下单。当顾客感觉某款产品快卖完的时候，就会产生"再不买就买不到了"的心理，这种心理促使顾客快速作出下单购买的决定。

客服在限量促销期间常用的促单套路为：

- 亲，这款貔貅只有 300 个，卖完就没有了，因为这个款式做工特别复杂，厂家做起来非常费事，都不愿意做了，这一批有可能就是绝版了。如果您是真喜欢这款貔貅，请抓紧机会赶紧购买，过了这个村可就没有这个店了。
- 我们这款裤子是外贸尾单，只有 500 条，卖得非常好，现在只剩几十条了。请赶紧购买，可能用不了一会就买不到您要的尺码了。
- 这批裤子是我们老板从朋友那里拿的抵债货，价格非常优惠，但是数量不多，卖完也就没有了。毕竟这种事也不是常有的，难得碰上一次。做工这么好，价格这么实惠的裤子，正常渠道是拿不到的，买到就是赚到。

限量促销有两种：一种是写在商品详情页上的限量促销，这种通常容易被顾客注意到；另外一种是没有写在商品详情页上，但是通过详细页的库存量可以看到其数量不多了，如图 6-2 所示，在这种时候，客服就要特别地提醒顾客。

图6-2 限量促销

顾客：这件衣服的几种颜色我都喜欢，我先放到购物车，想好再买。

客服：亲，这件衣服的数量不多了，您看看，库存量只有 23 件了。您要是再不快点做决定，我估计两三天以后就卖完了。下次进货又不知道什么时候去了，而且有没有这个款式也不知道。所以我建议您考虑好就赶紧下手，不要错过自己喜欢的衣服。

顾客：嗯，你说得好有道理。我马上把链接发给我老公，让他帮我参考一下，选一个颜色，然后我就下单。

客服：好的，我等您，亲。

> **高手支招** **因人施计**
>
> 客服要注意观察顾客,如果顾客对商品并不是特别想买,最好就不要用限量发售的套路,因为他们觉得能否买到都无所谓,自然也就不会产生紧迫感。

6.1.3 赠品样数多/价值高/名额有限

赠品的本质虽然是"羊毛出在羊身上",但在网购的时候,顾客还是会很高兴有赠品,特别是对于犹豫不决的顾客而言,赠品可以让他们下定决心购买。当然赠品要有一定的价值或者数量,才能够打动顾客。

客服提醒顾客赠品信息的促单套路为:

- 亲,悄悄告诉你,我们这几天有秘密赠品,只要您拍下这款皮带,我们马上送您一个金属打火机,做工非常好,开盖声音清脆明亮,和Zippo不相上下,拿出去倍儿有面子,带精美礼盒包装,送人自用都很合适。这款打火机只有60个,送完就没有了,不是回头客我都不告诉他。您可要抓紧机会哦!
- 亲,我们店正在搞活动,购物满200送一把天堂伞,您刚才咨询的那款衣服已经超过200元,您拍下的话就可以获赠一把天堂伞了。数量有限先到先得哦!
- 您的运气真好,这款厨具套装目前送超多赠品,调味盒、辣椒油罐、锅刷、防切手套、围裙、挡油烟面罩、钢丝球,买一送七,超级划算,别家是不会有这么多赠品的!而且只有今天进店前30位顾客才有赠品,后面的就没有了,您一定要把握住机会哦!

客服在告诉顾客赠品信息的同时,也要强调赠品数量有限,或者获赠名额有限,又或者赠送活动快要截止,这样才能激起顾客的紧迫感,推动顾客下单。

顾客:这款光敏印章还不错,不过价格比×××家贵了五元钱,感觉还是他们家划算点。

客服:客官,×××家的同款印章我知道,虽然比我们家的便宜几元,但是您看,我们这款印章的销量是不是比他们家同款的多很多?这是因为我们这款印章赠品超多,除了送垫子、印台、口袋、收纳盒之外,还吐血赠送四只印油。印油单买的话,一只都要三元钱,四只印油算下来就超过五元了,还不算印台等赠品。买过的顾客都说在我们家买要实惠很多呢。

顾客:哦,算上赠品的话的确是你们家实惠。

客服:是吧!一只印油就可以印上千次了,四只够您用很长一段时间了,划算不划算不用想就知道了。这次赠送活动还有两三天就截止了,您如果要买的话,最好是现在就下单,免得回头给忘了,错过机会。

顾客:你说的也对,反正都要用,现在就买了算了。

> **高手支招** 赠送赠品的诀窍
>
> 　　有的赠品没有写明在详情页上，而由客服酌情判断是否赠送。这样的情况下，对于爽快购物的顾客，就没有必要再提赠品的信息了；对于稍微有点犹豫的顾客，可以加以劝说，诱导下单，但不提赠品；对于一再犹豫的顾客，就可以祭出"赠品"法宝进行促单。毕竟赠品也是成本，能节约就要节约。

6.1.4　赠送运费险，退货不花钱

　　所谓的"运费险"，即退货运费险，在顾客确认收货之前，一旦发生退货操作，淘宝平台就会自动退还给顾客一定的运费，其金额根据顾客的收货地与商家退货地之间的距离来判断。

　　虽然退赔的运费金额不一定等于顾客退货时实际支付的金额，但至少能够补偿80%，可以极大地减轻顾客的损失，也就避免了退货运费由谁承担的纠纷，对商家和顾客来说是有利的。

　　运费险可以由顾客在购物时自己选择是否参保，如图6-3所示，也可以由商家出钱为顾客购买运费险，这样顾客就可以不出一分钱享受退货运费返还的保障了，如图6-4所示。

图6-3　顾客选择购买"运费险"

图6-4　商家赠送"运费险"

　　顾客通常都喜欢到等级高、销量高、好评率高的店铺购买商品。对于新店铺或者销量不高的小店铺而言，顾客就没那么容易贸然下单了。那么，这类店铺如何取得顾客的信任，对他们进行促单？很显然，为顾客解决后顾之忧，是一个很好的办法。

　　顾客考虑比较多的一个问题是：假如自己不喜欢这款商品，退货要自己承担运费，这对顾客来说是一个不大不小的负担，特别是商品价格不太高的情况下，运费的比重就显得比较大了，对顾客来说是很划不来的。

要打消顾客的这类疑虑，通常使用以下几种套路：

- 请您放心购买，如果商品您不满意，请直接申请退货，我们为每个顾客都投了运费险，顾客退货可以获赔运费，一点损失都没有。
- 您可以买回去先用着，如果商品出问题或者您不喜欢，走个退货流程退给我们就是了。我们为每个顾客都投了运费险，您可以放心退货，运费会退到您的支付宝账号。

高手支招 提醒顾客不要立即"确认收货"

需要注意的是，必须提醒顾客收了货不要忙着"确认收货"，因为一旦确认，运费险就失效了，再退货就只有顾客自己承担了。

客服：亲，请问您对这款商品还有什么疑问吗？

顾客：疑问倒是没有，但是我考虑这款商品是新研发的，我怕使用的时候会出现各种意外问题，就会很麻烦。

客服：不用担心的亲，我们这款商品是经过50多万次测试才最终定下来的，性能非常稳定。万一您在使用中出现问题，不想要了，可以随时申请退货。我们为所有购买这款商品的顾客购买了运费险，顾客只要在没有确认收货以前退货，都可以得到运费险赔付。换句话说，您可以试用本款商品，要退货也是没有什么损失的。

顾客：这样啊，那我就买一个来试试咯。

客服：好的亲，请您注意，收到货以后先试用几天，一定不要慌着在平台确认收货。在十天之内都是可以随时申请退货退款的。您还可以申请延长确认收货的时间，增加试用的时间。

顾客：好的，我会留意的。

专家提点——"没有任何损失"与"没有什么损失"的区别

有的时候退货险可能只退8块、9块钱，不足以全部抵偿顾客退货的运费。所以告诉顾客"退货没有任何损失"是不恰当的，比较稳妥的方法是告诉顾客"退货没有什么损失"，这样即使是挑剔的顾客也没有办法找到差评借口。

6.1.5 商品非常流行，大家都在用

人是一种群体性的动物，"随大流"是人类的一种社会本能。这种本能在网购中也表现得比较突出，比如，顾客喜欢选择销量大、好评率高的店铺购物，商家甚至为此不惜"刷单"来增加销量，吸引顾客。

对客服而言，当顾客在犹豫时，可以拿出一些证据，如图6-5所示，告诉顾客商品非常畅销，大家都在用（在玩），看到这么高的销量，一般来说顾客也就不会犹豫了。当然，前提是这件商品价格不要超出同类商品很多。

图6-5 用评论数说明商品很流行

告诉顾客商品非常流行,销量非常好,通常使用以下几种套路:

- 亲,您看我们这款商品的销量,马上要满十万了,质量要是不好,能有这么多人买吗?群众的眼睛毕竟都是雪亮的,大家都在买我们家的商品,说明我们家商品的质量是真的好。
- 您可以放心购买,这款商品卖得非常好,您看看,五万多的评论,只有三个中评,其余全部是好评,这样的商品您还有什么不放心的呢。
- 这款商品我们这个月都进了第三次货了,实在是太好销了。您可以看看我们的进货单,每次都进了五百个,马上又要进第四次了。相信大家的眼光吧,大家都在抢购的东西绝对是好东西。

要注意的是,有的顾客比较特立独行,用流行或者销量多来劝说他/她购买,可能还会起到反效果。这种时候客服就要见机行事,把话给圆回来。

客服:亲,您看我们这款饰品,两万多的评论,买的人都说它的做工和款式不错呢。
顾客:我不喜欢用和大家一样的饰品,显得没个性。我就喜欢小众的。
客服:(意识到顾客不喜欢随大流):亲,两万的销量放到全国十几亿人里,这比例多小啊,您绝对不可能碰见其他人戴这款饰品。您戴上它,绝对也是小众,回头率超高的。
顾客:嗯,有道理。那我就买它了。

所以说客服工作是一种说话的艺术,能够把话圆回来,是一名客服人员应该掌握的基本功。

6.1.6 制造危机感,驱使顾客下单

从心理学上来讲,人类行动的动力不外乎两种,一种是追求欢乐,另一种是逃避痛苦。前面讲解的各种促单套路本质上都是"追求欢乐",那么能不能用"逃避痛苦"来作为促单的套路呢?答案当然是可以的。

很多做过化妆品销售的人知道,当顾客来购买护肤品时,销售人员通常会用比较婉转的方式指出对方皮肤上的缺陷,比如眼角有一些皱纹,鼻翼两侧有黄斑,皮肤干枯没有光泽等,

让顾客产生危机感，然后再适时针对顾客的皮肤问题推荐相应的护肤品，顾客基本上都会掏钱购买。

在网店销售中，特别是化妆品、保健品、健身器材等类目，使用这种方法通常会比较容易产生效果。

令顾客产生危机感的套路很多，比如：

- 在您这个年龄段，应该要多注意保护心脏了，不然会引起很严重的后果。
- 从您的照片上来看，您的皮肤再不调理，恐怕后期会长斑了。
- 听您的描述，我觉得您应该多休息，少熬夜，不然对您的肝脏有较大的损害，如果实在要熬夜，就要注意保肝护肝了。

下面来看一个护肤品客服是如何为顾客制造危机感的：

客服：从您发来的照片中，我看见您的眼袋比较大，眼圈也有点黑，是不是最近没有休息好，工作压力大？

顾客：是有一点。

客服：您要注意了，如果再不好好休息，眼袋皮肤会不可逆地松弛，以后很难恢复，而且还容易长皱纹。

顾客：可是没有办法，最近半年工作任务特别重，不加班做不完。

客服：那您应该使用一些效果较好的天然草本眼霜来保护您的眼周肌肤，本店的×××精华眼霜就是专门为熬夜族研制的，通过多种草本精华提取素来修复眼周肌肤的皱纹，并令眼周肌肤紧致，对祛除眼袋眼圈有很好的效果哦。既然您避免不了加班，最好就使用这款眼霜来保养眼周。

顾客：好的，那我先买一瓶试试。

高手支招 切忌无中生有

当然，要注意的是，客服不要无中生有，胡编乱造地恐吓顾客，一定要基于事实，不然顾客看穿后，肯定不会再到这家店购物了。

6.2 以"礼"服人，柔性促单

俗话说"礼多人不怪"。通过送礼，可以让促单过程变得比较"顺滑"，并能够提升店铺的黏度，让顾客反复进店购买。当然，送礼促单也有各种技巧，下面就来一一了解。

6.2.1 买一赠X，传统但是好用

买一赠X是最常见的营销手法，比如，红豆薏米粉买一罐送一罐、电脑买一台送一套

键鼠套装，等等。买一赠 X 活动能够显而易见地提升店铺的销量，客服在促单时也比较轻松。

成本较大的买一赠 X 不能一直实施，这会给店铺造成较大的成本损失。一般来说可以在以下几个场景进行：

1. 店庆/周年庆

在店庆/周年庆时，比较适合进行买一赠 X 活动。在活动的前几天，可以在店铺首页就打上醒目的广告，让顾客提前有个准备。在买一赠 X 活动当天，也要让客服做好准备，迎接比平时更多的工作量。

在店庆/周年庆时进行买一赠 X 活动，不但可以让顾客享受到实在的优惠，还能够加深顾客对店铺的印象，使顾客成为常客、熟客。

> **专家提点——合理降低活动成本**
>
> 买一赠 X 活动的赠品都是成本，如果赠品太多，或者赠品的价值过高，会给店铺带来不必要的经济压力；但同时赠品质量也不能差，否则会引起顾客不满，起到反效果。那么如何合理降低买一赠 X 活动的成本呢？最好是对滞销商品、客单价高的商品进行买一赠 X，这样才能有效降低成本。此外，不要在活动前将商品价格调高，然后再进行买一赠 X，万一被发现，会极大影响店铺的信誉。

2. 传统节假日

传统节假日是送礼的好时机，在春节、元宵节、重阳节、端午节、国庆节、情人节、母亲节和父亲节等节日都可以举行买一赠 X 的活动吸引顾客。当然，清明节这种追思先人的节日就最好不要搞什么活动了。

3. 生日礼

当顾客过生日时，是联络感情的最佳时机。客服不但可以通过电话或短信祝福顾客，同时还可以告诉顾客可以享受买一赠 X 优惠。顾客既受到了精神上的关怀，又得到了实际上的利益，对店铺的好感就会上升到一个新的高度。

这种专门针对顾客生日而进行的买一赠 X 活动，成本较小而效果不错，所以值得长期实施。

4. 欢迎新顾客

当新顾客第一次在店里购物时，客服可以针对该顾客实行买一赠 X 活动，这样新顾客就会对店铺留下深刻的印象，以后购物时，都会很自然地先想起这家店铺。

6.2.2 用优惠券增加店铺黏度

优惠券是一种虚拟电子现金券，有优惠券的顾客在进行购物时，可以享受一定额度的优惠，如图 6-6 所示。

顾客拿到了优惠券，自然会再来这家店购物，

图6-6 无门槛优惠券

把优惠券用掉。这样能够促进顾客再次到店消费，从而培养起顾客的消费习惯，有效地将新顾客转化成老顾客。

如同其他活动一样，店铺在发放优惠券时，也可以选择在店庆、节假日或顾客生日等时刻进行，当然也可以在举行特定的促销活动时，进行发放。

优惠券一般分为无门槛与有门槛两种。所谓无门槛优惠券，就是在任何一笔购物中都可以抵用的优惠券，如图 6-6 所示即为无门槛优惠券；而有门槛优惠券，则是必须消费到一定额度以后才能抵用的优惠券，如图 6-7 所示。优惠券通常还标有使用期限，过了使用期限后就会失效，这一特性可以促使顾客在优惠券失效前到店购物。

优惠券的具体发放形式很多，最常见的是现金券，也就是标有抵用金额的优惠券，还有打折券，可以对任意一笔消费进行打折，如九折、八折等；还有其他形式的优惠券，如免单券、满减券、抽奖券、换购券、会员卡、生日卡等，其目的都是为了促进顾客再次进店消费。

图6-7　有门槛优惠券

高手支招　提示顾客到期时间

需要注意的是，一些顾客可能会忘记使用优惠券，导致优惠券失效。所以客服要提前提醒顾客优惠券的到期时间，典型的提示内容为：

- 亲，您有一张××店的满 100 减 50 优惠券，将于 5 月 20 日过期，请您及时使用，以免浪费优惠哦！
- 主人，小的是××店的 15 元无门槛优惠券，正在静等您的召唤！您要是不在 5 月 20 日之前将小的用出去，小的可就要含泪离别主人了！

合理使用优惠券，可以将顾客一次又一次地拉进店里来消费，可以说是网店促单的一个法宝。在这一点上，很多外卖 APP 做得很好，用连绵不断的小额优惠券把顾客牢牢地吸引住，让顾客每天都想用掉优惠券，从而每天都使用 APP 点餐。

6.2.3　送礼要"走心"

有个流行词叫作"走心"，就是用心考虑或仔细思考的意思。客服在向顾客送礼的时候，也要走心，不要乱送。比如，接近情人节，应该送顾客一些巧克力、心形饰品之类的赠品，接近端午节，可以给顾客送一些艾草香包，对于年纪大的顾客，可以在重阳节向对方发送问候信息并赠送老年保健品，对于白领一族，可以赠送一些办公室用品或颈椎腰椎保护用品等。

一个典型的考虑不周的例子是：一名客服以母亲节的名义向一位年轻妈妈赠送了几张抹布，结果年轻妈妈大发雷霆，说自己本来就要做很多家务，已经很累了，送她抹布是不是希望她再多干点活？客服送礼的初衷肯定不是这样，但是被顾客错误解读，造成了误会。因此，送礼也要充分考虑时间和对象，才能起到礼品应有的效果。如果不走心就随手送礼，不仅可能会让顾客误会，造成不好的印象，还会浪费礼品，给店铺增加无谓的成本开销。

6.3 秘技一点通

技巧1——利用案例促单要注意什么

根据大多数顾客的从众心理，客服人员在向顾客推荐商品时，通过具体化的事例和经验来介绍商品往往比直接介绍该商品的材质、功能等效果更好。例如，客服人员向顾客介绍一款遮白染发膏时，可以通过描述其他购买过该染发膏的顾客的使用事例和评价，来告知该染发膏的效果，从而使顾客在心理上产生想要下单购买的想法。

客服人员利用案例来说服顾客下单，需要注意以下两点：

1. 使用的案例要真实可信、形象具体

客服人员想要利用案例促使顾客拍下商品，那么选择的案例一定要真实可信、形象具体。案例中出现的人和事都要是真实的，不能是自己杜撰的，最好是曾经购买过该商品的顾客，这样案例的说服力会更强。案例中出现的人物要具体，在不涉及隐私的前提下，客服人员可以告诉顾客案例中出现的人物是来自哪个地方，有可能的话还可以告诉顾客案例中出现的人物的性别、年龄、购买商品的目的以及购买商品时间等。

2. 讲述案例的最终目的是促使顾客下单

无论客服人员选择什么案例对顾客进行说服，其最终目的都是为了促使顾客下单拍下商品。因此，客服人员在讲述案例时，要强调商品给案例中的人物带来了哪些好处，同时还要把商品的效果、案例人物的评价告诉正在咨询的顾客，以此来增加案例的可信度和顾客的购买欲望，最终促使顾客下单。

技巧2——促单的关键时刻有哪些

不少顾客在购买商品时不一定能非常痛快地做出购买决定，如果不抓住时机促单，顾客可能就流失了。这时候就需要客服人员能准确捕捉顾客决定购买商品的时机，有效地引导顾客下单。

- 当顾客从不同的方面将所有问题都咨询完以后，就是该顾客决定购买的关键时刻。
- 当顾客面对想要购买的商品犹豫不决时，客服人员就应该适时主动出击，促使顾客做出购买决定。
- 当顾客重复咨询相同的问题时，其实是顾客决定购买的表现之一。

技巧3——店主如何选择合适的赠品

赠品策略能够有效地促进顾客的购买欲望,增加店铺的销量,因此很多店主会通过赠品的方式来吸引顾客购买。赠品促销的关键在于赠品的选择,一个好的赠品会对商品的销售起到积极的促进作用;而选择不合适的赠品,只能增加成本,减少利润,还会让顾客感到不满。

那么店主应该如何选择合适的赠品呢?

1. 选择顾客需要的东西

赠品一定要选择顾客需要的东西,这一点很重要。如果赠品顾客用不着,那对其就没有任何吸引力,更谈不上提升交易的价值了。因此,店主和客服人员都应该认真思考顾客到底需要什么,然后根据他们的需要来选择赠品。

2. 选择与商品有相关性的赠品

选择的赠品最好能够与商品有一定的关联,这样更容易给顾客带来商品最直接的增值感。如果赠品与商品相互依存并配合得当,会取得很不错的销售效果,例如买杯子赠送杯垫。

3. 赠品的质量不能太差

店主千万不要选择次品、劣质品作为赠品,这样只会起到适得其反的作用。赠品的质量如果太差不仅无法吸引顾客,还会使店铺的信誉受到影响。赠品虽然是赠送的,但也应该注重质量,要不然就失去了赠送的意义。

客服小故事——利用"紧迫感"促单的高手

张涛出生在一个农村家庭，但他从小成绩优异，是一名标准的学霸，研究生毕业以后顺利进入了北京的一家大型跨国企业工作。但刚工作不到一年，父亲就患上了脑溢血，身为独生子的张涛辞掉了北京高薪的工作，回到家乡照顾起了重病的父亲。

回到家乡后，张涛为了减轻家里的经济负担，一直谋划着干点什么。有一天，张涛在田间闲逛，看到自家地里种的有机蔬菜，突然冒出一个想法：开一家网店，把这些有机蔬菜放到网上销售，说不定能取得不错的销量。

说干就干，回到家后张涛立刻开始查资料，做市场调查，学习网店经营管理的知识，没过几天张涛就把网店开起来了。一开始张涛只是试着把自家种的有机土豆、玉米和西红柿等几种产品的介绍和图片放到网上，然后就是坐等生意上门，一个月下来只有零零散散十几笔订单，销售情况并不乐观。

张涛开始反思自己的经营策略，经过一番调查，张涛发现这一个月进自己店铺中查看和咨询的顾客其实不少，就是成交量始终提不上来。张涛觉得为了提高店铺的成交率，看来自己必须要主动出击，去刺激一下顾客的购买欲望，促使他们下单购买。

张涛开始灵活地对咨询的顾客展开意向引导，比如向顾客介绍种植有机蔬菜的过程以及食用有机蔬菜的好处，来增加顾客的购买意愿；告诉顾客优惠活动的时间有限或者产品数量有限，需要购买的一定要尽快下单，给顾客制造一种紧迫感等。

有一次，张涛遇到一位上海的王先生想要购买一些有机土豆，每隔两三天就会到店里咨询一下，但一直没有下单。为了给这位顾客制造一点紧迫感，使他尽快下单，赵涛对这位顾客说："王先生，您也到店里咨询过多次了，也知道我们这款土豆需求量非常大。我们店里前天才上的三百斤土豆，到现在仓库只剩下五十斤了。如果您现在不及时拍下的话，我们不能保证在您需要的时候一定有货。"这位王先生听了张涛的话，感到了一丝紧迫感，害怕自己到时候真的就买不到了，终于不再犹豫了，当天就下单付款了。

现在，张涛隔三差五就会搞一些促销活动，尤其是一些能使顾客产生紧迫感的活动，比如"全场商品5折优惠，限时三天""前100名下单的顾客买一赠一"等。很多顾客看到这样的消息都会争先恐后地去抢购，张涛的店铺也积累了一批忠实的回头客。

张涛总结说，毕竟蔬菜的时令性是很强的，利用这一点来制造紧迫感，促使顾客购买，是非常合适的，并且反复使用也不会引起顾客的反感，不像其他一些没有时令性的商品，多搞两次限时促销，熟客就会觉得比较疲了。

第7章

处理订单与物流状况

本章导言

在顾客下单拍下商品后,等待商家的是大量的订单处理及配送工作。订单处理和物流状况属于售中和售后的内容,以顾客下单为起点,以顾客最终确认收货为终结,大致的环节包括:下单、催付、付款、发货、物流等,均是客服日常面对的工作内容。

学习要点

- 掌握常见的订单处理工作
- 掌握处理各种物流状况的方法

7.1 客服要做的订单处理工作

顾客在决定购买商品之后,通常会立即拍下,或放在购物车里,稍后和其他商品一同拍下。当顾客拍下商品后,客服要确认对方已经完成付款操作(也有很多顾客不做任何沟通就直接买下商品)。此外,还有些订单需要顾客先拍下,然后客服再修改价格,客服就要修改订单交易价格后,再安排发货等相关事宜。

7.1.1 确认顾客已付款

顾客购买了商品,还要耐心等待顾客付款,直到顾客付款以后商品才算卖了出去。

进入"我的淘宝",在"交易管理"一栏里点击"已卖出的宝贝"超链接,可以看到"买家已付款"字样,如图7-1所示,即可确认顾客付款。

图7-1 "已卖出的宝贝"

7.1.2 根据约定修改订单价格

淘宝存在议价现象,网店标的商品价格也可能因为种种原因而出现价格波动,比如顾客要求同城见面交易、实际交易价格低于商品标价等。这就需要卖家修改交易价格后,顾客才能付款。要修改原来商品的标价,可按如下步骤进行。

第1步:❶在"交易管理"下,点击"已卖出的宝贝"选项,如图7-2所示。

第2步:❷显示所有的出售宝贝信息,点击选择要修改价格的宝贝,在宝贝标题最后方,点击"修改价格"超链接,如图7-3所示。

图7-2　"交易管理"选项　　　　　图7-3　"修改价格"链接

第3步：进入修改页面，❶修改价格，❷点击"确定"按钮，如图7-4所示。

图7-4　价格修改页面

之后通知顾客刷新付款页面，对方就可以看到新的价格了。

7.1.3　确认发货

当顾客的商品发出后，客服就要根据发货订单来录入淘宝，创建发货订单，这样顾客也会相应地看到商品快递的订单编号等信息，其具体操作方法如下。

第1步：❶点击"交易管理"下的"已卖出的宝贝"选项，如图7-5所示。
第2步：❷在右边列表点击"发货"按钮，如图7-6所示。

图7-5　"交易管理"选项　　　　　图7-6　"发货"按钮

第3步：❶确认"第一步"中的收货信息和"第二步"中的发货/退货信息；❷在页面下方的"第三步"区域中选择物流方式，这里选择"自己联系物流"；❸在文本框中填写发送的货运单号并选择对应物流公司；❹点击"发货"按钮，如图7-7所示。

图7-7　发货信息页面

完成发货流程后，顾客可以在自己的"已买到的宝贝"页面下，查看每件商品的快递情况，包括委托的快递公司、运单号码以及运单状态等，顾客可以根据这些情况大致估算出收货的时间。

7.1.4　完成交易对买家进行评价

当顾客收到货并对商品比较满意时，会登录淘宝网确认收货，并对本次交易进行评价。相应地，客服也要对本次交易进行评价。如果顾客给予了良好的评价，则客服应该在评价中感谢顾客，或者趁机为自己的店铺做广告，如图7-8所示；如果顾客给予这次交易不好的评价，那么客服就要在评价中进行解释，如图7-9所示。

第1步：❶点击"交易管理"下的"已卖出的宝贝"选项，如图7-10所示。

第2步：❷进入"已卖出宝贝"页面，可以看到已经交易成功的列表右侧显示为"对方已评"，点击下方的"评价"链接，如图7-11所示。

emmm...试了一片，精华蛮多，但这个面膜纸的质量真的很一般，贴合度不够，然后，我的脸真的算小了，感觉这个面膜纸还要小点...效果的话也就一般，没有吹得那么好，买了挺多接下来再看看后续效果。风挺大，质量也就这样，毕竟价格摆在这，更其他的产品比还是有差距，也就性价比高了。
05.20

解释：亲亲~宝贝根据大多数人滴脸型设计的哦，可能不能百分百照顾到每个人的脸型~~抱歉没让您满意的~我们会反馈公司做优化的，不过宝贝的粘贴度和延展性较高，您在使用的时候，可以稍微调整下脸部肌肤与面膜贴的位置~同时护肤是一个循序渐进的过程哦~不同肌肤敏感程度不同，每个人的肤质新陈代谢也都不同哟，所以护肤品坚持使用效果更佳哦。

图7-8　回应顾客评价

已经记不得第几次买了，一直在用，补水控油的效果还不错，因为我皮肤不算黑，所以不知道美白怎样。我脸上长痘痘，虽然没有祛疤（和我饮食起居规律有关），但是有时熬了夜敷一片还是有效果的，很喜欢，也一直在使用，笔芯笔芯*^o^*

05.10

解释：您好，非常感谢您对我们的支持！您的满意是我们最大的动力，我们店铺在不同的时期会有不同的活动，您可以收藏我们店铺，及时关注我们的最新动态，让精彩不被错过，竭诚期待您的再次光临。——至纯至净　御美有方

图7-9　合理解释评价

图7-10　"已卖出的宝贝"选项　　　　　图7-11　"评价"链接

第3步：❶在打开的页面中，选择"好评"项（如非必要，尽量不要选择"中评"或"差评"）；❷在下方的文本框中输入评价内容；❸点击"提交评论"按钮，如图7-12所示。

第4步：在打开的页面中告知用户评价成功，并提示双方评价30分钟后才能相互看到评价内容，如图7-13所示。

图7-12　评价页面　　　　　　　　　　图7-13　评价成功

顾客在收货后，一直没有确认收货与评价，这时可以通过旺旺先联系顾客并引导顾客确认收货与评价，如果顾客对商品无异议，但出于各种原因无法及时评价，那么淘宝在 15 天之内会自动将货款支付给卖家，同时自动给予卖家好评。

7.1.5　关闭无效的交易订单

有的顾客下单之后，因为种种原因又不想买了，通常会联系客服，希望关闭这笔交易。这是网店经营过程中难免遇到的情况。客服可以先和对方沟通，问问原因，看能不能说服对方购买，或换款购买，如果不行，将订单关闭即可。

第 1 步：进入订单列表，❶点击需要关闭的交易商品后的"关闭交易"超级链接，如图 7-14 所示。

第 2 步：❷选择关闭理由，❸点击"确定"按钮即可，如图 7-15 所示。

图 7-14　"关闭交易"链接

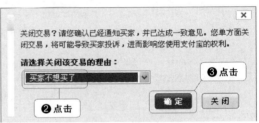
图 7-15　"确定"按钮

7.2　处理物流状况

商品包裹在运输的过程中，是商家无法控制的，包裹可能会延迟，可能会损坏或少件，甚至可能会丢失，客服要及时处理好这些物流状况，尽最大可能解决问题，让顾客感到满意，不要让顾客满腹怨气给予差评。

7.2.1　给顾客留言，告知物流状态

顾客付完款，货没到手，心里难免有牵挂：什么时候能发货？快递什么时候能收到？其实，发货后客服可以把发货日期、快递公司、快递单号、预计到达时间、签收注意事项等信息，通过短信或旺旺告知顾客，让顾客放心，同时也体现了卖家的专业。虽然这些信息顾客可以从淘宝平台上看到，但如果能够得到店铺第一时间的通知，则能够让顾客体会到店铺的贴心，可以大大增加顾客对店铺的好感。

旺旺通知可以参考如下的实例。

感谢您购买了本店的×××商品，×××型号，希望您能够喜欢，如果有任何问题可以和我联系。我的旺旺号××××××××，电话号码×××××××××××。本商品已经在××××时间发货，运单号是×××××××××××，请注意查收。谢谢您购买小店的商品，期待您的下次惠顾！

店家：×××日期：××××/××/××

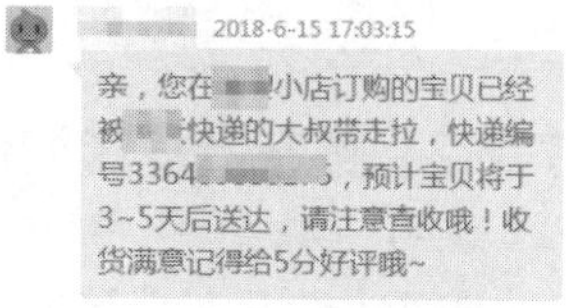

一个典型的旺旺发货通知如图7-16所示。

旺旺通知发出去以后，顾客并不总是能及时收到，这是因为很多手机的后台通知有较大的延迟。而短信通知的即时性较高，一般发出去顾客就能看到，所以使用短信通知顾客是比较常见的，如图7-17所示。

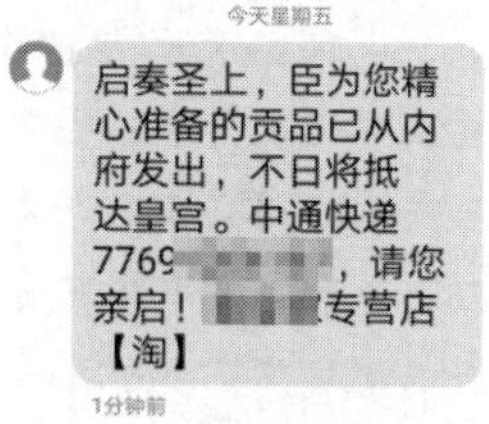

图7-16 典型的旺旺发货通知

短信通知的内容可以参考如下的实例。

- 客官，恭喜您马上又可以体验开箱的幸福感啦！您在××店购买的棉麻休闲裤（货号3510）已通过××速递运送，单号××××××××××，如果满意请您给全五分好评。

- 亲，您在×××旗舰店订购的小猪佩奇已被××快递的小哥带走上路了，单号××××××××××，请整理好心情迎接您的宝贝吧！

图7-17 短信发货通知

- 主银主银，我是您收养的宝贝（床上四件套），目前已搭乘××快递（运单号××××××）奔向您的怀抱，主银您到时候一定要来接我哦~~~

- ×××小店温馨提示：亲爱的×××，您的宝贝已交付给××快递，敬请期待！快递详情可通过淘宝平台查看。祝您生活愉快！

- 您在×××小店购买的电饭锅已被××快运揽收，估计三四天后可以到达您的手中，希望您能喜欢本店的产品，期待您为这次交易打个全5分！

- ×××先生/女士，您×月×日在×××店购买的连衣裙正在光速接近您，将由××快递送达您手中，请您调整好时间，准备接收。

- 皇上，您的贡品已由×××店委托由××镖局十万火急押送上京，不日将抵达您的上书房。单号×××××××××××，请御手亲启。

- ××先生，您在×××店铺购买的全波段收音机已经发货，由××快递承运。由于您所处地较远，因此送达时间可能较长，请见谅！如有疑问请通过旺旺询问，或直接拨打本店客服号码×××××××××××，本店客服将竭诚为您服务！

- 阁下，您订购的宝贝由于包含电池，无法空运，已由××快递陆路接走，由于距离较远，预计四到六日才能送达您手中，请见谅！

有时候顾客向店铺反映，快递中途某一站点停留了几天都没有移动，或者已经到达目的地但两三天都没有派送，问客服怎么办？此时客服需要做两个工作，一是安抚顾客，使其情绪稳定，并告诉顾客，自己马上和快递联系解决；之后马上和快递公司联系，督促对方查询情况并解决问题，最后再把和快递公司联系的情况反馈给顾客。

客服切记不要敷衍顾客，比如告诉顾客："这是正常的，再等两天如果还没有进展我就帮您联系快递公司"，或者告诉顾客："××快递公司的客户服务电话是×××××，您可以打电话去询问一下。"客户肯定会很不高兴，甚至会报复性地给店铺打差评，这就得不偿失了。

因此，无论是发送快递，还是快递途中出现任何问题，都要及时与顾客沟通，使顾客能够了解快递的情况，也知道店铺在积极为他解决问题，这样顾客就不会把快递问题怪罪到店铺的头上。

7.2.2 顾客催发货如何处理

顾客与客服联系并催促发货，一般有两种情况：一是顾客比较心急，刚下单一会儿就催促发货；二是因为店铺的原因，两三天没有发货，顾客联系客服催促发货。不管是哪一种情况，店铺都有必要在事前告诉顾客关于本店发货的一些规则，比如"本店发货时间在下单付款后72小时以内"，或者"本店发货时间：下午2点以前下单，下午4点发货；下午2点以后下单，第二天早上10点发货，请周知！"，这些规则既可以通过客服告诉顾客，也可以写在商品详情页里，如图7-18所示。

图7-18　发货规则

下面来看一个顾客催发货的交谈案例。

顾客：你们怎么还不给我发货？我都等了两天半了！
客服：不好意思亲，今天下午肯定发出。
顾客：你们发货速度也太慢了！拍下当天没有发货，第二天问你们，你告诉我今天应该可以发出去，结果还是没有发，所以我今天才来催你们，你们再不发我就不要了！
客服：亲，别生气，天猫规定72小时内发货的，我们并没有违规。
顾客：我在别的天猫店买东西，人家当天就发货了，没有跟我说什么72小时之内，你们为什么就比人家慢？而且你们第二天告诉我应该可以发，结果还是没有发，这又怎么解释呢？你要是发不了就不要告诉我可以发！
客服：亲，真的抱歉，我们当时说的是应该可以发，也就是说也有发不了的可能。
顾客：哎哟，你们真厉害呀，话里有话呀！怪我没理解清楚？
客服：当然不怪您。您不知道，昨天仓库忙得不行，好多顾客的货都没有当天发，但都能保证在72小时内发出。
顾客：忙就增加人手啊！我急用的东西你们迟迟不发货，耽误了我的事儿怎么办？
客服：亲，对不起，能发的肯定都会在当天发出，给您带来的不便，请您理解。

大家看这段谈话有什么问题？如果看不出来，可以把自己放到顾客的位置来考虑。当自己去联系客服催促发货时，对方虽然态度很好，一口一个抱歉，但其实每一句话都在辩解，而没有充分考虑顾客的感受，这样的交流只会让人更加生气。

其实，很多客户催发货固然有着急的成分，但其实更多的只是想发泄抱怨一下。客服要多站在顾客的立场上考虑，比如可以申请小礼物或优惠券补偿顾客，而不要只是一味辩解。即使想要向顾客解释为什么发货比较迟的原因，也不要用"忙""72小时内发货未违规"等等借口，比较好的说法是这样：

顾客：都两天了，你们怎么还不给我发货？
客服：亲，实在抱歉哦，让您久等了，我很理解您的心情。无论是谁，买东西两天都没发货，心里肯定会很不高兴的。情况是这样的，由于您购买的这款扫地机是我们店铺的热销款，为了保证用户体验，我们的出货质检非常严格，每个机器都会做详细"体检"，由于检测的机器较多，导致了发货有点延迟，这也是为顾客利益着想，希望亲能理解。

这样的回答，首先照顾到了顾客的情绪，其次又把延迟发货的原因归结为质检，这样顾客就会觉得："原来是为了我们的使用体验才会延迟发货"，这样顾客就会比较理解，还不容易发火。

7.2.3 顾客收到货物少件如何处理

偶尔会有顾客反映，收到的包裹里商品数量不对，也就是俗称的货物少件。有可能是顾客真的接到了少件的包裹，也有可能是顾客自己谎称少件，来要求赔偿。不管是哪种情况，商家都不会轻易地承诺赔偿，而是先尽量弄清楚问题的真相，然后再考虑怎么处理。

客服在和顾客沟通少件的情况时，免不了要询问顾客收件和拆包的情况，以及要求顾客提供包裹照片，客服此时要注意语气，不要过于生硬，把顾客当成假想中的诈骗分子来审问，这样做没有任何好处，只会激化矛盾，最终闹得不可收场，只能依靠平台介入进行调查。其实诈骗的顾客只是极少数，不要因此伤害到了正常的顾客。不管是商家还是顾客，遇到货物少件问题时，心情都不会好，所以在沟通时应当相互体谅，一起合作把问题解决掉。

那么，客服在遇到少件的情况时，应该怎样处理呢？一般来说，有图7-19几个步骤：

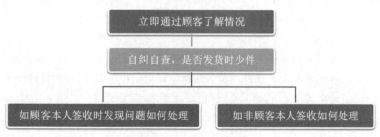

图7-19　少件处理步骤

1. 立即通过顾客了解情况

与顾客沟通，了解货物签收时的情况，并让顾客提供快递包装袋与商品的多角度照片，确认以下几个情况：签收时包裹有没有破损，或者包裹有没有拆开后再封包的痕迹，包裹的封装方式是不是本店的封装方式（如胶带是否为本店胶带），商品少的是哪几件。此时的对话一般是这样的：

客服：亲，发生这样的事情，我们也很抱歉。究竟是我们仓库发货的问题，还是快递的问题，现在还不知道，能不能麻烦你先讲一下货物签收时的情况？

（顾客讲述签收情况）

客服：好的，亲，当时的情况我们大致明白了。下面麻烦亲拍几张包裹的外包装和商品的照片给我们，多个角度拍一拍，让我们这边的发货人员看一看，对比一下。您放心，如果是我们的问题，我们一定负责赔偿，如果是快递的问题，我们也会帮您跟快递交涉，解决问题。

2. 自纠自查，是否发货时少件

在收到顾客发来的包裹照片和商品照片以后，要让发货人员进行核对，看包裹是否有拆开的痕迹，包装是否是原装的，或者看包裹的大小是否能够装下所有商品，比如，五个杯子只发出去两个，那么包裹可能就装不下五个杯子，这样就可以判断是否少发了商品。当然，最好的方法是封装包裹时进行全程录像，这样可以很方便地清查是否少发了件。如果没有少发件，录像也可以作为证据提供给顾客和淘宝平台。

如果通过自纠自查，发现的确是少发件了，应该及时与顾客沟通，商量补发或退款。

3. 顾客本人签收时发现问题

如果发货环节没有问题，可以向顾客了解商品是不是顾客本人签收，签收时是否发现包裹损坏，或者当时有无验货，是否验货时就发现少件，如果出现这两种情况，商家就要立即补发或退款，并与物流联系发起索赔。

> **专家提点——和快递公司核实包裹的重量**
>
> 快递公司会在货物的始发地和到达地对货物进行称重，如果两地的货物相差太大说明出了问题。客服人员在和快递公司交涉时，可以要求对方出示称重记录，以此判断包裹是否在快递途中被不法人员打开并偷盗了商品，造成少件。

4. 如非顾客本人签收

有时候包裹会在顾客不知情的情况下由第三方签收，比如快递人员将包裹放在传达室、门卫室甚至直接放在顾客的家门前，在这种情况下如果出现了少件，客服要联系快递公司进行核实，派件快递员是否按照要求派送。如果经核实情况属实，那么快递公司需要承担责任，客服可以先行赔偿顾客，同时要求快递公司赔偿。

7.2.4 顾客称商品受损如何处理

快递公司暴力分拣是一个常见的问题,特别是在物流高峰期,快递公司人手不足的时候,分拣包裹时就更加不注意了。暴力分拣造成的直接后果就是商品可能受损,严重时还会造成包裹破损,发生少件丢件的情况。

如果顾客向客服反映收到的商品有破损,客服可按照图 7-20 的步骤进行处理。

图7-20 破损处理步骤

1. 确认发货时货物的完整性

客服人员首先要和仓库联系,向发货员确认发货时货物的完整性。此时就可以看出发货录像的重要性,如果有发货录像,就可以轻易确定发货时货物是否完整。如果没有发货录像,仅靠发货员的回忆是很难确认的。况且发货员本人也有可能为了推卸责任而撒谎,这就会让情况变得复杂。

2. 如果顾客本人已签收,则拒绝顾客的退赔申请

客服人员应询问顾客是否是本人签收,以及签收时有没有验货。如果包裹是顾客本人签收,但没有当场验货,那么这种情况下,根据《淘宝争议处理规范》第 2 章第 3 节 16 条:"收货人签收商品后,商品毁损、灭失的风险由卖家转移给顾客"的规定,商家可以不用再承担任何责任,因此可以拒绝顾客的退费申请。

> **高手支招** 及时拿到签收底单
>
> 顾客在签收包裹之后,发现商品损坏并申请退赔,客服应及时向快递公司索要签收底单。万一事情闹到平台介入的地步,则可以将底单作为证据提交给平台。

3. 如非顾客本人签收,可向快递公司索赔

如果快递公司没有按照正常的派送流程,在顾客不知情的情况下把快递交给第三方签收,在这种情况下,如果出现商品损坏,客服可以和快递公司交涉,向快递公司要求赔偿;同时也要积极联系顾客,对顾客进行赔偿。

4. 如顾客签收前验货就发现损坏,而没有签收,可向快递公司索赔

如果顾客签收包裹前进行了验货,发现商品损坏而没有签收,之后通知客服商品损坏了,要求赔偿或补发。这种情况下,客服可以向快递公司要求赔偿,同时对顾客进行赔偿。

> **专家提点——多次提示顾客，签收前记得验货**
>
> 有很多顾客在签收包裹时都不会验货，结果包裹拿回去才发现商品损坏，发生这种情况顾客是得不到退赔的。商家有义务通过客服或者商品详情页面告诉顾客，签收包裹前一定要记得验货，尤其是贵重商品和易碎品更要验货。

要注意的是，即使店铺不用赔偿，也应当理解顾客的心情，可在条件允许的情况下适当给予顾客一定的补偿，比如，赠送顾客一张优惠券，或者赠送顾客一件小礼物，或者说服顾客再次购买同一款商品并给予一定的优惠，如图7-21所示。这样就能获得顾客的感激与信任，顾客也会为店铺带来更多的生意。

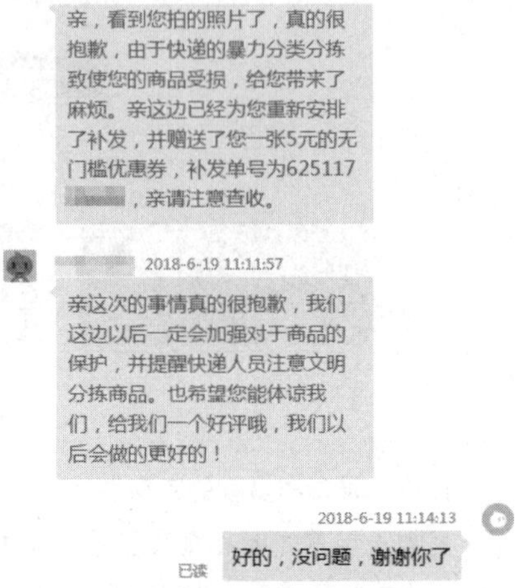

7.2.5 顾客称发错货应如何处理

几乎所有的商家都会遇到发错货的问题。顾客收到发错的货以后，会联系客服，要求重发或退款，如果商家要求顾客把发错的货退回去，顾客还会要求商家承担退回邮费。

图7-21 安抚顾客

客服在接到顾客发错货的投诉后，应要求顾客把发错的货物的照片传给自己，并与库房核对，自己店铺中是否有这样的货物，如没有，则应当做"商品被调换"处理，处理方法与"处理少件"一样。

如果证实是店铺发错货，客服要向顾客表示歉意，比如：

亲，真的很抱歉，由于发货系统出错，让仓库发出了错误的宝贝，给您造成了困扰。您看看您收到的这款宝贝，功能和外观与您要的那款差不多，如果您喜欢的话，可以接受它吗？

××先生，实在抱歉，由于我们的疏忽，让你收到了错误的商品。现在我们已经为您发来了您要的商品，并赠送小礼物表示歉意。希望您能够原谅我们的疏忽，并一如既往地支持我们，谢谢。

亲，非常抱歉，因近期店铺活动，发货量太大，发货小哥忙中出错，导致您收到了错误的宝贝。给您造成了不便，请您谅解。请您将我们错发的商品邮回来，我们将承担邮费，稍后在支付宝里转款给您；此外，我们今天下午就为您发出您要的商品。再次表示诚挚的歉意！

> **高手支招** 发错的商品如何处理
>
> 一般来说，发错的商品有两种处理方式：一种是要求顾客将发错的商品退回来，邮费当然是由商家承担，客服可以和顾客协商，先由顾客垫付邮费，然后顾客将快递单拍

照发给客服,客服根据快递单显示的实际邮费,从支付宝退款给顾客;另一种情况是,如果商品的价值不太高,和邮费相差不大,则可以不要求顾客将发错的商品退回,而是直接赠送给顾客使用。

7.2.6 快递迟迟不到要如何处理

有时候快递会在路上延误,一些顾客可能会直接与快递公司联系,还有一些顾客会向店铺客服询问为何快递迟迟不到,这部分顾客其实是想让客服代为查询快递的情况。客服不要直接回复顾客"快递公司的电话是××××××,您可以打这个电话查询快递的情况",这并不是顾客想要的答案,除非客服实在是忙不过来,连打一个电话的时间都没有,否则不要这样回答顾客。

顾客抱怨快递迟迟不到时,快递的情况可能有以下两种,如图7-22所示。

图7-22 快递不到的常见原因

1. 快递正在路上,情况很正常

当顾客抱怨快递迟迟不到时,客服应立即查看快递的状况,如图7-23所示。

图7-23 查看物流信息

如果发现快递确实处于正常的运输状态,则说明顾客可能因为比较心急才来询问客服,也有可能顾客是新顾客,不太熟悉正常的快递周期。当遇到这样的情况时,客服要告诉对方:

亲,您别着急!由于快递距离已经跨省,预计会需要四天左右才能到达您的手中。请您放心,快递现在刚出××转运站,正在正常的运输流程中。

2. 快递在某一环节延误，超出正常快递周期

如果客服发现快递的确已经延误了，应该先向顾客道歉再代为查询快递的状态，并把查询结果告知顾客。道歉的"套路"一般是这样的：

> 非常抱歉出现了这样的情况，我这边马上就打电话咨询一下快递公司，看看是什么原因导致了延误，我们会敦促快递公司尽快处理，并第一时间把情况反馈给您，请您稍等。

处理完毕以后，还可以再次向顾客道歉：

> 亲，真抱歉，我们商家无法控制快递公司的运输质量，运输途中一旦出现延误，我们只能与快递公司沟通处理，请您理解。如果您觉得这家快递不好，我们下次为你安排更高效的快递公司。这次快递给您带来的不便，请您原谅。

> **专家提点——正常的快递周期**
>
> 一般来说，正常的快递周期是这样的：同城一到两天，同省两到三天，跨省三到五天，如果对方在偏远县城或村镇，可能时间还会增加一到两天。超出此范围内就不正常了。

7.3 秘技一点通

技巧1——如何选择一家靠谱的快递公司

在网络销售行业，物流对于店铺的影响是很大的。物流速度的快慢、快递员服务态度的好坏都会影响顾客对店铺和商品的评价，最后将直接影响店铺的生意。所以对于淘宝商家而言，选择一家靠谱的快递公司是非常重要的。

淘宝商家在选择快递公司时，需要从以下4个方面进行考虑。

1. 送货速度

顾客在下单付款后一般都想尽可能快地收到自己购买的货物，因此商家在选择快递公司时，应该多选择几家快递公司对其送货速度进行比较，最后选择送货速度较快的那一家。

2. 快递价格

在选择快递公司时，快递价格也是商家需要考虑的因素之一。商家可以先大致了解一下每家快递公司的收费情况，锁定几家比较合心意的快递公司，向其咨询具体的价格，最后通过比较，选择适合自己的快递公司。需要注意的是，在选择快递公司时，并不是快递的邮寄价格越低越好，因为价格较低的快递公司在送货速度、服务等方面的质量往往不高。

3. 快递服务

选择一个服务态度好的快递公司，有利于提高顾客的忠诚度。因此，在送货速度和快递价格相当的情况下，商家就应当考虑一下哪家快递公司的服务更好。商家在选择时，一定要注意确认快递公司是否提供送货上门服务。

4. 快递员

一些经验较少、工作态度较差的快递员做事不负责任，在收发快递的时候出现快递损坏等意外的可能性较大，这也就会给商品带来很多不必要的麻烦。因此，在选择快递公司时，商家还应当考虑快递公司负责本片区的快递员工作的熟练程度。

商家除了选择一家最靠谱的快递公司作为长期合作的对象之外，还可以多选两家作为备用的快递公司，以防止长期合作的快递公司有特殊情况无法正常收发快递。

技巧2——如何打消顾客对于商品包装的顾虑

很多顾客在网购的过程中都遇到过商品受损的情况，因此一些顾客在购买商品时，会把商品在运输途中是否容易受损作为购买该商品的一个考虑因素。客服人员在与顾客沟通时，应当告诉顾客，店铺会尽量保证商品在运输过程中不出现损坏，并将包装的详细情况向顾客进行描述，以打消顾客对于商品包装的顾虑。

1. 针对易碎、易变形商品，充分描述包装情况

易碎、易变形商品主要包括瓷器、茶具、玻璃饰品、CD、字画等商品。在描述这类商品的包装时，客服人员可以告诉顾客：包装时会使用大量的报纸、泡沫网、泡绵或者泡沫塑料这一类重量轻，且能缓冲撞击的材料填充在货物四周，能够最大程度地减少商品受损的概率。

2. 针对液体类商品，描述包装细节

液体类商品主要包括酒水、饮料等商品。这一类商品一般只能通过陆路运输，中转运输的时间比较长，因此这类商品的包装既要防止液体流失和瓶体破碎，还要保证足够牢固能够承受长时间的运输。在描述这类商品的包装时，客服人员可以告诉顾客：他们会为商品包裹一层棉花或气泡纸，用胶带缠好，然后外面还有塑料袋做保护，最后将包扎好的商品放入纸箱中，并且纸箱内还会用报纸和泡沫塑料等进行填充。

3. 针对电子类商品，突出包装的防震功能

电子类商品主要包括手机、电脑、平板等商品。这一类商品属于怕震动的商品。在描述这类商品的包装时，客服人员可以告诉顾客：他们会先用防静电袋、泡绵、气泡布等材料将商品包装好，并用瓦楞纸在商品边角或易磨损的地方加强保护，最后会用海绵、防震气泡布等填充物将纸箱空隙填满。这样就能够吸收撞击力，避免物品在纸箱内因为摇晃而受损。

技巧3——如何处理紧急订单

客服人员每天会处理很多订单，在这些订单中，有一类订单是需要客服人员第一时间处理的紧急订单，例如错单、礼物单以及投诉单等。

1. 错单

发生错单的情况主要有两种：一是顾客在填写地址和信息时填写错了，但没有第一时间告诉客服人员，客服人员在处理订单准备发货时才发现信息是错误的；二是卖家将顾客的信息填写错误或将商品包装错误。错单的后果非常严重，如果不能及时处理好，既有可能损害买卖双方的利益，同时也会让顾客感到不满。因此客服人员一旦发现错单，应当第一时间及时处理。

2. 礼物单

礼物单是指店铺承诺向顾客赠送礼物，但在包装商品时又忘记了将赠品放入包裹中而产生的订单。遇到这种情况，如果商品未发出，应当及时补救；如果商品已经发出，卖家应当将赠品单独寄出，并向顾客做出详细的说明。

3. 投诉单

这里所说的投诉单是指在未发货或货品还在运输途中的时候，顾客出于某些原因对店铺进行了投诉。遇到这种情况，客服人员需要立刻与顾客取得联系，弄清顾客投诉店铺的原因，并作出妥善的协调安排。

客服小故事——新手客服从容处理快递问题

张小欧是一个聪明伶俐的女孩,今年已经大四的她,刚刚开学没多久就和同学们一起投入到了求职的大潮中。在面试了几家企业之后,最终小欧被一家网店给录取了,成为了一名网店客服。这家网店是销售坚果零食等小食品的,开店已经有五年多,在业内的口碑和销量都很不错,属于一家中等规模的网店。目前网店有八名客服人员,分别负责售前和售后等不同的工作,而小欧的工作主要是负责订单的处理以及处理一些物流状况。

小欧说:"在网店中处理顾客订单和处理快递问题可不是一个简单的事。特别是快递方面的问题,像快递公司暴力分拣导致商品受损,由于快递员疏忽导致他人冒领货物、掉包货物,由于顾客没有及时签收导致货物丢失等情况比比皆是。"

有一次,一位天津的王女士在店里购买了一些松子和牛肉干,发货三天后,商品送到了王女士手中。但由于连日来华北地区降雨频繁,王女士拿到快递时,包装箱已经湿了,并且破了洞。王女士立刻拆开箱子,当着快递的面清点商品数量,果然发现少了3袋牛肉干。王女士马上联系了网店客服,正好由小欧接待。小欧了解情况后,立刻与发货当地的快递联系。经过两方快递员的沟通后,王女士在快递单上注明了丢失3袋货物后,才签字收货。小欧这边也在征得店主同意后,及时为王女士补发了3袋牛肉干。王女士在收到补发的3袋牛肉干后,对卖家表示了感谢,此事也算是圆满解决了。

事后,小欧与快递沟通联系,索取赔偿金。快递公司答应赔偿,却一拖再拖,赔偿的80元钱拖了十多天才给。经过这件事后,小欧也觉得,这家快递很不靠谱,所以向客服经理提出报告,希望更换合作的快递,店铺最终采纳了小欧的建议,更换了另一家快递公司进行合作。这让小欧感觉自己的工作挺有意义的。

在处理这些快递问题的过程中,小欧也得到了很多启发。小欧总结说:"在发货时一定小心,再三核对,确保数量和质量没有问题,同时要注意包装牢固,防止运输途中损坏;其次应尽可能地通过各种方式提醒顾客养成'先验货再签收'的好习惯。出现问题时,要第一时间进行处理,迅速联系当地快递,在证据确凿的情况下,及时对顾客进行赔偿或补发等安抚处理,勇于承担责任。即使损失已经无法挽回,也可以与顾客友好协商,达到令双方满意的结果。"

第8章

售后工作的内容

本章导言

在网店经营中售后工作是非常重要的,优质贴心的售后服务是提高店铺顾客满意度和回头率的有效手段。淘宝客服如果做好售前的工作,可以提升销量;如果做好售后,则可以降低退款率。通常,淘宝客服的售后工作包括处理退换货和退款、处理投诉和评价处理三个部分。

学习要点

- 掌握普通售后工作的流程和处理方法
- 掌握严重纠纷的处理方法

8.1 常规售后工作

售后工作是比较烦琐的，客服每天都要处理如退换货、退款、退差价、与仓库协调发货、退货商品检测入库等工作，还要回答顾客对到手商品的疑问，有时候还要承受顾客的怒火宣泄。售后工作虽然烦琐，但仍然需要认真对待，因为一个网店的口碑，就是靠这样烦琐的工作支撑起来的。掌握好处理这些日常工作的方法，就能把更多的精力用在营销上，为店铺，也为自己赚取更多的利益。

8.1.1 处理正常的退换货

顾客在收到商品后，有时会因为商品的质量有问题，或者大小、颜色、款式等不满意，要求店铺退换商品。其中，更换商品可能涉及价差问题，退货商品则会涉及退款和运费问题。

关于退换货与运费方面的说明，切记一定要说明，甚至直接放在商品详情页，让顾客了解本店的相关规则，如图 8-1 所示。

关于售后政策

本产品一经售出，满足7天无理由退换货，365天只换不修。两年质保（内存卡3个月内保修，其他配件3个月内保修）

关于退换货问题

1、退换货品保持全新面貌，依据原样包装好，保证配件等齐全，外观无痕迹。
2、退换货在不影响二次销售的前提下进行（商品本身质量问题除外）。
3、请在退货产品里附上纸条，注明您的淘宝ID，订单编号，退回原因。
4、寄回产品后，请向快递员索取快递单号，把快递单号留言给在线客服。如退回产品不符合退换货要求，我们将拒绝签收并把产品退还给您。
5、必须通过客服同意才可退回。（在没有和客服联系的情况下自行退回，本公司一律拒签）

关于退换货运费

退换货原因	责任方	承担运费	备注
商品质量问题	[illegible]旗舰店	支付来回运费	对于运费由[illegible]旗舰店承担的情况，请您先行垫付。收到货物之后，我们将第一时间处理并将运费退至您的支付宝账户。
少发/错发商品	[illegible]旗舰店	支付来回运费	
收到货后不喜欢	买家	支付寄回运费	
7天无理由退换货	买家	支付寄回运费	
两年质保期间	一个月内出现质量问题商家支付来回运费。一个月之后出现质量问题各自支付寄出运费。两年之后出现质量问题买家支付来回运费		

图8-1　退换货说明

根据 2019 年淘宝平台更新的《淘宝平台争议处理规则》第三章第四节“退货、换货规范”的规定，退换货时卖家需要遵循以下原则：

1. 卖家应确保自行填写的默认退货地址正确，交易达成退货协议后，若需要指定退货地址或多地址退货的，应当征得顾客同意。否则，顾客可选择按淘宝系统给出的退货地址进行退货，退货后商品无法送达的风险由卖家承担，平台支持退款给顾客。

比如，某卖家仓库地址变更后，忘记更改淘宝上登记的默认退货地址。某顾客要求退货，卖家同意退货后，给顾客留言，让顾客将商品退回到新地址，但顾客并未看见留言，而是按淘宝系统给出的旧退货地址退货后导致退件，淘宝平台将支持退款给顾客。

2. 除代购交易外，卖家提供的退货地址未经顾客同意不得为海外及港澳台地区，同时需和商品页面中"运费"或"配送"版块显示的发货地一致。

如图 8-2 所示，在商品"配送"一栏显示的发货地为"广东广州"，那么退货地也应该是广州，而不应该是别的城市。

如图 8-3 所示，在"运费"一栏显示的发货地为"江苏常州"，那么退货地也应该是常州，而不应该是别的城市。

图8-2　退、发货地址一致

图8-3　退、发货地址一致

3. 买卖双方线下达成退货协议的，顾客应当自双方达成退货协议的次日起七天内进行退货。双方另有约定的，从其约定。对于卖家而言，要注意保存好当时的交谈证据，万一发生纠纷可以使用。

4. 顾客退货时应当采用与卖家发货时相同类型的承运人进行退货。双方另有约定的，从其约定。"相同类型的承运人"是指如果卖家用快递发货，顾客在退货时也应当使用快递，包括圆通、顺丰、韵达、EMS 等；如果卖家用物流发货，顾客在退货时也应当使用物流，如德邦、中铁等；如果卖家用邮局平邮发货，顾客在退货时也应当使用邮局平邮。

如卖家用快递邮寄了一件家具给顾客，而顾客退货的时候想使用中铁物流，由于承运人类型不一样，卖家有权不接受，客服人员对这一点要做到心中有数。

5. 顾客未在淘宝规定或双方约定的期限内退货，对同一问题或维权原因再次主张要求退货的，应当自行和卖家协商一致，否则，淘宝平台有权不予处理。

比如，现在很多商品都加入了七天无理由退货的协议，如果顾客没有在七天之内办理无理由退货，过了七天之后就不能够再办理无理由退货，除非和商家另外达成退货协议。

6. 顾客依照本规则退货后，应当及时在淘宝系统内填写承运单号或告知卖家，若卖家签收商品时顾客仍未获知该承运单号，卖家主张表面不一致情形的，将由淘宝根据实际情况分配举证责任。

这一条是说，顾客依约退货后，应当将退货运单及时上传或告知客服，供商家识别退货对象及查验商品，否则如果退货商品出现问题，淘宝平台可能会作出不利于顾客的举证要求。这一条是针对顾客进行约束的，客服人员也要牢记并利用起来。

7. 顾客使用到付方式退货的,应事先征得卖家同意,并明确承运人和运费事宜。卖家要求顾客采取垫付方式退货的,应当自行和顾客明确承运人及运费事宜。

不过,一般退货都不采用到付方式,退货运费如果应由卖家出的,可以先和顾客商量,由顾客垫付,并通过支付宝将垫付邮费返还给顾客。

8. 顾客申请七天无理由退、换货的,依照淘宝公示的七天无理由退、换货相关规则执行。

天猫七天无理由退换货规范链接为:https://rule.tmall.com/tdetail-5408.htm;淘宝七天无理由退换货规范链接为:https://rule.taobao.com/detail-5507.htm,客服人员要熟悉自己店铺经营商品的相关规则。

9. 卖家违反"退货、换货规范"致使顾客无法完成退换货或商品已不适宜退货,平台支持退款。

10. 顾客违反"退货、换货规范"致使卖家未收到退货或拒签的,平台支持打款,由顾客承担商品损毁或灭失的风险。

如果卖家对顾客退回的商品存在争议,需要与顾客协商,甚至需要平台介入时,必须出示相应的证据,一般来说有:在退换货问题上协商达成一致的阿里旺旺聊天记录截图,如图8-4所示,以及物流公司出具的收到退货问题的公章证明,如图8-5所示,或换货发出的快递单,如图8-6所示等。如有其他相关凭证也应一并出示。

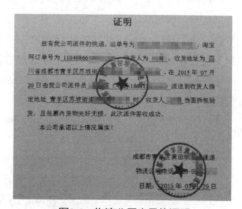

图8-4 双方协商聊天记录　　图8-5 物流公司出具的证明

图8-6 换货发出的快递单

> **专家提点——淘宝不支持的凭证**
>
> 需要注意的是,淘宝平台并不支持阿里旺旺之外的交谈凭据,如微信、QQ等交谈截图,淘宝平台是不予承认的。与顾客协商,一定要在千牛平台或阿里旺旺里进行。

客服在和顾客沟通协调一致后,应在规定的时间内同意申请,再将相关的信息发送给发货人员;收到顾客退回的商品后,须确认商品不影响第二次销售,再寄出调换的商品或退款,如影响二次销售,则应与顾客协商或申请平台介入。

8.1.2 处理退款

在淘宝平台中,退款有三种类型,即退货退款,部分退款和退款。别看都包含"退款"两个字,但其实它们的意义是不一样的。

- 退货退款:指在卖家签收顾客退货后,将交易款项支付给顾客。
- 部分退款:指将交易款项部分支付给顾客,余款打款给卖家。
- 退款:又称"仅退款",指将交易款项支付给顾客,商品由卖家自行和顾客协商处理。

使用哪种退款方式,要根据具体情况而定。比如商品部分功能失效,与顾客协商后,顾客表示可以接受,但要求补偿,此时可使用"部分退款",退回部分钱款给顾客;如商品本身价值很小,小于或等于退货邮费时,可以考虑"仅退款",而不要求顾客将商品退回。

常见的退货原因大致分为以下几种,其处理方法如表8-1所示。

表8-1 退货原因及处理方法

退货原因	处理方法
商品质量有问题	联系顾客,提供实物图片或视频,确认问题。根据结果和顾客商量退货退款、部分退款、换货补差价等处理方法
商品与描述不符	检查商品与宝贝描述是否有歧义或让人误解的地方;检查是否发错商品;如果属实,可以和顾客商量退货退款、部分退款、换货补差价等处理方法
商品破损或少件	联系顾客,提供实物图片或视频,并自检是否发错货。如非发错,应向快递公司确认签收人,根据签收人是否顾客本人而做对应的处理,或者拒绝退款,或者由快递公司承担责任,但可以先退款给顾客。具体处理方法可以参见本书第7章的内容
收到假货	联系顾客,提供实物图片或视频,并自检是否发错货。如非发错,应核实供应商供应的商品是否为真货,并联系顾客进行退货退款,减小影响。尽量不要使用部分退款或仅退款,将商品留在顾客手里,以免以后成为店铺的污点
发票无效	联系顾客,提供发票图片,确认是否发错,或发票有问题。如确认,则应该和买卖家协商解决,如补发发票,退货退款等

8.1.3 处理普通商品纠纷

当顾客想要退换货、补寄发票或者协商其他赔偿方式,但无法与商家达成一致时,通常会申请售后进行处理，如图 8-7 和图 8-8 所示。

图8-7 "申请售后"链接　　　　　　图8-8 选择服务类型

客服应随时对维权信息进行查询，因为淘宝规定，不及时处理维权信息，会直接判定顾客有理。处理时限方面，实物商品有 5 天时间，虚拟商品有 3 天的时间与顾客协商处理。客服可以通过登录后台，到"我是卖家" > "客户服务" > "投诉管理"页面查询维权请求，如图 8-9 所示。

图8-9 "投诉管理"页面

如果客户在规定时间内，处理好了顾客的售后申请，那么就应该说彻底结束了，因为同一件商品一般不能两次申请售后。如果客服无法处理顾客的售后申请，一旦超出规定时限，淘宝平台就会介入这次纠纷，判定维权成立。

对于店铺来讲，最好不要让事情发展到这一步，淘宝平台介入会给店铺造成不良影响，主要表现在两个方面：

- 维权处理会影响卖家纠纷退款率，维权成立后会计入卖家的纠纷退款率，纠纷退款率一旦高于同类店铺的平均值，就可能导致卖家店铺全部商品单一维度搜索默认不展示、消保保证金翻倍或直通车暂停两周等后果，对店铺的打击是很大的。
- 如顾客维权后，淘宝平台介入并核实商品的确存在问题的话，店铺将会受到相应的扣分处理，累计扣分达到 12 分，则店铺会面临被屏蔽、限制发布商品及公示警告的处罚，后果十分严重。

总而言之，一旦顾客发起售后申请，客服要积极进行处理，不要让售后申请变成淘宝平台介入的维权事件。

8.1.4 退回邮费

一般来说，正常的交易不会涉及退回邮费，退回邮费基本上都是因为顾客退换了商品。顾客退换之前与卖家协商好并垫付邮费，卖家收到商品并确认商品无损，不影响二次销售的情况下，再退给顾客之前约定的邮费。

在退返邮费之前，客服需要通过阿里旺旺和顾客沟通，取得顾客的支付宝账号，然后客服使用店铺支付宝账号转账给顾客，退回邮费，如图 8-10 所示。

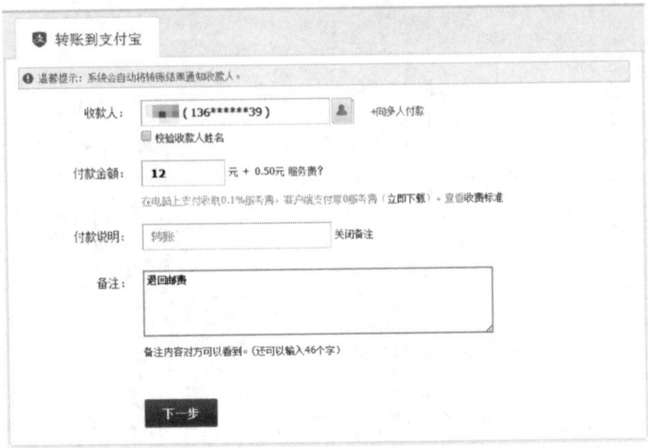

图8-10　支付宝账号转账

> **专家提点——最好不要通过退款链接退回邮费**
>
> 有的顾客可能提出，也可以通过点击订单的"退款"链接来退回邮费，虽然这样做理论上是可行的，但其实对卖家有不良的影响，因为这样会增加店铺的退款率。所以支付宝退回邮费的方法是最好的。

8.1.5 退回差价

有些顾客发现自己购买了某件商品之后，很快该件商品就降价了，于是找到商家要求退回差价。这种差价，淘宝平台并没有规定商家一定要退，因此，客服可以答应退，也可以不答应退，还可以采取赠送小礼物、优惠券的方式进行补偿。具体怎么做，根据店铺的规定来操作即可。

有的商家做了"买贵退差价"的承诺，在承诺期限内，如果商家降价，顾客可以要求商家退还差价。这种情况下，商家必须要履行承诺，将差价退给顾客。

比如，淘宝经常搞各种活动，如双 11、双 12、618 等，如图 8-11 所示。在举行活动的前夕，很多顾客不愿意购买商品，想等到活动的时候再以更低价格购买。

图8-11　天猫618活动

但有的顾客在购买前一般会先接触客服，询问商品的相关参数。这时客服就会劝导顾客立即购买，并承诺如果活动期间商品降价，会给顾客退补差价，如图 8-12 所示。

如果客服已经向顾客明确承诺买贵退补差价，则当顾客要求时，客服应当核实差价后通过支付宝向对方退款，不然顾客会以聊天记录为依据投诉商家。

2018-5-28 12:52:09
已读
什么时候买便宜点？是不是马上要搞活动了
2018-5-28 12:52:29
亲亲 可以给您保价618的哦 买贵补差价
2018-5-28 12:53:03
这样啊，那好，保价是以我实际支付的价格为准的吧
已读
2018-5-28 12:53:24
是的呢
2018-5-28 12:54:35
消息记录
床垫 浴室柜 沙发 客厅灯 电脑椅 椅子 运动鞋
关闭
发送

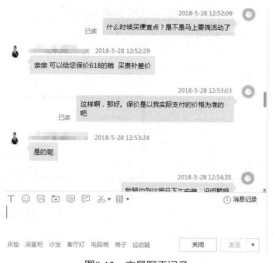

图8-12 交易聊天记录

8.1.6 邀请顾客评价

交易完成后，客服可以主动邀请顾客进行评价，增加店铺的好评率。邀请方式有短信、旺旺或电话。如果顾客对此次交易给予了好评，则客服要及时进行回评，在回评中可以对本店进行一些适当的宣传，如图 8-13 所示。

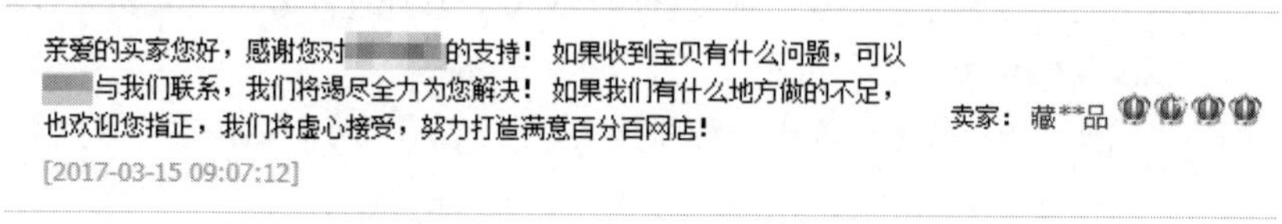
亲爱的买家您好，感谢您对 的支持！如果收到宝贝有什么问题，可以
与我们联系，我们将竭尽全力为您解决！如果我们有什么地方做的不足，
也欢迎您指正，我们将虚心接受，努力打造满意百分百网店！
[2017-03-15 09:07:12]
卖家：藏**品

图8-13 回评顾客的好评

如果顾客对此次交易给予了中差评，则客服要及时和顾客联系，劝导对方取消中差评。如对方不取消，客服应该在对方的中差评下进行解释，尽量有理有据，不卑不亢地说明原因，如图 8-14 所示。

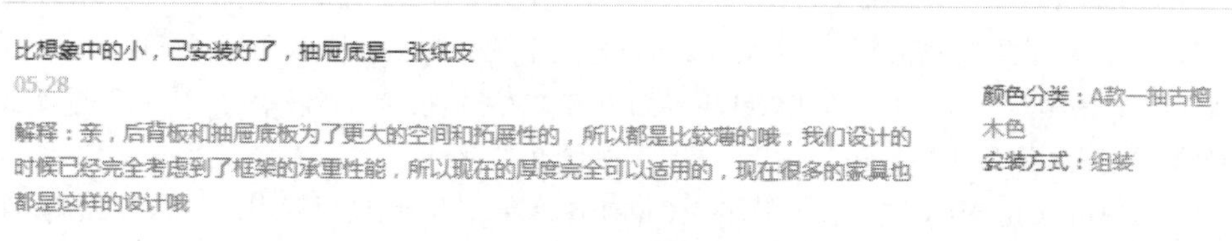
比想象中的小，已安装好了，抽屉底是一张纸皮
05.28
解释：亲，后背板和抽屉底板为了更大的空间和拓展性的，所以都是比较薄的哦，我们设计的时候已经完全考虑到了框架的承重性能，所以现在的厚度完全可以适用的，现在很多的家具也都是这样的设计哦
颜色分类：A款一抽古檀木色
安装方式：组装

图8-14 对差评做出解释

回评顾客的界面在淘宝“我是卖家”后台，如图 8-15 所示。选择评价等级（好、中、差评，默认是好评）之后输入评论内容，再单击“发表回复”按钮即可。

图8-15 "我是卖家"后台

8.1.7 与其他客服或仓管的协调

小型网店只有几名客服,可能互相之间协调得还比较好,但对于大中型网店而言,客服可能多达十余人,此外仓库管理与发货人员又有数名,互相之间的协调就显得很重要了。这是因为一位客服人员与顾客达成协议,或处理顾客争议,其处理内容可能需要其他客服或仓库去执行,这就涉及相互间的协调问题。

小型网店可以使用Excel电子表格来管理售后事件,如图8-16所示。

图8-16 电子表格来管理售后事件

此Excel电子表格需要被多个客服与仓管同时浏览并编辑,才能实现信息共享与及时更新,这就是所谓的"云办公"。要实现Excel电子表格云办公,需要用到微软的OneDrive云服务。其使用方法大致为:在Excel主界面单击"文件"按钮,然后单击"共享"选项卡,再单击"与人共享"下的"保存到云"按钮,如图8-17所示。

之后单击"OneDrive"按钮,并单击在OneDrive按钮,再单击"保存到云"按钮,如图8-18所示。

之后再返回"共享"选项卡,获取共享链接发给同事,让同事在EXCEL里打开,即可访问到这个共享的表格文件。所有人都可以根据自己的处理情况,对这个表格进行修改,其他人都能够及时看到修改结果,如此一来售后信息就可以顺畅交流了。具体的操作方法可参考微软官方网站的相关说明。

图8-17 "保存到云"按钮　　　　　图8-18 "另存为"页面

> **专家提点——使用OneDrive需要微软账号**
>
> OneDrive是微软公司提供的一种远程存储服务，允许用户把自己的文件存储在微软公司提供的服务器上。使用这个服务需要微软账号，微软账号可在 https://login.live.com/ 页面免费申请。所有使用共享EXCEL文档的用户都需要有自己的微软账号。

对于中大型网店而言，使用共享Excel文档的方法就不太合适了。中大型网店一般使用专业的ERP软件来管理售后服务。专业的ERP软件不仅可以管理售后服务，还有很多其他的功能，比如流程审批、统计报表、行政管理、项目管理、营销管理和资产管理等等，如图8-19所示。

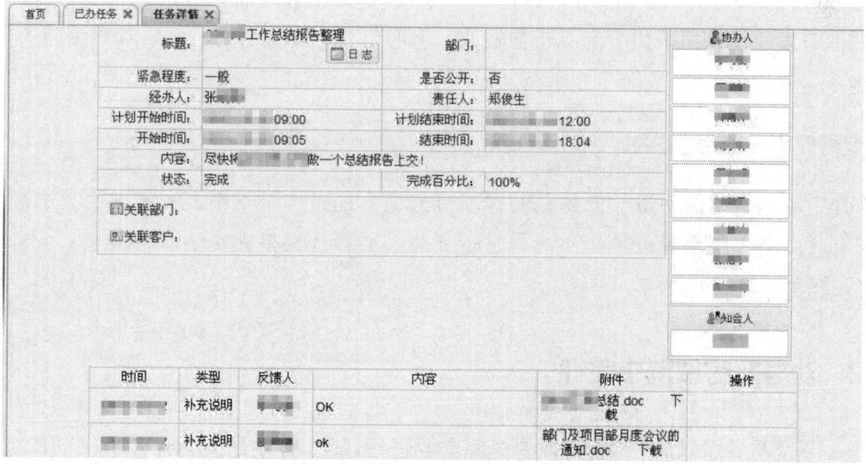

图8-19 专业的ERP软件

其实工具都是次要的，重要的还是要建立起团队协作精神，完善团队运作制度，才能够让工具发挥应有的效用。

8.2 处理严重纠纷

售后工作除了前面讲到的一些日常事务以外,偶尔还会遇到一些比较严重的纠纷,比如平台介入的投诉与退款,以及顾客不接受沟通,执意要打中差评。这种纠纷虽然不是很常见,但处理不好就会对店铺产生较大的不良影响,因此客服在处理这类严重纠纷时,一定要发挥主观能动性,想方设法安抚好顾客,让纠纷大事化小、小事化了。

8.2.1 处理淘宝平台介入的严重纠纷

有时候顾客与卖家之间会因为商品问题而出现较大的争议,无法通过协商解决,比如双方都没有决定性的证据,各执一词相持不下,顾客一怒投诉,一旦处理不好,投诉、维权成立,淘宝平台介入调查,店铺将面临严重的处罚。

如果淘宝平台已经介入调查,客服要尽量把能够找到的证据都准备好,包括旺旺交谈记录、电话录音、快递单据等,提交给平台,等候宣判。只要证据充分,结果肯定是好的,但如果证据不足,有很大可能会被判定赔款扣分,即使双方证据都不充分,卖家输的可能性也会较大,因此客服人员平时要注重保留证据,在与顾客进行售前交谈时,也要注意所说的话不要带有歧义,不然最后会成为对自己不利的证据。

一个典型的例子是某网店搞试用活动,客服告诉顾客:"如果您试用不满意,可以在10月15日以前退货,我们将负担退货邮费并全额退回货款,如您10月15日以前不退货,则视为您已经购买了本产品"。结果有一位顾客在10月15日当天要求退货,客服表示已经过了退货期限,因为"10月15日以前"不包括15日当天,而顾客则认为应当包括15日当天,双方发生了争执。由于商品价值较高,客服坚持不同意退货,最后双方闹到了平台介入的地步。

> **专家提点——话术总结**
>
> 为了避免无谓的纠纷,无论是在详情页文案,还是客服与顾客的交流中,都最好不要带有歧义。客服主管应该把平时容易造成歧义的一些词语和说法总结出来,让客服人员在入职培训时进行学习。

8.2.2 劝导顾客取消中差评

在一笔交易完成以后,顾客可以对这笔交易进行评价,分别是"好评""中评"和"差评"。这三种评价分别会产生1分、0分、-1分的评分,淘宝店铺的信誉评分就靠这些评分累积起来,并分出等级。等级越高的店铺信誉越好,更容易得到顾客的青睐,生意也会更好。因此顾客的评价对于店铺来说是至关重要的。

一个好评,可以为店铺评分加上1分,一个中评则让店铺评分不增不减,一个差评会让店铺评分减掉一分。表面上看,好像中评对店铺评分没有影响,其实它影响了店铺的"好评率"指标。

很多顾客在购物之前习惯查看店铺的好评率,如果一个店铺的好评率过低,顾客会认为该店的商品或服务有问题,购买意愿随之降低。顾客查看好评的方法很简单,先将鼠标悬停到店铺名上,在弹出的信息框中点击"与同行业相比"就可以查看数据,如图8-20所示。

在新打开的页面中可以看到卖家的相关信息,其中有一项"卖家信用评价展示"后面即为好评率,如图8-21所示。

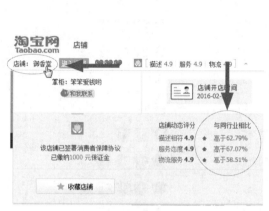

图8-20 查看店铺好评

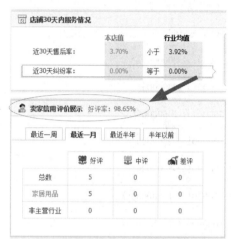

图8-21 查看店铺好评率

好评率的计算方法为:好评个数 ÷ 评价次数。从计算公式可以看到,中评和差评都会降低好评率,因此,即使中评没有为店铺减分,也造成了不良影响。所以卖家都不喜欢中评差评,平时都将"中差评"放到一起来处理。

此外,淘宝平台还会根据店铺的信誉评分来为店铺评定等级,大等级分为"心"、"钻"、"皇冠"和"金冠",具体等级划分如表8-2所示。

表8-2 评定店铺等级

信誉评分	等级名称	等级图标
4分-10分	一心	♥
11分-40分	二心	♥♥
41分-90分	三心	♥♥♥
91分-150分	四心	♥♥♥♥
151分-250分	五心	♥♥♥♥♥
251分-500分	一钻	♦
501分-1000分	二钻	♦♦
1001分-2000分	三钻	♦♦♦

续表

信誉评分	等级名称	等级图标
2001分-5000分	四钻	💎💎💎💎
5001分-10000分	五钻	💎💎💎💎💎
10001分-20000分	一皇冠	👑
20001分-50000分	二皇冠	👑👑
50001分-100000分	三皇冠	👑👑👑
100001分-200000分	四皇冠	👑👑👑👑
200001分-500000分	五皇冠	👑👑👑👑👑
500001分-1000000分	一金冠	👑
1000001分-2000000分	二金冠	👑👑
2000001分-5000000分	三金冠	👑👑👑
5000001分-10000000分	四金冠	👑👑👑👑
10000001分以上	五金冠	👑👑👑👑👑

需要注意的是，个人店铺才有好中差评，天猫店铺没有这个评价选项。对于个人店铺而言，如果某一个主推商品收到了两三个差评，其打击是相当大的，购买量可能大幅度下降，因此个人店铺收到了中差评以后，一定要想方设法说服顾客修改，客服通常会通过阿里旺旺、短信或电话来与顾客沟通：

亲爱的顾客，真的很抱歉，我们的产品出了一点问题，给您造成相当大的不便，我很理解您现在的心情。您看，如果我们给您做出一点补偿，您方便修改一下评价吗？

大部分顾客在收到补偿之后，都愿意将中差评修改为好评。不过，也有一些顾客很难被说服，客服就要采取相应的策略和话术来诱导顾客，具体的方法可在第9章见到。

8.3 秘技一点通

技巧1——订单缺货，客服人员应该怎样处理

订单缺货是指在顾客拍下商品并付款后，客服人员发现库存缺货的情况。出现订单缺货，

对于客服人员来说是一种很严重的过失。因为根据淘宝规定，订单超过 72 小时或者约定时间不发货，顾客是可以投诉卖家的。

如果客服人员遇到了订单缺货，一定要第一时间与顾客取得联系，协商出一个最佳的解决办法。常见的解决办法主要有：**给顾客退款、重新调换商品款式**或者**以优惠券进行补偿**等。客服人员在处理订单缺货时，一定要明白自己是过错方，责任应当由自己这方承担。因此客服人员在与顾客沟通时，无论是说话的语气态度还是处理方法上都应该尽量以顾客的意见为中心，千万不能用强硬的态度去解决问题。订单缺货若是处理不当，很有可能就会遭到顾客的投诉，导致店铺的信誉受到影响。

当然，客服人员在平时的工作中，一定要定期检查库存，不足的货品要及时补足或下架，尽可能避免订单缺货这种情况的出现。

技巧2——在售后工作中，客服人员如何缓和沟通氛围

在处理售后纠纷时，客服人员常常需要面对情绪激动、怒气冲冲的顾客。这时售后客服千万不能硬碰硬地去激化矛盾，而是要力图使双方的对话氛围有利于双方的沟通，这样有利于问题的解决。那么客服人员要怎样才能缓和沟通氛围呢？

1. 冷静理性的思考

在发生纠纷时，许多顾客会希望满足自身的利益，而脱离客观情况，盲目坚持自己的主观立场。如果这时客服人员不能防止和克服顾客因过激情绪所带来的干扰，就有可能激化矛盾，形成僵局。因此客服人员必须保持头脑冷静，心平气和地去和顾客沟通。客服人员这时需要冷静思考，厘清事情的头绪，正确分析出现的问题，然后在充分考虑双方潜在利益的同时，提出一项客观公平、现实可行的解决办法。

2. 语言适度

客服人员在与顾客沟通时，要严格注意自己与顾客说话的语气和态度，并且积极倾听。客服人员既要向对方传递一些必要的信息，又不能过于拖沓。因为多次重复的催促或反复询问只会让顾客感到不悦，不但不能促进沟通，反而会影响问题的解决。

3. 避免争吵

发生纠纷时，顾客可能会语气严厉地质问客服，有的顾客甚至还会喋喋不休、恶语伤人。客服人员在与顾客沟通时，一定要注意礼貌回应，应尽量有针对性地去回答顾客，不要推卸责任。客服人员要多站在顾客的角度去考虑问题，不能因为顾客傲慢无礼的态度就改变了服务初心，更不能与顾客对骂，要尽可能避免与顾客争吵。

4. 协调双方利益

客服人员在解决与顾客之间的纠纷时，不能片面考虑自己的利益，而应该站在顾客的角度去思考，以顾客的利益为主，同时兼顾自己的利益，协调双方的利益，尽可能地提出完善解决方案。

技巧3——做好售后回访，赢得回头客

客服人员对顾客进行售后回访，能够了解商品的使用情况，交代商品的使用方法或注意事项，同时对发现的问题给予及时解决，可以有效地为店铺赢得大量的回头客。

客服人员对顾客进行售后回访，通常可以采用以下几种方式：

- **建立一个顾客档案。** 客服人员可以把顾客的姓名、联系方式、地址、购买需求以及购买过的商品等信息做一个详细清单，以便以后在节日的时候问候顾客或者不定期向顾客发送店铺活动信息。
- **在节假日的时候问候顾客。** 客服人员可以在节假日的时候通过贺卡或短信等方式问候顾客，这样做非常有助于维护顾客关系。顾客在收到客服人员的问候时，会感觉到卖家很重视自己，因此在以后购买商品时就会第一时间想起该店铺。
- **电话回访。** 客服人员应该估算一下顾客大概收到商品的时间，在这个时间对顾客进行电话回访会收到很不错的效果。这个时候对顾客进行电话回访，可以让顾客感觉到卖家对他的关心，如果顾客没有收到货，客服人员也可以及时为他查询物流情况，减少后期不必要的纠纷，同时也有利于顾客及时做出好评。顾客会因为客服人员热心周到的服务而感动，觉得这家店铺是可以信赖的，以后也会再次选择到这家店铺购买商品。

客服小故事——新手店主巧妙处理顾客退换货要求

刘云云大学毕业后与同学小颖在淘宝上合伙开了一家卖女装的小店。两个姑娘都是踏实肯干的人，凭借两人的勤奋努力，这家小店很快就走上了正轨，不到半年，店铺的信誉度就达到了三蓝钻级别。

刘云云说，别看现在网店的经营顺风顺水，但一路做起来真的是非常辛苦。开店之初，她和小颖没有多余的资金去请员工，所以店铺里的一切事物都是靠两位小姑娘亲自打理。由于刘云云大学期间曾在一家网店做过兼职客服，有一定的客服经验，所以她与小颖商量，由自己来负责网店的客服工作，而小颖主要负责店铺的推广以及商品的进货和发货等。刘云云说那时自己和小颖每天都会从早上九点一直忙到晚上一两点，常常是累得眼睛都睁不开。客服这方面的工作，还经常会遇到一些"奇葩"的顾客，例如上次碰到一位顾客，在店里购买了一件衣服，穿着去参加了一场朋友的婚礼，回来后就退货给我们了。因为我们店铺承诺可以七天无理由退货。

在和各种各样的顾客打交道的过程中，面对那些没有合理理由就要求退换货的顾客，刘云云也渐渐地学会了如何巧妙地去劝说顾客，减少店铺损失。例如有一次一位顾客在店里看中了一件连衣裙，经过一番讨价还价，刘云云成功地把价格稳住了，最终这位顾客以200元的价格将那件连衣裙拍下。没想到过了几天，这位顾客发来信息说她收到的衣服是坏的，要求退换货。退换货的邮费是由卖家承担的，假如退换货，自己就要出20元的邮费，还有可能要收回一件坏的衣服。

虽然刘云云知道小颖在出货时都会很仔细地检查商品，确认没有问题才发货，但也不能确定是不是衣服真坏了，于是让这位顾客拍了照发过来。当刘云云看到顾客发过来的照片后，立刻就明白了这位顾客的想法。其实衣服也不是真坏了，只是有一颗扣子的线松了，顾客这样做的目的无非就是想通过这种方式逼客服变相减价。在掌握了这位顾客的心理后，刘云云决定和她商量。告诉她这件连衣裙没有太大的质量问题，只是扣子松了，缝缝就可以穿了，说服她留下商品，并表示店铺愿意补偿她10元钱。最后，这位顾客也表示愿意接受。

现在，每天店铺的订单量都在增加，光靠刘云云和小颖两个人已经没办应付了，所以最近两人也开始忙着为网店扩招员工了。

第9章

争取好评，扭转差评

本章导言

淘宝平台使用评价机制来制约商家与顾客。如果顾客对商品或服务不满意，可以给交易打上中差评。中差评将直接影响商家的销量，因此客服应该对顾客的评价进行监控与管理，一旦发现中差评，就要积极联系顾客，劝说顾客进行修改，并事后总结经验教训，从源头上解决中差评出现。

学习要点

- 掌握促使顾客打好评的方法
- 掌握处理中差评的方法

9.1 促使顾客打好评

好评对一个店铺来说至关重要，好评多的店铺，销量自然越好。客服的工作除了促进销售以外，还要促使顾客为店铺打好评。有的店主可能以为只要自身产品质量过硬，顾客就没有理由不打好评。其实这是一种误解，产品质量再好，也总会有人不满意，在这时就需要客服来安抚顾客，争取好评。

9.1.1 对新手顾客进行引导

很多新手顾客因为不太熟悉网购的一些特点，容易给交易打中差评。导致新手顾客给出中差评的原因大约有图9-1所示几种：

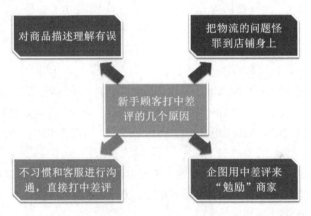

图9-1　新手顾客差评原因

（1）有的新手顾客对商品描述理解有误，商品到手后发现不符合自己的预想，于是直接打了差评。为了预防这样的情况，客服在交易前就要查看顾客的级别，如图9-2所示。

图9-2　查看顾客的级别

当发现对方是新手顾客时,要格外注意,对对方的疑问要进行详细解答,这样才能避免新手顾客对商品产生误会。

顾客:你们这个罐头在详情页上写着保质期是三个月?

客服:亲,我们这个罐头保质期为常温下三个月。我们仓库里囤的货很少,发给顾客的罐头离生产日期一般都不超过一个月,到顾客手里一般还有两个多月的保质期,具体保持时间请看瓶盖上的保质日期。不过这个保质期是指没有开封的情况下,如果已经开封,请尽量在1周内吃完,如果天气炎热,开封后请放在冰箱冷藏,这样不仅能够延长保质期,还能够让风味更好哦。

顾客:这样啊,那我多买几罐。

客服:好的亲,您可以先把暂时不吃的罐头放到冰箱冷藏室里,温度调到四度左右,这样保质期会延长到五个月左右。当然,五个月是极限,您最好在四个月之内就吃完,这样最保险。

顾客:谢谢,你说得太清楚了。

客服:不客气。

在本例中,如果客服只是简单告诉对方商品有三个月的保质期,顾客拿到手之后发现只有两个月就过期了,或者开封以后,没多久就变质了,可能就会感到受骗了,这就大大增加了顾客打中差评的可能性。因此客服向顾客详细解释了关于保质期的各种信息,这样顾客就不容易产生误会。

(2)有的新手顾客在商品出现问题后,不习惯和客服进行沟通,直接给交易打中差评。客服在与新手顾客做售前交流时,就要反复提醒对方,如果商品有任何问题,请随时与客服联系,客服会第一时间为他解决。

客服:亲,您在收到商品后,请先仔细阅读说明书,有任何不懂的地方可以随时通过旺旺和我们联系,我们将竭诚为您解答任何疑问。也可以通过电话××××联系客服莉莉。在使用中遇到任何问题也都可以联系我们。

顾客:好的。

客服:亲,请一定要先看说明书哦!另外,我们客服上下班的时间是工作日早上8点到晚上11点,周末是早上9点到晚上8点,在这个时间段内,您随时可以找到我们;不在这个时间段内的话,您也可以通过旺旺或者短信留言,我们会在第二天上班的时候和您联系,为您解答疑问。

顾客:嗯,好的。

为了让顾客方便联系,客服不仅提醒对方可以通过旺旺和手机进行联系,还告诉对方客服的上下班时间,在此时间段内,顾客的疑问可以得到即时回复,如果是下班时间,还可以通过留言发送信息给客服。这样详细地提示过新手顾客后,新手顾客遇到问题就会想到和客服联系，也就较少出现直接打中差评的情况了。

（3）有的新手顾客觉得给店铺打中评可以勉励对方，于是把本来应该打好评的交易强行打成了中评，并留下了"勉励"卖家的话语；有的新手顾客不太懂中评的含义，觉得中评可能就是代表商品质量还行的意思，于是也给打中评。对于这两种顾客，客服要及时对方沟通，请对方修改评价为好评。

客服：亲，不好意思，我看到您为我们这次交易打了一个中评，还留言说中评是为了勉励我们。我想先请问一下，您对我们的商品质量还算满意吗？

顾客：鞋子还不错，穿着很舒服。我给中评是希望你们能够戒骄戒躁，进一步提高服务质量。

客服：亲，其实中评对我们的影响是很大的，因为中评会拉低好评率，一个中评就会让我们店铺排名下降很多，会严重影响我们店铺的生意。如果您对我们的商品很满意，请您给我们打好评吧，让我们的排名更靠前，这才是我们前进的动力。中评只会打击我们的积极性。

顾客：哎，这么严重啊，对不起，我这就去修改。

客服：谢谢！您改为好评以后，我们会送您五元店铺优惠券，感谢您的理解。

对于不和客服沟通就直接打了中差评的新手顾客，客服要立即和对方沟通，此时对方的旺旺多半还在线。通过交流弄清楚对方打中差评的原因，如果和质量无关，就和对方解释好评的重要性，并请对方修改，并用优惠券或小礼品来表示感谢，这样对方修正的可能性就很高了。

（4）有的新手顾客把物流的问题也怪罪到店铺身上，不仅给店铺打了中差评，还在评价里对快递表示不满。对这样的新手顾客，要和对方耐心解释，店铺并不能控制快递公司的运输，请对方谅解，并在可能的范围内对对方进行补偿。

客服：刘先生您好！我们刚看到您给我们的店铺打了一个差评。

顾客：是的，快递太差了，到了我们这里几天都不给我送货，我打了五六个电话才给我送，气死我了。

客服：我也觉得，这实在是太过分了。不过也请您理解，我们店铺把快递发出以后，快递公司怎样运输我们是控制不了的，您因为快递问题给我们店铺打差评，其实我们店铺是无辜的……

顾客：谁让你们选择那家快递呢！

客服：刘先生，说实话其实我们签约的几家快递都是国内的一线快递，服务质量都是差不多的，无论哪家快递偶尔都会出现延误，希望您能理解。这样吧，如果您把给我们改成好评，我们退还给你8元邮费，当做是一点小小的补偿，您看怎么样？

顾客：好吧，快递的锅让你们背也不公平，我这就去修改。

> **专家提点——赔偿不宜过高**
>
> 需要注意的是，赔偿不能过高，否则顾客尝到甜头以后，可能下次还会找借口用中差评来换取赔偿。

9.1.2 给挑剔顾客打"预防针"

有一些顾客比较挑剔，也就是所谓的"完美型人格"。这种顾客在售前与客服的交谈中就可以看出端倪，他们通常会提出很多问题，考虑得非常周到，有时甚至会就一个问题反复询问客服。在收到商品之后，他们又会向客服提出各种问题和抱怨。

对于这类顾客，客服在售前交流时就应该注意其特征，一旦发现对方是挑剔型的顾客，就要先主动告诉对方商品的各种优缺点，以及使用方法与细节等，对方在了解这些情况以后，如果依然选择了购买，那么在商品到手后，对方就没有理由打中差评了。

顾客：这个挎包是宝蓝色的吗？

客服：对啊亲！有什么问题吗？

顾客：可是我看好像有点偏绿色啊，不像描述里说的宝蓝色。

客服：亲，这可能是显示器色差引起的，实物是宝蓝色的。

顾客：挎包的背带好像编得不是很均匀。

客服：亲，这是全手工制作的民族特色工艺挎包，背带也是手工编织的，肯定不会像机器编得那样均匀。这种不均匀的感觉也是这种挎包的特色之一，让人一看就知道是手工制作的。

顾客：挎包下面缝的花好像也不是那么对称。

客服：亲，您观察得真仔细。图片上看的确不是那么对称，其实这是因为摆放位置导致的错觉。挎包实物上的花是对称的。

顾客：真的吗？

客服：真的，只要您不用尺子来量，肯定是看不出区别的。我不敢说花两边完全没有误差，毕竟这是一款手工制品，精度不是它的特长。但我想您应该也不是冲着它的精度来的吧。

顾客：也是……

客服：对了亲，这款挎包内部功能区划分得不是很细，只有两层外加一个暗兜，如果您没有分类癖，应该不会太在意这点（紧跟一个笑脸表情）。此外，两层之间的隔布不是纯棉的，是化纤布。这是考虑到隔布要承受钥匙、手机等硬物的磨损，就采用了结实耐磨的化纤布，希望亲不要介意。

顾客：这个，我倒是无所谓了。那我就拍一个吧。

客服：好的，亲。

当客户发现顾客对挎包的细节十分在意以后，就可以判断出对方可能是一个挑剔型的顾客，于是主动告诉对方挎包的一些缺点。这些缺点在其他顾客眼中，可能并不是什么问题，但在挑剔型顾客眼里，可能就会觉得不满意，如果事先不告诉他/她，等他/她那到时候再发现这些问题，就增加了店铺被打中差评的风险。主动告诉对方，就是给对方打"预防针"，尽量避免对方对商品产生不满意的感觉。

> **专家提点——客服要站在挑剔型顾客的角度来看商品**
>
> 挑剔型顾客的观察力是很强的，他们会留意到很多普通人注意不到的细节，普通人不在意的小问题，对他们而言就是大问题。客服在空闲时，要有意识地训练自己从挑剔型顾客的角度来看商品，尽量找出商品的各种问题，越多越好，越细越好。客服主管也可以组织客服人员进行类似的训练，让大家把同一件商品的问题都写在纸上，然后综合起来，通过这样的交流来提升客服从顾客角度看问题的能力。

9.1.3 "好评返现金"或"好评有奖品"

很多店铺都有这样的政策：如果顾客在收到商品以后，对商品进行好评，并把好评截图发送给客服，即可获赠礼品或返还现金（简称"返现"）。这个政策一般在售前交流时，由客服告知给顾客，如图9-3所示；也可以在顾客签收商品后，通过短信告知顾客，邀请顾客回评。由于有奖品或返现的激励，本来一些小小的不满意顾客也会忽略，而为交易打上好评。这样就提高了店铺的好评率。

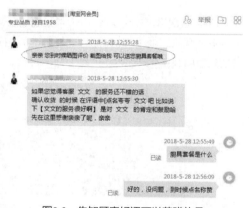

图9-3 告知顾客好评可以获赠礼品

> **高手支招 客服好评考核**
>
> 有一些店铺会以顾客对客服的点名好评进行考核，比如顾客评论中有"客服文文的态度真好！"这样的内容，则客服文文就会得到相应的考核分。因此客服在邀请顾客回评时，也不妨要求顾客进行点名好评，合理增加自己的考核分数。

有的店铺直接把"好评返现"或"赠送奖品"的政策印刷成宣传单，随商品送达到顾客手里，如图9-4所示。在宣传单上，除了要求顾客好评以外，还要求DSR评分为全五分，评论内容要满20字，以及规定了好评返现的时间起止日期。

图9-4 好评宣传单

DSR评分是指淘宝店铺的动态评分。顾客在交易成功后，除了可以对店铺本身进行好中差评以外，还可以对本次交易进行如下三项评分：**商品与描述相符、卖家的服务态度、物流服务的质量**，如图9-5所示。每项店铺评分取连续六个月内所有顾客给予评分的平均值（每天计算最近6个月之内数据）。只有使用支付宝并且交易成功的交易才能进行店铺评分，非支付宝的交易不能评分。

图9-5　DSR评分

店铺的 DSR 评分可以在店铺首页看到，如图 9-6 所示。店铺的 DSR 评分越高，顾客就越能放心购买，此外 DSR 评分还能影响到店铺商品搜索排名，以及一些活动的参与等，是店铺重要的评比指标。

图9-6　店铺的DSR评分

邀请顾客给予店铺好评的同时，也可以请顾客为 DSR 评分打上全五分。一般好评返现以 2～5 元为宜，太少顾客没有动力，太多则店铺可能承受不了。

9.1.4　利用额外赠品制造惊喜

很多店铺会利用额外赠品来为顾客制造惊喜。一般来说有两种方法，一种是不告知顾客会赠送小礼品，另一种是提前告诉顾客有神秘小礼品，二者都可以为顾客带来惊喜。淘宝上很多评论是这样写的："卖家赠送的小布偶好可爱，老婆很喜欢"，或"蜂蜜很好，令人惊喜的是，卖家还送了八小包其他口味的蜂蜜，感觉超值！"等等，如图 9-7 所示。

顾客在收到额外的赠品以后，会感觉很高兴，自然可以忽略一些商品的小瑕疵，为交易打中差评的可能性也减小了。

很满意，价格超合适，比超市便宜多了，赠的茶叶盒也很好，很方便

06.16

前几天刚买了一盒，感觉不错，趁活动价赶紧再囤一盒，这次还送了茶叶盒，全五分好评！

06.13

不爱喝白开水，用茶包很方便，很适合我咯，可以喝很多水，主要是方便，方便，还有赠品，赚大了

06.13

图9-7　顾客好评

> **专家提点——赠品也要有价值**
>
> 　　有些卖家从成本考虑，选一些质量差、价格超级便宜的商品作为赠品，其实这样做是得不偿失的。因为赠品是用来为顾客制造惊喜的，如果质量太差，不但起不到制造惊喜的作用，反而会更让顾客失望。

9.1.5　高效处理售后问题，让顾客消气

　　任何一家店铺的商品都可能出现问题，出现问题就涉及售后服务。售后服务让顾客满意，就可以有效降低顾客打中差评的概率。一般来说，顾客对售后不满意有以下几个原因：
- 认为客服态度不好，包括冷淡、推诿、装聋作哑等。
- 与客服交流不畅，如客服无法理解顾客的表述（可能是顾客本人的原因，但顾客通常不会这么想），客服太忙、半天不说一句话等。
- 反映的问题长时间得不到解决，如承诺换新，但迟迟不发货等。
- 解决方案不满意，如希望退货运费能由店铺出，但客服不同意等。

作为网店客服，如何让顾客在售后的各个方面都感到满意呢？

1. 仔细倾听，弄清问题

　　当顾客遇到售后问题与客服交流时，有的人会比较急躁，表述问题可能不是很有条理，还有的顾客可能本人也不善于表达，因此客服要仔细倾听，耐心询问，弄清问题发生的部位、现象和原因。

2. 判断责任，安慰顾客

　　顾客遇到的问题可能是产品质量引起的，也有可能是由于顾客自己使用不当引起的。如果是前者，客服要真诚地向顾客道歉，通常顾客火气就会立刻小很多，这样就方便商量接下来的处理方案；如果是后者，客服也要耐心向顾客解释，不要因为责任在顾客那边，就甩给顾客冷脸。

无论是道歉还是解释，只要附上真诚的态度，都能够降低顾客的不满，增强顾客的信任，同时还能树立起良好的店铺形象。

3. 互相商量，寻找方案

接下来，客服可以先询问顾客想怎样解决问题。如果顾客的要求比较合理，客服可以马上爽快地同意；如果顾客的要求不是那么合理，那么客服要与顾客商讨出双方都能接受的解决方案。

客服不要为了快速处理而误导欺骗顾客，如果对问题的成因不清楚，要询问技术人员之后再与顾客商量，不要想当然地提供解决方案，以免弄巧成拙，旧的问题没解决，又出现新的问题，这样会让客户更加不满意。

4. 按照约定，落实解决

当与顾客商量好解决方案以后，客服应该尽快推进落实，因为时间拖得越久，客户就会越不满意，最后解决了问题还是有可能被打中差评，这就得不偿失了。

9.1.6 多渠道回访，提醒顾客好评

对于好评不多的新店铺而言，主动邀请顾客好评是一个不错的方法。当顾客收到商品一两天之后，如果没有主动联系客服反馈问题，那么商品出现问题的概率就不太高了，此时，客服可以主动联系顾客，以亲切的态度请求顾客对交易给予好评，顾客一般是不会拒绝的。

有的顾客不喜欢评论，在对应的商品评论中，会显示"此用户没有填写评价"，如图9-8所示为天猫店中未评价的显示。

如果顾客在淘宝店交易后，签收了商品却不评论，15天之后，系统会自动为店铺打上一个好评，如图9-9所示。这样对店铺其实很不利，一是其他顾客无法通过评论来了解商品，二是好评的时间拖太长，好评量增长太慢，对促销活动不利。

图9-8　未评价的显示　　　　　　图9-9　系统默认好评

为了避免这样的情况出现，客服要主动出击，通过多种渠道回访顾客，同时催促顾客对交易进行评价。

- 回访的方式首选手机。因为通过交谈，客服能够直接了解到顾客的使用感受，能够收到顾客对于商品和服务的意见及建议，这对店铺的经营是有利的，同时客户也能通过交谈向顾客展现出店铺的诚意，加深顾客对店铺的印象，提高顾客的回购率。在回访的最后，当然会要求顾客及时评价，并对顾客表示感谢。
- 其次是通过手机短信提示顾客进行评价。短信的内容一般是感谢顾客的支持，并提示顾客及时进行评价。短信没有办法像手机通话一样收集顾客的反馈信息，但它对顾客的打扰相对比较少，也是一种不错的提醒方式。
- 通过旺旺平台提示顾客评价的方式较少使用。这是因为很多顾客并没有在手机上安装旺旺，甚至有很多顾客并没有每天打开淘宝的习惯，并不能及时看到客服对自己的提示。

9.2 摸清原因，妥善处理中差评

就好像人总避免不了生病一样，店铺也总是避免不了收到顾客的中差评。有了中差评，客服要积极与顾客联系，找到原因和解决方法，争取让顾客修改中差评为好评。对于实在不愿意修改的，客户也要在中差评后面进行解释，力求让其他顾客了解事情的原委，以及店铺为此做过的补救工作，尽量减少中差评对其他顾客的影响。

9.2.1 认为商品质量太差

顾客认为商品质量太差，而为交易打上中差评的情况是最多的。其具体的产生过程有两种，如图9-10所示。

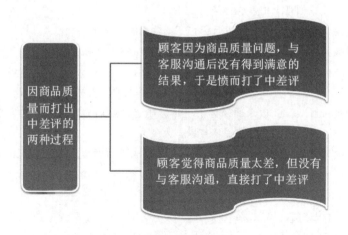

图9-10　质量问题引起的中差评

针对这两种过程，分别有不同的处理方式。

1. 换人说服

当客服发现新的中差评时，应立即查看与该顾客的旺旺交谈记录或者售后记录，此时会发现顾客已经跟客服沟通过了，但没有解决问题，这种情况下打的中差评，比较难以修改，但也并不是完全没有办法。最常用的一招就是"换人说服，适当让步"。

所谓的"换人说服"是告诉顾客，由于之前与他/她交流的客服人员是刚上岗的新手，不太熟悉店铺的售后服务规则，导致他/她的售后问题没有得到解决，店铺已经严肃处理了该客服，现在客服主管亲自来与顾客协商处理售后问题。这样说的目的，是把责任推到之前的客服人员头上，让顾客消气，也给顾客一个台阶来继续商量售后问题。

"适当让步"就是答应之前客服没有与顾客谈妥的赔偿条件，在成本允许的范围内，再小小地让一步，以换取顾客修改中差评。当然，如果顾客要求太多，还是不能答应。

客服：亲，您好，我是×××店铺的客服主管。我刚刚看见您给我们店铺打了一个差评，我已经找当时和您沟通的客服小冰了解过情况了，发现其实这是个误会。小冰她刚刚入职才几周，还在试用期，对店铺的赔偿补偿条例还不是很熟悉。小冰之前跟您说，您的情况是没有办法申请换货的，这是她记错了，我们已经对她进行了罚款处理。

客服：您这种情况符合我们店铺的换货或部分退款政策。具体来说，我们可以给您换货，换货邮费就按您说的那样，由我们来承担；或者我们给您补偿20元现金，因为商品功能还是完好的，只是外观上有点破损，并不影响使用。您看您选择哪种方案呢？

顾客：好吧，既然你们愿意退赔，那我也就不多说了，给我补偿20元现金吧，我也懒得换货了。我的支付宝是××××××××××。

客服：好的，亲，感谢您的理解，请您把差评修改为好评吧，改好后通知客服一声，我们马上把款转给您。

顾客：不行，我改了好评后你们不给我转款怎么办？

客服：放心吧亲，我们的交谈记录是可以作为证据提交给淘宝平台的，如果您改了好评以后我们不给您转款，您可以用交谈记录去平台告我们，我们会受到很严厉的处罚。对我们来说是很划不来的，没有必要这么做。

顾客：好吧，我改了通知你们一声。还有，你们的客服业务能力要提高啊，明明可以赔偿的，她都说不可以，太气人了。

客服：请您谅解，新入职的客服都有一个成长的过程，我们尽量加强对新客服的教育，让他们尽快成长起来，在此期间也需要您们的理解，谢谢！

顾客听说之前的客服受到了惩罚，心里的火气一下就会小很多，之后再获得了适当的赔偿，自然也就愿意将中差评改为好评了。这就是"换人说服，适当让步"的用法。

2. 主动沟通

顾客觉得商品质量太差，但没有与客服沟通，直接打了中差评。在这种情况下，客服要主动询问顾客为什么不沟通就直接打了中差评的原因，弄清楚原因以后，再针对性地劝说顾客修改中差评，并给予售后处理。

客服：亲，您好，我是×××店铺的客服主管。我刚刚看见您给我们店铺打了一个差评，并且评论说商品有问题。我查了一下售后记录，好像您没有向我们客服反映过商品问题啊？商品具体有什么问题，您可以告诉我们吗？

顾客：就是扣子有点问题，扣不上。因为这个手包本身就不值几个钱，我懒得去折腾退换货了，给个差评完事。

客服：对不起！我们没做好，给您带来困扰了。商品有问题，我们一定会给您退换，今天下午我们就发了一个同样款式的手包给您，希望您能原谅我们。

顾客：无所谓了，好吧。

客服：那麻烦您在收到新发的手包后，把差评改成好评，好吗？这次发来的包我会亲自检验过再发货，保证不会有任何问题。原来的包也不用退回，您看着处理就行了。

顾客：行，只要没问题，就给你们改。

客服：谢谢亲！亲真是通情达理！

顾客不和客服联系就直接打中差评的原因是多种多样的，有的是因为商品不值钱懒得和客服交涉；有的是因为商品质量太差，愤怒之下直接就打了中差评；还有的可能是蓄意报复，总之客服要摸清原因之后，进行处理，但也要注意店铺的利益，不要让步太大。

9.2.2 顾客认为客服态度不好

因为客服态度不好，而为交易打上差评的案例比较多。其发生原因，应具体分析。有可能的确是因为客服态度有问题，也有可能是因为顾客本人太挑剔，还有可能是因为双方沟通不畅造成误会。不论原因是什么，只要顾客在评论中提到了客服态度问题，那么店铺在处理时，遵循"换人处理，赔礼道歉"的原则，通常会取得较好的效果，如图9-11所示。

图9-11　客服态度引发的中差评

客服：马小姐，我是×××店铺的客服主管。我刚刚看见您给我们打了一个差评，并且评论说客服态度冷淡。我已经询问了与您沟通的客服，并且查看了当时的交谈记录，发现我们的客服回复您的消息确实不及时，给您造成了不快，是我们的错。

顾客：你们那个客服爱搭不理的，问他什么问题，半天才回答几个字，太气人了！我是来买东西的，不是来受气的！

客服：您说得对，这样的工作态度就是不行。我们已经按照店铺规定，给他记了一次重大工作失误，停岗三天学习，您看您对这个处理结果还满意吗？回头我让那名客服打电话向您道歉，您看可以吗？

顾客：处理了就行了，电话就不必了，没工夫听。

客服：那这样，我们赠送您一张五元优惠券，下次您来店购物可用，算是我们一点道歉的心意。麻烦您把差评给我们改一下吧，行吗？

顾客：看你们道歉还算诚恳，这次我就改了。

客服：谢谢您！您真是宽宏大量！

其实，真实的原因可能是因为当时进店询问的顾客太多，客服忙不过来，才没顾得上及时回答对方的问题。但即使是事后把这个情况告诉顾客，顾客也可能认为是在店铺找借口，还不如直接告诉顾客，当事客服已经受到了惩罚，让对方消气。至于有没有必要真的惩罚客服，那就看客服主管或店主自己的考量了。

9.2.3 认为商品使用不方便

有时候商品没有问题，顾客也打了中差评，往往是因为顾客没有掌握商品的使用方法，或者是商品的使用方法的确过于复杂，让顾客感到不便。前者是顾客本身的问题，后者是商品的问题。无论是什么原因，客服要做的工作就是主动与顾客沟通，向其详细解释商品的使用方法，以耐心的态度和细致的工作方法来打动顾客，使顾客能够转变看法，修改中差评。

客服：亲，您好！我是×××店铺的客服小东。我刚刚看见您给我们打了一个差评，并且评论说商品很难组装。请问现在情况怎么样？商品组装好了吗？

顾客：还是没有装好，昨天你们跟我说了一下，我还是没有弄明白。太难搞了。

客服：亲，真对不起，看来我们设计得还是不够简单，让您受累了。我一定把您的意见反馈给设计部门，进一步优化商品的安装过程。不过，这次我们还是一起努力，把商品安装好。如果您方便的话，约个时间和我们这边的设计师一起，通过微信视频聊天，让他在线指导您安装，二十分钟装好肯定是没有问题的，您看好吗？

顾客：这方法好。我今天晚上8点有空，我的微信号就是手机号，先让你们那边的设计师加我吧。

客服：好的亲，我马上就让他加您。对了，装好以后，麻烦您把差评给我们改为好评，
可以吗？
顾客：只要能装好，就没问题。
客服：谢谢亲！亲真是通情达理！

利用微信来远程指导顾客使用或组装商品，是非常方便的，淘宝店铺一定要充分利用这个工具。

9.2.4 认为商品是假货

由于网购的特殊性，顾客在购买商品之前，并不能看到商品的实物，因此给了很多不法商店以假乱真、非法牟利的机会。不过这里讨论的不是这种情况，而是网店出售的是正品，被顾客认为是假货，从而收到中差评的情况。

客服在遇到这样的情况时，要主动联系顾客，告知对方本店的产品都是正品，并拿出各种证据，态度要不卑不亢。因为，如果沟通后对方仍然执意不修改中差评，那么可以向淘宝平台申诉，平台一定会给店铺一个公正的说法。

客服证明产品是正品的常用说辞有以下几种：

- 我们的商品有工商局的质检报告，您可以看一下，绝对是正品。
- 我们是××商品的正规代理，不可能出售假货的，这是我们的代理授权书，您可以看一下。
- 如果商品是假货，就不会有这么多顾客购买，不会有这么高的销量，以及这么多的好评。
- 如果商品是假货，早就被顾客投诉到封店了。
- 如果您认为商品是假货，可以打12315工商的电话举报我们。
- 这是误会，因为商品刚刚升级，外观上（或使用方法上）有一定的变化，但还没有来得及在详情页上更改相应的信息，其实商品质量是没有问题的，请您理解。

在具体的处理方法上，也可以更加灵活。请求顾客修改中差评是最常用的方法，也可以同意顾客退货，以此来删掉中差评。

客服：亲，您好！我是××店铺的客服荔枝。我刚刚看见您给我们打了一个差评，
并且评论说商品是假货，请问您为什么这么说呢？我们是×××商品的代理
商，有正规的代理授权书，不可能出售假货的。
顾客：我就觉得你们的商品不太像正品，做工比不上实体店的，而且，拿着代理授
权书卖假货的也不少，因为假货利润大嘛。
客服：亲，这样说我们可真是委屈。您看我们这个商品的销量都有2万多了，如果
是假货的话，难道这么多顾客都不会发现吗？
顾客：我怎么知道是不是你们自己找人刷的单？
客服：您要这样说我们也没有办法，如果您坚持认为我们的商品是假货的话，你可
以去打12315举报我们，或者直接向淘宝平台投诉啊。

顾客：不想费那个功夫。

客服：那这样亲，既然您认为我们的商品是假货，那请您删除差评，再把货退给我们吧，退货运费由我们来承担，请您先垫付一下，到时候连货款一块退还给您。

顾客：这样也行。

客服：亲，请注意，商品外观没有划痕，功能要完好，不影响二次销售，才能退给我们。

顾客：当然，这个我懂。

客服：好的，我们的退货地址是××××××××××。我们收到退货后，如无问题马上就退货款和运费给您。

如果顾客无论如何都不愿意修改中差评，那么可以这样告诉顾客：

亲，您这样我们很为难的。接下来我们只有向淘宝平台进行申诉了，我们向平台出示正品证据之后，平台会为我们删除你的差评，到时候您心里也不痛快，您说这是何必呢，对吧？不如您现在就删除差评，把商品退还给我们，这样您既不会看见商品心里不舒服，也不会承担任何的经济损失，这样对您其实是最好的。

如果这样说了之后，对方还是不愿意修改中差评，那就只有直接请求平台介入了。

9.2.5 不愿承担退货运费

如果店铺加入了七天无理由退换货的服务，那么当顾客要求退货时，根据"谁过错，谁承担"的原则来处理运费问题，简单来说有以下三个原则：

- 若淘宝判定卖家责任（如商品存在质量问题、描述不符合等），来回运费都需要由卖家承担；
- 顾客责任（不喜欢/不合），顾客承担来回运费；
- 如果交易存在约定不清的情形，淘宝无法确定是谁的责任，做退货退款处理时，发货运费由卖家承担，退货运费由顾客承担。

这里要讨论的是商品没有问题，顾客单纯因为不想要商品而要求退货时的情况。这种情况下本该由顾客来承担来回运费，但顾客不愿意承担，与客服商量未果后，就给交易打上中差评。客服在处理这种情况时，应遵循"尽力说服，步步后退"的原则。

客服：亲，您好！我是××店铺的客服芸芸。我刚刚看见您给我们打了一个差评，我看了一下交谈记录，原来是您要求退货，又不愿意承担运费。可是请您为我们考虑一下，我们的商品本身质量没有问题，您要退货我们都尽力配合，可是运费我们真的不能承担啊，如果无理由退货的商品都要我们来承担运费的话，我们店铺就做不下去了，因为承受不了这么大的运费开销。

顾客：你在说什么？我不懂。（顾客为了不留下把柄，不愿意承认自己是因为运费问题才打的差评）

客服：亲，不如这样，您把差评删了，把商品退给我们，运费我们一家承担一半好吗？请您谅解，这次真的是为您破例了。毕竟这不是我们商品的问题，一般情况下我们都是不会承担退货运费的。

顾客：这样啊，好吧！

如果顾客仍然不同意，而店铺对这个差评又很在意的话，那么可以再退一步，由店铺承担退货运费，让顾客删除差评。这就是"尽力说服，步步后退"原则的具体应用方法。

9.2.6 如何防备职业差评师

职业差评师是网购世界中的一个毒瘤，他们专门以差评来要挟卖家，谋取不正当利益。也有专门以差评打击同行网店的差评师存在。差评师极大地扰乱了网购市场，严重干扰了店铺的正常运作，因此，作为客服一定要对防备差评师的方法有所了解，才能减少店铺的无谓损失。

首先，如何将差评师与正常顾客区分开来？要做到这一点，可从以下几个方面进行鉴定：

1. 好评率与信誉等级

客服应先查看一下顾客的相关信息，特别是好评率和信誉等级。因为差评师经常给人差评，其好评率是不高的，差评师的账号用不了多久就要换新的，因此其信誉等级往往不高，一两个心是很常见的。但也有不少"聪明"的差评师事先使用虚假交易将一个账号的好评率和等级刷到较高，用来迷惑商家。

2. 内行与否

如果顾客在交谈中显得对商品非常了解，那就要提起警惕之心了，因为这样的顾客极可能是同行，而且手里说不定还有同款的损坏商品，用来敲诈商家。当然，并非所有的内行顾客都是差评师，这需要一个综合的判断。

3. 规避使用旺旺

差评师为了尽量不在旺旺上留下交谈记录，一般收货后旺旺就隐身或者不在线，迫使商家给他们打电话沟通。

4. 要钱有技巧

差评师说话很有技巧，一般不会明说拿钱删差评，他们会通过含蓄的语言让商家听出他们的意思。无论是在旺旺还是电话里，差评师说话都不会留下证据。

5. 收货地址多偏远

差评师一般会选择偏远地点来收货，这是因为偏远地点邮费比较高，一旦差评师声称商品坏了，退换邮费按理都要商家承担，不少商家考虑到邮费太高，就会退款妥协。选择偏远的收货地址是差评师增加成功率的一个方法。

6. 经常打中评

由于淘宝平台经常帮助商家删除恶意差评，所以现在很多的差评师改变了策略，他们给交易打中评，并且在评论里合理合法地贬低商品以及售后服务等，言语还不过激。这样的评价对商家的损害还是很大的，而且这样的评价也算不上恶意差评，淘宝平台是不会帮助商家删除评价的。遇上经常打中评的顾客，客服就要留意了。

并非每一个店铺都适合差评师去敲诈。差评师通常会选择成功率较高的店铺来下手。适合差评师敲诈的店铺有以下特点：

1. 信誉较低

差评师选择的淘宝店铺目标一般信誉不高，通常在3钻以下。这是因为信誉高的店铺不在乎一两个中差评，不会轻易向差评师妥协，所以差评师只有选择信誉低、刚起步的店铺来实施敲诈，成功率较高。

2. 中差评较少或没有

中差评较少或没有中差评的店铺，对中差评的容忍度是很低的。敲诈这样的店铺成功率较高。所以店铺要转换思维，不要过于执着所谓的百分百好评，容易被人利用。

3. 销售商品便宜且易损坏

差评师喜欢挑价格便宜、容易损坏的商品下手。选择便宜的商品，是因为差评师如果敲诈失败，商品就落在他自己手里了，为了减少这样的损失，差评师通常会选择较便宜的商品下手，如化妆品、衣服、小食品、餐具厨具等。选择容易损坏的商品，是因为容易找到借口给差评创造机会，比如，差评师可以说商品包装不好，在物流过程中损坏了。

商家发货前要仔细检查，进行拍照或录像留档，并让客服告诉顾客应当着快递员的面验货，如果有外观或者其他肉眼就能看出的问题，当时就要拒收。这样能够阻止一部分的敲诈伎俩得逞。

> 专家提点——不要轻易妥协
>
> 如果客服与差评师商量，可以将当笔交易赚取的利润作为补偿返还给差评师，大部分差评师会同意这种解决方法。但这样做会留下后患，因为会给差评师留下一个这家店容易得手的印象，因此差评师可能就会换一个账号再次来敲诈，或者通知同行也来敲诈，一次妥协就会引来无穷的麻烦。最好的办法是，每笔交易保留好证据，遇到差评师多向淘宝平台申诉，实在没有办法就让差评师打差评，不要太过在意。

9.3 秘技一点通

技巧1——处理差评有技巧

评价中出现一些很难看的差评是每个商家都不愿意看到的，但也是每个店铺无法规避的。那么作为一名客服人员应该如何去应对这些难看的差评呢？

客服人员可以按照以下4个步骤去处理顾客差评：

第1步：真诚地向顾客道歉。当和顾客产生了对立关系，不管是哪方的原因，作为一名客服人员都应该主动表示歉意。客服人员应该以真诚的态度去面对顾客，使顾客的情绪得到缓和，这样有助于问题的解决。

第2步：向顾客作出清楚的解释。顾客给出一个很难看的差评，必定是有原因的。他们有可能是对商品的质量不满意，也有可能是对客服人员的服务态度不满意，还有可能是对商品的发货速度不满意。作为一名客服人员，需要去探究这些评论的准确原因，并对症下药，进行清楚地解释说明，给顾客一个满意的答复。

第3步：提出让顾客满意的解决方法。在寻找到顾客不满意的原因之后，客服人员要想办法去解决这些问题，消除顾客购买商品后的困扰。客服人员可以通过赠送优惠券、赠送小礼物、退部分货款、包邮退换商品等方式，让顾客对店铺重新树立信心。

第4步：再次声明店铺的商品和服务是有保障的。在解决了顾客的疑虑之后，客服人员一定要保持店铺的立场，再次声明店铺的商品和服务都是有保障的，并对顾客的下次光临表示欢迎，同时请求顾客修改差评。

技巧2——客服人员如何避免顾客的中差评

顾客给出中差评的原因多种多样，卖家只有把握好商品的质量，不断提高客服水平，才能最大限度地消除中差评。那么客服人员要怎样做才能够尽可能地避免中差评呢？

1. 对待顾客要热情

客服人员在与顾客的沟通中，如果不能饱含热情地为顾客服务，顾客很有可能就会因为客服人员的服务态度不好而给出中差评。因此客服人员无论是在交易前后，都应该拿出足够的热情为每一位顾客服务，这样才能有效避免中差评。客服人员在与顾客沟通时，应该多使用能够表达热情的词语和表情，给顾客带来亲切感，从而给予好评。

2. 面对顾客要耐心

客服人员在与顾客沟通时，一定要耐心地去解答顾客提出的每一个问题。如果客服人员在回答顾客的提问时缺乏耐心，表现得不耐烦，则有可能使顾客感到不满，从而给出中差评。因此无论是在交易前后，客服人员只有保持足够的耐心，才能让顾客感受到自己的真诚，促使他们给出好评。

3. 售后问题不推诿

在解决售后问题时，如果客服人员能够积极回应，妥善处理，则有可能为店铺赢得好评；反之，如果客服人员面对问题不是逃避就是敷衍，一味地推脱自己的责任，则可能惹恼顾客，最终导致他们给出中差评。

技巧3——客服事先主动说出问题并积极解决

对于卖家来说，就算他的商品和服务都很好，但也不可能完全做到一点问题都没有。要想解决这个问题最好的办法就是：客服人员应事先与顾客沟通，坦诚地指出商品或服务可能存在的问题并通过积极的态度去解决。

1. 坦诚指出存在的问题

任何商品和服务都不可能是完美无瑕的，对于商品和服务上有可能会存在的不足，客服人员最好事先主动与顾客沟通，坦诚地指出商品或服务可能存在的问题，给顾客打个"预防针"。客服人员千万不要去刻意隐瞒商品或服务可能存在的问题，这只会让顾客感到卖家是在欺骗他、忽悠他，一气之下就有可能给出差评。

2. 提出解决问题的方法

虽然客服人员主动指出了商品或服务可能存在的问题，但并不代表顾客就一定会接受，因此客服人员还要积极地提出解决问题的方法。客服人员可以通过赠送小礼物、赠送优惠券等方式来弥补商品或服务等方面可能存在的不足，这种方式不仅能让顾客感受到卖家的诚意，同时还能给制造点小惊喜。

客服小故事——直爽小伙用犀利的回复应对中差评

23岁的张成，出生于四川东部的一个小县城，高中毕业以后，为了减轻家庭的负担，他不得不放弃求学之路，而选择外出打工。2013年，张成离开了家乡来到浙江打工，几年时间内，张成在酒店做过服务员，在服装城做过服装销售，在电子厂做过质检员。在去年的一次同乡聚会上，张成认识了邻村在浙江开淘宝店的东哥，由于两人都是年轻人，又都是性格直爽的人，很快两人就成了很好的朋友，经常一起聚会吃饭。

有一天东哥找到张成，告诉他现在自己的小店很缺人手，问他愿不愿到自己的店里来做客服，帮帮自己。张成工作的电子厂这两年来效益一直不太好，张成早有换工作的打算，所以也没有想太多，就爽快地答应了。东哥的淘宝店是经营收纳箱、收纳盒、拖鞋等居家用品的，之前店里除了东哥这个店主外，还有三个客服，分别负责售前、售中和售后工作。前段时间负责售后工作的那个客服辞职了，张成来了以后刚好接替他做售后的客服工作，主要也就是负责处理一下顾客的退换货和评价等。

在做了几天售后客服后，张成对于正常的退换货处理和好评的回复还算得心应手，但那些五花八门的中差评却让他很头疼。有一次一位顾客买了一双拖鞋，说拖鞋是胶水粘的，质量不好，给了差评。虽然张成平时是个急脾气，但出于客服的身份，也只能耐着性子向顾客解释说："亲您购买的这双拖鞋我们进价是12元，现在只卖15元，为的就是冲销量，提高网店的人气，我们一个月卖了500多双都没有出现任何问题。"同时告诉顾客中差评对店铺信誉度的影响很大，希望他能修改评价，并愿意赠送他一张五元的无门槛优惠券。但是这位顾客还是不同意修改评价，张成感到很无奈，也只能对这位顾客说："如果您愿意取消差评，我们这边可以给您退货，并承担退货的邮费。"可是这位顾客还是不依不饶，最后不欢而散，张成觉得很委屈，遇到这种刻意挑剔的顾客，似乎不管自己怎么努力都是错的。

后来有一次，一位顾客买了一个售价20元的特价收纳箱，给了差评，并留言说："感觉质量没有店里另一款收纳箱好"。张成向那位顾客解释说："亲您购买的这款收纳箱是店铺清仓的特价商品售价20元，而您说的另一款收纳箱，它在我们店里的售价是80元，采用的是进口的环保PP材质，当然质量也就更好一些哦。"可张成费尽了口舌，顾客依然不同意修改评价，终于忍无可忍的张成写了一大段文字来调侃这位顾客："一分钱一分货这个道理大多数人都是明白的吧。请问您觉得20元的商品和80元的商品有可比性吗？您认为您能够用买半斤猪肉的价钱在市场上买到一整斤猪肉吗？您在路边摊上买了一份10元钱的盒饭，吃完后您不能骂刚吃的盒饭没有大饭店的饭菜味道好吧。"没想到的是一番犀利的回复，反使咄咄逼人的顾客觉得理亏了，连连道歉，并表示愿意修改评价。

从这之后张成算是想明白了，对于那种无理挑衅，不分青红皂白就给中差评的顾客，就应该用这种尖锐而又不失礼貌的方式去回击他们。张成在回复这些给中差评的顾客时，虽然言语犀利，但是不卑不亢，有些小幽默，甚至还带点小哲理。因此，张成渐渐地出了名，有顾客专门跑到店里买东西，就是为了和张成聊聊天，听听张成犀利的吐槽。

现在在张成的努力维护下，东哥的淘宝店的信誉度已经达到一皇冠级别了，好评率也一直维持在98%以上，张成在去年年终收到了东哥的一个大红包，还得到了东哥的全店表彰。

第10章

积极处理顾客投诉

本章导言

如果顾客对一家店铺的商品或服务不满意,与商家协商也不能解决,则可以向淘宝平台投诉商家。如果商家不能及时处理好顾客的投诉,将严重威胁店铺的信用度和顾客满意度。因此,淘宝商家一般都特别重视顾客的投诉,客服要掌握处理投诉的正确方法,以及通过电话和顾客沟通的技巧。

学习要点

- 掌握处理投诉的正确方法
- 掌握常用的电话沟通技巧

10.1 妥善处理投诉，尽力挽回顾客

投诉是指顾客直接向淘宝平台反映商家的商品或服务问题，并请求淘宝平台进行仲裁解决。投诉是比中差评更令店铺头痛的状况，因为一旦商家被平台认定为过错方，就会受到严厉的惩罚，比如公示警告、禁止上架新品若干天，甚至永久冻结店铺等。因此当客服发现店铺受到投诉后，要立即与顾客沟通，协商处理方法。

10.1.1 被投诉后主动联络顾客

顾客可以通过"已买到宝贝"列表界面，向淘宝平台投诉商家，只需点击"投诉商家"超级链接即可，如图10-1所示。

顾客投诉时，其界面根据具体情况有所不同，如尚未签收商品时，界面如图10-2所示；当已经签收商品了，其投诉界面如图10-3所示。

图10-1 "投诉商家"链接

图10-2 商品未签收的投诉界面　　　图10-3 商品已签收的投诉界面

顾客也有可能在淘宝首页点击"联系客服"菜单下的"消费者客服"超级链接，直接联系淘宝平台的客服，如图10-4所示。

图10-4 "消费者客服"链接

之后顾客可以和平台的客服沟通，对商家进行投诉，如图10-5所示。

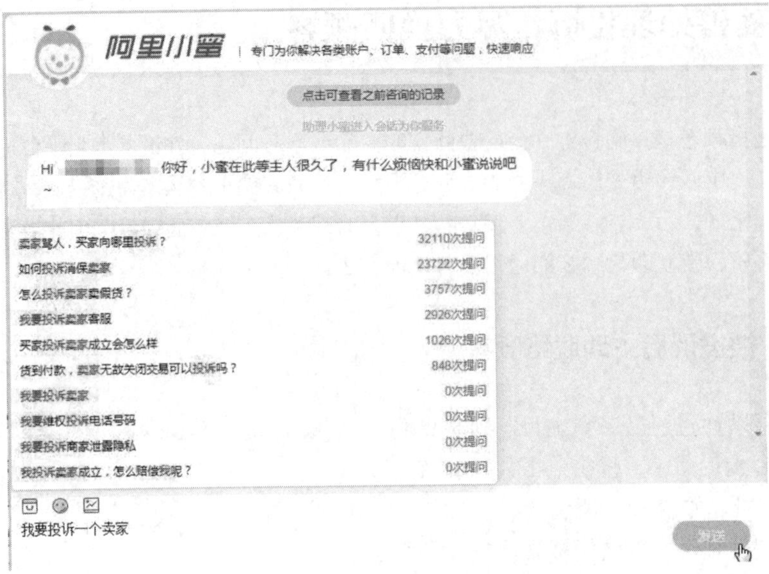

图10-5 顾客直接向平台投诉卖家

不论顾客以什么方式进行投诉,只要投诉成立,商家就必须对此进行解释。淘宝平台规定,商家在收到投诉后,必须在规定天数内进行处理,不然就自动判定商家为过错方,并根据规则进行处理。比如,当商家收到"延迟发货"的投诉后,应该在五天内申诉,向平台提供证据,否则将会受到"公示警告 90 天"的处理,并限制发布商品权限 7 天。如果申诉失败,也会受到"公示警告 90 天"的处理,并且限制发布商品权限 0 ~ 7 天。

因此,商家最好的处理方法还是及时联系顾客,与顾客协商,争取让顾客撤销投诉。为了提高沟通效率,应尽量使用电话与顾客交流:

×先生,您好!我是 ×××店铺的店长,刚才看见您对我们店铺发起了投诉,所以打电话来与您沟通一下,看看究竟是怎么回事。如果的确是我们这边的问题,我们会对您进行补偿的。能麻烦您讲一下投诉的原因吗?

尽早联系顾客,不仅可以争取更多的处理时间,还有一定心理学上的原因。试想顾客刚刚投诉,就接到客服的电话,这样顾客就会有一种受到重视的感觉,心情可能会稍微愉快一点,也会变得比较好说话。

10.1.2 向顾客了解投诉原因

联系上顾客之后,首先要详细询问顾客投诉的原因,才好对症下药。顾客不满的原因主要集中在商品质量与客服态度这两方面,一般来说分为以下几种,如图10-6 所示。

1. 商家违背承诺

违背承诺，是指商家未按照预定承诺向顾客提供相应的服务，分为以下几种情况。

（1）淘宝平台判定商家确实应承担因消费者保障服务产生的退货退款等售后保障责任，但商家拒不承担。

（2）淘宝平台判定商家确实应承担七天无理由退换货、假货赔三、数码维修、闪电发货赔付等售后保障责任，但商家拒不承担。

图10-6　顾客投诉原因

（3）商家参与试用中心的活动，但却在顾客报名完成后拒绝向顾客发送已承诺提供的试用商品。

（4）加入闪电发货的商家，如果出售虚拟商品但未在 1 小时内完成发货，或出售实物商品但未在 24 小时内发货。

（5）天猫商家拒绝提供或者拒绝按照承诺的方式提供发票。

（6）顾客选择支付宝担保交易，但商家拒绝使用；或天猫商家与顾客在淘宝商城外进行交易。

（7）加入货到付款或信用卡付款服务的商家，拒绝提供这两种服务。

（8）发布拍卖商品的商家，拒绝按照顾客拍下的价格成交，或者拒绝提供包邮服务。

（9）加入聚划算的商家中途退出，或未在 7 天内按已审核的报名信息所载内容完成发货。

（10）加入淘宝游戏交易平台的商家未在顾客付款后 30 分钟内提供商品。

（11）加入淘宝官方活动的商家不按照活动要求提供服务。

客服人员要牢记自己店铺所做的各种承诺，不要因为记忆失误而被顾客投诉。

2. 商品与描述不符

描述不符，是指顾客收到的商品与达成交易时商家对商品的描述（一般是指商品详情页上的描述）不符合，分为以下几种情况。

①顾客收到的商品严重不符合商家对商品材质、成分等信息的描述，导致顾客无法正常使用商品。

②顾客收到的商品不符合商家对商品的描述，或商家未对商品瑕疵等信息进行披露，且影响顾客正常使用商品。

③顾客收到的商品不符合商家对商品的描述，或商家未对商品瑕疵等信息进行披露，但未对顾客正常使用商品造成实质性影响。

可以看出，商品与描述不符造成的后果有三种：商品无法使用，商品可以勉强使用，商品可以正常使用。客服要根据不同的后果采取不同的策略，比如顾客拿到的商品基本没有什么使用上的问题的话，则可以采取象征性赔偿的方式来取得顾客的谅解，这样能够减少店铺的损失。

3. 延迟发货

延迟发货，是指除定制、预售及适用特定运送方式的商品外，商家在顾客付款后明确表示缺货或实际未在72小时内发货的行为。当然，买卖双方另有约定的除外，不受72小时的约束。

4. 恶意骚扰

恶意骚扰，是指商家在交易中或交易后采取恶劣手段骚扰顾客的行为，如频繁拨打顾客电话、大量发送短信、恐吓或辱骂顾客等。

有的客服可能因为之前与顾客沟通时比较心急，主动拨打了较多的电话，或者发送了较多的信息，对顾客的生活造成了一定的困扰，所以导致顾客投诉"恶意骚扰"。也有的客服是真的对顾客做了比较恶劣的骚扰行为，这就需要店主或客服主管来进行纠正。

10.1.3 倾听顾客抱怨并向顾客致歉

当客服发现店铺受到投诉，并联系顾客后，首先要做的事就是听顾客抱怨，让顾客发泄怒火，并从顾客的抱怨中找到顾客不满的原因，并向顾客解释和道歉。

其实，顾客有了怨气却没有发泄的渠道，才会向淘宝平台进行投诉。所以顾客抱怨其实是一件好事，说明顾客还有沟通的意愿，事情还有商量的余地。

客服如何正确回应顾客的抱怨呢？

1. 多听少说，做好记录

任何人在抱怨的时候，都希望有听众听自己倾诉，把不满情绪宣泄得一干二净，淘宝顾客也是如此。一般来说，顾客愤怒到一定程度才会去投诉，因此客服与顾客沟通之前，就要做好心理准备，听顾客长时间抱怨，直到顾客心情平静下来。在顾客抱怨时，客服要多听少说，耐心倾听，只问最关键的一些问题，给顾客留下充分的抱怨时间。

顾客在抱怨的初期可能情绪激动，语无伦次，甚至有些口误，客服要善于提炼出中心思想，并记录下来，在后面的协商中可以用到。

2. 用舒缓的语气带慢节奏

客服要能够控制交谈的节奏。顾客在抱怨的时候，说话节奏自然是非常快的，有的甚至越说越怒，语速也越来越快，因此，客服要以舒缓的语气与顾客沟通，让顾客感受到平和的气氛，就能更快地让顾客冷静下来。

普通人在交谈中很容易情绪失控，客服也不例外。有的客服与顾客交流时，开始还能够正常谈话，后来受不了顾客的一些让人难堪的话语，语气就相应变得恶劣起来，甚至忍不住与顾客对骂。因此，客服平时就要训练管理自己情绪的习惯。

高手支招 如何训练自己控制情绪

如果客服靠"忍"来控制情绪，是最低级，也是对自己有害的一个方法。更好的方法是训练自己与顾客交流时站在第三者的角度上看待整个谈话，也就是在谈话的过程中，心灵始终要旁观，要做到能够清楚观察到情绪的生起、发展、变化和消逝的全过程。经过一段时间这样的训练以后，人就不容易被情绪所左右，也不会因为强忍情绪而产生心理健康问题。

3. 多认同，多道歉

不管是不是商品本身或店铺服务的问题，当顾客抱怨时，客服都不要着急争辩，而是要适当地对顾客的意见表示肯定，并感谢对方能够提出意见和建议。从心理学上来讲，顾客感到自己的意见受到了重视，自我价值得到了他人肯定，就会变得比较愉悦，否则顾客说一句客服辩解一句，即使客服态度上没有问题，顾客心里肯定也是很不愉快的。

如果在交流中，客服发现的确是商品本身或店铺服务有问题，那么就应该多向顾客道歉，有些辩解的话，可以放在道歉后面说，就不会过于刺激顾客。

> 顾客：为什么你们承诺赠送的厨具套餐没有跟着商品一块发过来？我联系你们客服也是爱搭不理的？
> 客服：是这样的亲，前几天订单多得要堆起来了，偏偏有两名客服患了流感，回家休息去了，人手一下变得非常紧张，所以忙中出错了，请您原谅！

在上例中，虽然客服的解释非常清楚，但应该放到道歉后面来说。如：

> 客服：实在是太抱歉了亲，给您带来这么大的麻烦。您不知道，前几天订单多得要堆起来了，偏偏有两名客服患了流感，回家休息去了，人手一下变得非常紧张，所以忙中出错了，请您原谅！

道歉后面的解释，才更容易被顾客接受，客服一定要牢记这一点。

10.1.4 向顾客解释原因

在顾客平息怒火以后，客服就应该向顾客解释问题出现的原因。只有将原因讲清楚，才能进入到下一步解决问题的环节。

客服要注意，不要在解释时又让顾客生气，否则又会倒退到安抚顾客的环节去了。客服要注意以下几个方面：

- 不和顾客争辩；
- 注意语气语调和语速，不要让顾客感觉到客服有不耐烦、发怒、漠视等消极情绪；
- 多换位思考，从顾客的角度出发进行解释；
- 尽量一人负责到底，不要把顾客像皮球一样踢来踢去。

10.1.5 友好协商，提供补偿

如果问题确定出在店铺方，客服就要摸清顾客的赔偿要求。客服首先应按照投诉类别和情况，提出相应解决问题的具体措施，再向顾客说明解决问题所需要的时间及其原因，之后及时将需要处理的方案传递给相关人员（如发货员）处理。

> **高手支招　复杂问题的处理**
>
> 由于一些问题比较复杂，从解答到处理都不是很容易，客服如果不能当场处理，应当诚实地告诉顾客，处理这个问题需要一些时间，并与顾客约定再次交流的时间。客服一定要在约定时间内联系顾客，如果到时候问题仍然没有解决，则必须向顾客说明当前的进度以及困难之所在，取得顾客的谅解，并再次约定交流时间。

为了安抚顾客，让顾客感受到店铺的诚意，客服应当在协商好的补偿之外，再给顾客一些补偿，形式可以多样化，如返还现金、店铺优惠券或购物打折特权等。

更换商品、退货退款或当事客服向自己道歉等处理结果，其实都在顾客的预期内。如果店铺方多给顾客意外的补偿，顾客就会感受到诚意，不仅会撤销投诉，还有可能会成为店铺的忠实顾客。

客服要主动向顾客提出额外的补偿，如：

这次因为我们商品（或客服）的原因，让您感到不愉快了，也耽误了您不少时间，再次向您道歉！此外，您通情达理撤销投诉，也让我们觉得非常感动。我们希望能适当给您一些补偿，来表示道歉和感谢，希望您能接受。

10.1.6　总结原因，杜绝投诉

被投诉不可怕，可怕的是不总结经验教训，一再地被投诉。所谓"前事不忘后事之师"，在处理完顾客投诉后，一定要召开总结会议，探讨问题发生的原因以及防范方法，避免今后发生类似的问题。此外，还应该对本次投诉的处理过程进行探讨，看是否有失误之处，以及有无可以改进的地方。只有每一次投诉发生后都认真总结，不断改进，才会让投诉事件越来越少，回头客越来越多。

10.2　客服必知必会的电话沟通技巧

如今，几乎人人都有一部手机，打电话成为了最方便的沟通方式。客服人员在遇到顾客维权投诉事件时，更是要利用手机与顾客进行交流，才能卓有成效地进行处理。

电话双方不能见面，只能通过语音表达意思，这就要求客服掌握一定的技巧，才能更加顺利地处理好投诉。

10.2.1 选择合适的时间联系顾客

在给顾客打电话沟通之前，应当考虑一下对方此时是否方便接电话，接了电话以后，是否有足够的时间来讨论问题？仔细选择合适的时间来联系顾客，不仅能够减少电话被挂断的概率，还能获得充分的交流时间。

一般来说，客服可以事先了解一下顾客的收货地址、淘宝购物史、评价内容等信息，初步判断出顾客的职业，针对职业的作息制度来选择打电话的时间。

举例来说，有的城市白领上班时不能接电话，给他们打电话会被挂断；有的虽然可以接电话但不能长时间通话，也不能充分有效地沟通。很多公司周一早上或周五下午要召开例会，不能携带电话入场，此时拨打他们的电话，要么就是无人接听，要么就是关机。如果中午给他们打电话，很可能也不会有好结果，因为占用了对方宝贵的午休时间。

因此，给白领顾客打电话的好时机是下午下班以后到临睡前这一段时间。如果一定要在上班时间给顾客打电话，那么最好选在中午下班以前，或者下午下班以前，因为这两个时间段是工作情绪相对比较放松的时候，打打电话领导一般也不会管。

10.2.2 掌握好发音、语速与语气

所谓沟通，就是要清晰明白地传达自己的思想给对方，然后从对方那里获得反馈。那么在电话沟通时，如何把自己的意思清晰明白地表达出来呢？这主要涉及三个方面：

1. 发音

如果客服人员说话含混不清，让顾客边听边猜，不仅影响沟通效率，还会让顾客产生厌恶的情绪。因此，客服人员平时就要多练习说话，争取做到发音清晰、标准、不拖泥带水。

此外，客服人员应该说普通话与顾客交流，才能保证对方能够听懂自己的意思。当然有一种情况例外，那就是客服已经确定顾客和自己是老乡，并且顾客也愿意说家乡话，这种情况下，客服可以说方言与对方沟通，有可能更容易获得对方的认同。

2. 语速

一般来说，客服在电话中与顾客沟通时，语速不快不慢为最好，因为过快会让人感到焦躁，过慢会让人感觉不耐烦。但这也并非绝对，有时候应该根据顾客的特点调整语速，这是因为"物以类聚，人以群分"，说话快的顾客通常也希望客服讲话比较快，这样能够较快地处理好事情；对于说话慢的顾客，客服也要降低语速，不要让对方感到有压力。尤其是对于老年顾客，更要适当降低语速，让对方有反应和思考的时间。

3. 语气

语气是表达情感的一种渠道。愤怒也好，高兴也好，都可以通过语气来表达。客服在和顾客沟通时，要调整好自己的语气，来达到说服对方的目的。比如，诚恳的语气可以在说明情况的时候使用，让顾客感受到自己在说真话；愧疚的语气，可以在向顾客道歉的时候使用，让顾客能够充分感觉到自己的歉意；企盼的语气，可以在与顾客商量解决方案时使用，让顾客能够感受到自己的解决问题的诚意。当然，各种语气的使用要有个度，过度了可能会造成

反效果，这就需要客服使用时多加注意。

语气是一种比较微妙的表达方式，尤其是在没有脸部表情的帮助下，仅凭语气本身表达情感还是有一定难度的。客服平时要多进行训练，才能够较好地控制语气，表达情感。

10.2.3 说好开场白，直接进入主题

现代人的时间都很宝贵，没有人喜欢在电话里绕来绕去，半天说不到主题，浪费时间。客服在和顾客联系时，最好是简单进行自我介绍以后，就直奔主题，着手解决问题。

在打通电话以后，客服通常要进行以下三种信息的介绍：

- 称呼对方的名字，确认对方的身份；
- 告诉对方自己的身份以及所属的店铺；
- 告诉对方打电话的目的。

一个典型的开场白例子是这样的：

（电话接通后）

客服：请问，是刘正喜先生吗？

顾客：是我，请问你是？

客服：刘先生，您好，我是淘宝网××店的客服，您可以叫我小周。是这样的，刚才我们看到您对我们店铺发起了投诉，我是来和您商量解决问题的。您能先说说事情的具体经过吗？

客服自报家门后，直接切入主题，询问顾客投诉的经过，这是最节省双方时间的开场白。有的客服习惯不太好，不自我介绍就开始询问顾客，可能会造成顾客挂断电话的后果。一个错误的开场白例子是这样的：

客服：您好，许爱沙女士。

顾客：请问你是哪位？

客服：许女士，您好，你是不是三天前在淘宝买过一个麦饭石水杯？

顾客：是的，你怎么知道呢？你是谁？

客服：这个杯子是不是在××店买的呢？

顾客：你是谁，问这些干嘛？再不说清楚我可就挂电话了！

任何人在交流的时候都希望信息对等，像上面这个客服不表明身份，只是询问顾客相关信息，顾客自然会感到不满。客服切记不要和顾客兜圈子，接通电话马上表明身份说明缘由，才是最好的开场白。

10.2.4 手边常备纸笔，随时记录信息

客服在与顾客沟通时，会涉及大量的信息，如时间、钱款金额、事由、处理方案等等，忘掉其中任何一点，都有可能给客服工作带来很大的麻烦。因此，客服应当在桌上常备纸和笔，并养成在电话沟通时记录关键信息的习惯。

记录信息一般遵循5W1H原则，即：When（何时）、Who（何人）、Where（何地）、What（何事）、Why（原因）、How（怎样处理）。客服在给顾客打电话以前，应先在纸上记录下顾客的ID和通话时间，然后再给顾客拨打电话。在通话中将关键信息以简略的词语记录下来。下面来看一个实际的电话沟通案例：

客服：您好，请问您是候观武先生吗？
顾客：是的，您是哪位？
客服：侯先生您好，我是×××淘宝店的客服小刘。昨天您在阿里旺旺上和我们联系，要求退货，当时我们同意了退货。之后我们询问您退货原因，您没有回答，所以今天我们专门给您打电话询问一下，具体是什么原因导致您要退货呢？
顾客：是这样，你们的架子太不好安装了，说明书也讲得不清楚，我装了一个下午没有装上。所以就不想要你们的东西了。
客服：真抱歉侯先生，是我们工作没有做好，给您带来不便了。我们一定把您的意见向设计部门反映。侯先生，您要不要看看我们店里的D2600这一款架子，这款架子是您购买的D3000的简化版，功能都是一样的，结构上有一些简化，所以它的安装比D3000款简单很多，您要不要考虑一下？
顾客：真的简单很多吗？
客服：是的，侯先生，您可以去看看留言，很多顾客都说非常简单，最多十分钟就可以装好。
顾客：那行，我也不看了，你们就给我换D2600吧，你们发货之前先把滚轮给我装上吧，滚轮也挺不好装的。另外，D2600款是不是比D3000款要便宜？
客服：是的侯先生，要便宜72元。我们会把差价退还到您的支付宝账号中。滚轮也可以先为您安装好。
顾客：我急着用，你们今天下午可以发货吗？
客服：没问题的，侯先生，下午4点以前我们可以给您发出去。
顾客：那你们发了之后可以马上通知我，把单号告诉我。
客服：好的，侯先生，我们发货以后马上和您联系。
顾客：那行，那就这样吧。
客服：好的，侯先生。

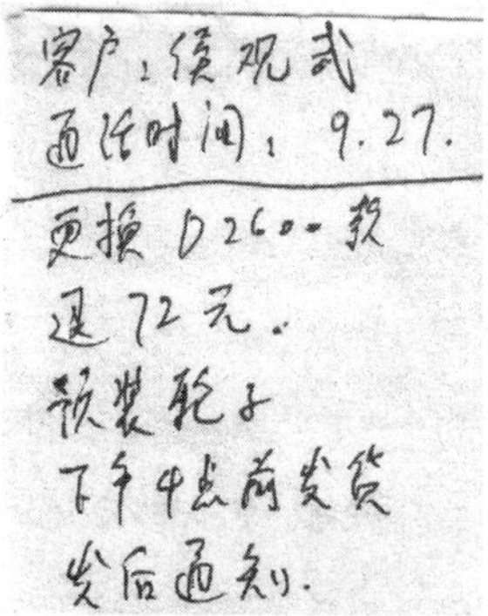

客服小刘做的记录如图10-7所示。

图10-7 客服记录

5W1H原则是一个基本原则，在实际记录时，可能会缺少其中一个或几个元素，只要不影响处理售后事务就没有关系。比如上例中，并没有关于地点的信息，这对网店售后服务记录来说，是很正常的。

10.2.5 复述重要信息，防止听错

在电话沟通过程中，常常会出现误解对方意思的情况，原因很多，有可能是因为同音词产生误会，如"致癌"和"治癌"，也可能是因为口音问题、电话信号不好等问题造成的。

为了防止听错电话内容，客服应当复述重要的信息，尤其是钱款金额、时间日期、电话号码、人名地名等内容，向顾客确认，再做记录。比如：

顾客：请明天十点以前把货发给我。

客服：好的，明天早上十点以前把货发给您，对吗，李先生？

如果客服完全没有听清顾客说的话，可以先道歉，然后请求对方再重复一遍。下面总结了一些常用的服务用语。

- 不好意思，刚才没有听清您所说的时间，麻烦您重复一下好吗？
- 抱歉，您的声音不是很清楚，麻烦您再重复一下好吗？
- 很抱歉，您的声音断断续续的，我这边听不清，您能换一个信号比较好的地方吗？
- 对不起，请您刚才说的是一二三四的四，还是八九十的十？
- 不好意思，我听不懂您说的话，请您周围的人帮你接一下电话好吗？谢谢！
- 对不起，您刚才说的我不太明白，能不能麻烦您慢一点再说一遍？

客服不要觉得让顾客重复是一件不好意思的事情。在没有听清关键信息的时候，一定要要求顾客重复，以免弄错信息，耽误事情。

10.2.6 设置结束语"套路"，用于不同顾客

及时结束通话，有利于客服节约时间，投入到下一个售后服务中去。当客服想要结束通话时，应当使用一些礼貌用语向顾客表示，通话已经结束，可以挂电话了。比如：

……

顾客：好，就这么说定了。

客服：好的，那我们明天下午4点半之前给您发货。谢谢您对我们店铺的支持。

或者：

顾客：记得给我开发票哦。

客服：好的，发票会放在商品盒子里的，您到时候注意别和包装一起扔掉了。谢谢您的来电，请问您还有其他的问题吗？

或者：

顾客：原来要这样操作才能录像啊！
客服：是的，申女士。后面您遇到任何问题，都可以随时打电话找我们，我们会竭诚为您服务的。

当本次通话没有解决问题的时候，可以用这样的方式来提醒顾客结束通话：

顾客：我再考虑一下吧。
客服：好的，您考虑好了之后，可以随时和我们联系，我们将竭诚为您服务。

当然，直接向顾客说"再见"或者"祝您生活愉快，再见"，来明确表达通话结束的意思，也是可以的，对于一些特别啰唆的顾客比较适合。

10.2.7　请顾客先挂电话

为了表示对顾客的尊重，说完结束语之后，应等待顾客先挂电话，这是作为客服人员的基本礼仪，而且也有一定的现实意义。

比如，当一名客服与顾客谈完事情以后，马上说"再见"并主动挂断电话，留下顾客听着手机里一阵"嘟嘟"声，气量大的顾客可能还不会怎么样，气量小的顾客可能心里马上就感觉不舒服，说不定就会在后期故意刁难客服，而客服本人还不知道为什么。

此外，有的顾客可能会在听到结束语之后，临时又想起一些话要补充，结果刚说了句"对了"，就被挂断了电话，这时候顾客感觉也不会好，而且大部分顾客也不会再主动打电话给客服去补充了，可能就会导致后面一些意外或者误会发生。

因此，不论是从礼貌上来讲，还是从现实意义上来讲，等待顾客先挂断电话都是很必要的，也是一名客服的基本素质的体现。记住，结束谈话可以快，但是必须等顾客先挂电话。

10.3　秘技一点通

技巧1——提供多种补偿方案让顾客选择

很多顾客在投诉之后，都希望可以从卖家那里获得一点物质补偿。如果客服人员能在补偿方面让顾客感到满意，则有可能让顾客撤销投诉。

客服人员在通过物质补偿的方式让顾客撤销投诉时，可以多提供几种有吸引力的方案，让顾客自己选择。例如，客服人员可以提供返现、打折、赠送小礼品以及赠送优惠券等补偿方式，让顾客自己选择其中一种。这种补偿方式的冲击力是很大的，能够让顾客心甘情愿地接受撤销投诉的请求。

值得注意的是，虽然这种补偿方式能够起到良好的效果，但是客服人员在运用这种策略时，也要考虑店铺的利益，最开始给出的赔偿金额不要太大，如果顾客对赔偿的金额不满意，客服人员再慢慢上涨，尽量争取能够以最小的代价让顾客撤销投诉。

技巧2——面对顾客投诉，客服人员如何巧妙做出答复

面对顾客的投诉，有时候客服人员只需要保持积极友好的态度通过耐心的倾听、真诚的道歉等就能够平息顾客的不满情绪；而有时候顾客则有可能提出更多的要求，例如返修、退换货或者经济补偿等。对于顾客投诉的问题，能立即解决的，就绝不要拖延，一定要及时解决；暂时不能马上解决的，也要采用合理的方式答复顾客。

1. 立即答复

客服人员针对那些信息充分、可以准确做出判断的问题，并且自己有足够权限采取行动时，应当立即答复顾客，越快越好。

2. 延期答复

客服人员针对那些还需要进一步调查或验证才能做出准确判断的投诉，或者是自己没有足够权限采取行动的投诉，应当准确告知顾客延期答复的时限，并告诉顾客自己会通过什么样的方式来及时通知他们问题处理的进展情况。

3. 转交答复

客服人员针对那些不在自己职权范围内处理的投诉，应当转交给相关专业人员或机构进行处理和答复。例如，需要快递公司处理的物流问题；需要生产厂家处理的产品质量问题等。客服人员在转交投诉时，一定要确保将投诉转交给适当的人员或机构处理，并向这些人员或机构叙述一下该投诉的有关情况，转交相关的顾客信息和资料，然后再让投诉的顾客与相关人员或机构进行联系。

技巧3——客服人员如何训练自己的语音沟通能力

作为一名网店的客服人员，有时候需要通过电话与顾客进行沟通。如果想要取得良好的沟通效果，客服人员就必须保证自己在与顾客沟通的时候发音清晰、语速正常、音量适中。那么客服人员在日常工作中要如何训练自己的声音呢？

1. 发音要清晰

客服人员在与顾客电话沟通时，首先要做到的就是发音清晰，只有做到口齿清晰、发音标准才能准确地向顾客表达自己想要表达的意思。客服人员在与顾客沟通时要说普通话，并尽量做到咬字准确，发音清晰；并且在通话时不能吃东西、喝水或者变换姿势找东西，否则会造成说话含混不清；同时客服人员在沟通过程中还要适当提问，以确保顾客听明白了。

2. 声音抑扬顿挫

客服人员与顾客电话沟通时，如果语气平淡、缺乏感情，声音没有抑扬顿挫的感觉，这样很容易使顾客失去与客服人员继续沟通下去的兴趣。要想克服这个问题办法也很简单：客服人员可以想象与你通话的顾客，他现在就坐在你对面，你与他的交流是面对面的，双方都可以很清楚地感知到彼此的具体形象。同时客服人员在与顾客交流的过程中，还应该认准一些关键词并适当提高语调以表示强调。

3. 控制好语速

客服人员与顾客电话沟通时，语速太快或太慢都会给顾客造成一定的压力。语速太快会让顾客感到焦躁；语速过慢又会让顾客感觉不耐烦，因此客服人员能够用不快不慢的语速与顾客交流是必须的。但是客服人员在控制自己语速的时候有两点需要注意：一是语速的快慢要因人而异，客服人员在沟通时语速应尽量保持与顾客一致；二是语速的快慢要因内容而异，在谈到一些顾客可能不太清楚或对其特别重要的内容时可适当放慢语速，给顾客时间去思考理解。

4. 保持适中的音量

保持适中的音量，会大大增加顾客的沟通兴趣。如果客服人员的音量微弱，会让顾客听不清楚在说什么，从而拉远和客户之间的距离，而且还会让顾客觉得你不自信；反之，如果客服人员音量太大，会让顾客感到不适，从而产生一种抵触心理。因此客服人员与顾客电话沟通时，要注意调整好自己的音量，以顾客能够接受和认可的限度为准。

客服人员想要塑造有魅力的声音，就必须勤加练习，一名优秀的客服会对自己的声音技巧掌握情况不断加以改进。下面简单介绍三种改进方法：

- 多听新闻联播、广播等专业播音员的发音，倾听这些专业人士用什么样的声音对不同的听众表达思想。
- 多朗读经典的文章，提高自己在发音、语速、音量以及感染力等方面的水平。
- 将自己与顾客的通话录下来，进行回放，找出问题，然后不断纠正、练习。

客服小故事——一个意外的投诉

今年38岁的老徐,从中专毕业后就进入了一家钟表厂工作,一干就是15年。5年前老徐所在的钟表厂由于经营不善倒闭,老徐也因此失业了。失业后的老徐四处求职,但由于老徐都三十多岁了,文凭又比较低,所以一直没找到合适的工作。一次偶然的机会老徐听说自己的小学同学王天在淘宝上开网店,赚了不少钱,一下引起了老徐对电子商务这个新兴行业的兴趣。虽然老徐对网上开店一窍不通,但他没有一丝沮丧。他找到自己的同学王天让他教自己如何在网上开店,而自己也像小学生一样一点点地认真学习。好在老徐悟性很,学得也快,2015年老徐终于在淘宝上开了一家销售钟表的店铺。

店铺开起来以后,老徐一直认真打理。老徐说:"卖钟表虽然没有卖衣服、卖食品什么的生意好,但这毕竟也算自己的老本行,干着踏实。"老徐这人脾气性格很好,待人也很随和,虽然店铺的销量平平,但信誉和口碑却很好。在老徐店里购买过商品的顾客大多数都会给好评,偶尔收到一两个中差评,老徐也会第一时间积极地去处理,因此从没有收到过顾客投诉。

前段时间,老徐突然收到淘宝平台的通知说自己的店铺被投诉了,老徐一下蒙了,但很快老徐就缓过神来,赶忙去查看具体情况。原来投诉老徐的这位顾客之前在店铺里拍下了一款老式手表。这位顾客在购买时,没有向店主咨询就直接拍下了,而老徐也是在收到订单后才发现这款手表库存里已经只剩下返修表,也就是说断货了。于是老徐马上通过旺旺给这位顾客发消息,告知这位顾客这款手表已经断货,店铺愿意为他全额退款。

老徐没想到才过了一天,自己没收到顾客的回复,却收到了一个投诉。为了弄清楚事情的原委,老徐马上电话联系了这位顾客。原来这位顾客是一位六十多岁的老先生,老先生说自己对于电脑的使用并不是很熟悉,也是最近才学会网上购物的。当时在老徐店里看到自己一直想买的那只表以后,并不知道怎么和卖家交流,所以就直接下单了,事后也没有看到老徐的留言。第二天老先生看到自己买的表还没有发货,心里一着急就点了投诉。老先生说他的目的只是想催卖家快点发货,自己并不知道投诉对店铺会有什么影响。

老徐在了解清楚情况后,表示他很理解这位老先生的心情,同时也告诉这位老先生投诉对店铺影响很大。老先生听后也很愧疚,连忙道歉,并让老徐教他如何撤销投诉。老徐也很豁达的对老先生说:"没关系,既然是误会解开了就好了。"并耐心地教这位老先生如何撤销投诉。在成功地解决完投诉以后,老徐告诉这位老先生,那款手表早已停产,自己店铺剩下的最后几块也都只有返修品了,没法再卖。老先生听后很失落地告诉老徐,在他店里看到的那款手表和多年前老伴送给自己的那块手表一样,但老伴送给自己的那块手表在几年前就坏掉了。去年老伴去世后,为了怀念老伴,自己就一直在寻找一块和当年那块表一样的表,没想当在老徐的店铺中看到了那块表,可惜还是没能买到。

老徐听后,很感动老先生对自己老伴的感情,于是告诉老先生自己曾在钟表厂工作过,会一点钟表维修的知识。如果老先生愿意,可以将原先老伴送他的那块表寄过来,自己可以试试看,能不能帮他把表修好。老先生听后很激动,一口就答应了。

后来老徐还真将老先生的那块手表给修好了,老先生收到这块对他来说很珍贵的手表后,高兴坏了,连连夸赞老徐是个好人,并到处帮老徐宣传,为老徐拉来了不少的生意。

第11章

用心经营和管理客户关系

本章导言

客户关系管理是一个不断了解客户需求,并根据需求升级商品和服务的过程。在电子商务中,商家如果想保持积极、正面发展,务必要认识到客户关系管理的重要性。客服是商家经营和管理客户关系的重要角色,要求客服认识关系管理的重要性,了解关系管理的内容,熟悉管理客户的基本操作和搭建客户互动平台的基本操作等。

学习要点

- 认识管理客户关系
- 熟悉管理客户的基本操作
- 掌握搭建客户互动平台的基本操作

11.1 管理客户关系

客户是指愿意购买商品或服务的个人或组织。客户关系管理是指通过与客户长期互动,使客户认可和偏爱商家的产品,并提升商家业绩的一种营销策略。客户关系管理既是一种管理概念,也是一种管理机制,更是管理软件和技术,其目的是提升客户的满意度和忠诚度。在电商中,往往由客服管理客户关系。

11.1.1 客户关系管理的重要性

客户关系管理起源于20世纪80年代,最初的宗旨是收集整理客户信息,分析客户喜好和需求,为客户提供更好的商品与服务,以此提升企业经营效益。客户关系管理的重要性体现在如下几方面:

- **降低客户开发、维护成本**:增强老客户对商品、店铺的信任感,加以感情基础,可保证老客户不断在店内消费,节省向老客户进行宣传、促销的费用。并且,好的客户关系能促使老客户自主分享店内商品,通过口碑效应,降低开发新用户的成本。
- **缩短交易流程,降低交易成本**:当客户和店铺形成稳定和伙伴关系和信用关系后,客户熟悉店内购物流程,可省去部分询问环节和讨价还价环节。如客户长期在店内购买日用品,已熟知店内商品发货时间、常用快递等信息。在选购商品时,可省去询问客服关于物流的信息。而且作为老客户,清楚每次代金券的领取页面和使用门槛,几乎不用找客服询问。
- **促进购买量和交叉购买**:客户关系管理可增加客户对店铺的信任度,因而购买的商品金额和数量可能更大。如客户长期在店内购买一款卫生纸,在他信任该商品和店铺的前提下,可能在公司采购中,同样选择该店内的该款卫生纸,生成大额订单。客户关系管理还可能促使客户交叉购买,如某客户长期在店内购买上衣,当他/她需要购买裤子时,可能会优先考虑来该店内看看裤子。
- **给店铺带来更多利润**:客户关系管理使店铺有相对稳定的客户群体,能稳定销售,降低经营风险。另外,好的客户关系,使得客户充分信任店铺,从而降低对产品价格或服务价格的敏感度,使店铺获得更多利润。如一名新客户关注店内的某款雨伞,由于价格偏高,可能会有所犹豫。但如果一名老客户对店铺商品的质量足够信任,那他可能会忽略价格高这一特点,进行购买。

细分下来,客户关系管理主要是通过策略提升客户满意度和忠诚度,如图11-1所示。客户满意度和忠诚度相辅相成,缺一不可。

客户满意度是一个心理活动,在电商中,客户满意度指的是客户在购买某项商品后,对该商品表示满意的感受。客户对商品及售前售后等服务满意,是电商运营的重要目标。客户只有在认可一个商品的前提下,才会给予正面评价,以及自发帮助宣传、推荐给身边好友。所以,客户满意度对商家而言有着重要意义。

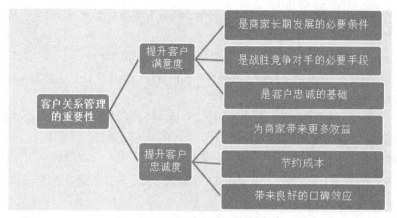

图11-1 客户关系管理

- "客户满意"是店铺长期发展的必要条件。在电商平台中,很多客户都会习惯性地参考其他买家的评价再决定是否购买。所以,提升客户满意度,才能使更多客户下单购买商品。
- "客户满意"是店铺战胜竞争对手的必要手段。在电商环境中,谁能更有效地满足客户需要,让客户满意,谁就更有竞争优势,从而战胜竞争对手。
- "客户满意"是客户忠诚的基础,只有让客户满意,客户才会回购。多次的认可后,才有可能发展成为忠实客户。

客户满意度对商家而言,有着重要意义。实际上,客户忠诚度是建立在客户满意度之上的,所以对商家更具有重要意义,具体体现在如下几方面:

- **忠诚度能为商家带来更多效益**:客户忠诚度决定了客户重复购买行为,必定为商家带来更多的销量和效益。
- **节约成本**:主要体现在宣传、交易成本和服务成本。老客户自主找上门,省去宣传成本;老客户对店内购物流程熟悉,基本不需要客服再做详细指导,节约交易成本和服务成本。
- **带来良好的口碑效应**:多次回购的客户对商品更具发言权,无论是自发推荐还是撰写好评,都能为商家拉来新的客户。

客户忠诚度能确保商家的长久收益,使商家收入增长的同时节约成本,降低经营风险、提高工作效率,是商家可持续发展的重要因素。

11.1.2 客户关系管理的内容和目标

客户关系管理对于店铺的发展至关重要,那么,客户关系管理的内容和目标又是什么呢?

1. 客户关系管理的内容

客户关系管理的工作主要围绕建立客户关系、维护客户关系、挽回流失客户和研究客户关系四点展开。

- **建立客户关系**:包括认识客户、了解客户需求和开发客户等环节,并对客户进行初级筛选。

- **维护客户关系**：掌握客户基本信息，与客户沟通互动，对客户进行分级，提高客户忠诚度等。
- **挽回流失客户**：在客户与商家关系破裂情况下，尽量挽回客户。
- **研究客户关系**：根据商品特点，勾画目标人群画像，再研究这类人群的喜好和维护关系时应注意的点。

此外，相比过去的专用促销、赠券、返现等营销手段，客户关系管理更有降低营销成本、提升客服满意度、忠诚度等优点。

2. 客户关系管理的目标

客户关系管理的目标主要是在获取新客户的同时，延长客户生命周期和促进老客户关系的忠诚度。

- **获取新客户**：想要获得更多忠诚客户，获取新客户是关键。客服在与客户聊天过程中，可尽量把客户往圈子（微信群、公众号）里带，提醒客户关注某某公众号，可获得更多优惠信息和查询物流信息。
- **延长客户生命周期**：通过培养客户忠诚度，减少客户流失等方式来延长客户生命周期。例如，某客户第一次在店内购买某款商品，客服提醒她关注某某公众号，领取10元无门槛代金券。客户为了及时使用代金券，大概率会二次购买店内商品。在店内商品质量过关的前提下，客户容易发展为多次回购商品的客户。
- **促进老客户关系**：老客户一般对店内商品和服务满意度较高，也有回购的意向。如果能通过特殊服务，使其感觉到差别待遇，会更信任商家，从而购买更多商品和服务。

11.1.3 针对不同等级客户制定服务

客户也有等级之分，如对店铺贡献率最大的关键客户、贡献率一般的普通客户和贡献率较小的小客户。客服应针对不同等级的客户，提供不同的服务。如关键客户为店铺提供50%的利润，可为这类客户提供最上乘的服务，给予特殊关怀，提升这部分客户的满意度，维系他们对店铺的忠诚度。

1. 关键客户

关键客户是整个店铺中创造整个利润最多的群体，是店铺利润的主要来源，也是店铺发展的重要保障。在管理这类客户时，重点使用以下策略：

- **成立专人服务**：很多店铺对关键客户都很重视，经常由客服主管或专门的客服小组为这部分人服务。一方面，避免新客服不熟悉业务而得罪关键客户；另一方面，也让关键客户感受到被尊重，提升忠诚度。
- **给予优势资源服务**：商家应准确预测关键客户的需求，把服务方案主动呈现给客户，提供售前、售中、售后的全面服务，满足关键客户的需求。
- **以心换心的沟通、交流**：想要真正的留住客户，就要淡化商业关系，让客户感受到彼此之间的友情，而非赤裸裸的金钱交易关系。

2. 普通客户

根据普通客户为店铺创造的利润和群体数量，商家需要做的是提升客户级别和控制成本两个方面：

- **努力培养普通客户成为关键客户**：对于有潜力升级为关键客户的普通客户，客服可以通过引导、创造、增加客户需求，使其加大购买力度，提升对店铺的利润贡献率。
- **降低成本，减少服务**：针对完全没有升级潜力的普通客户，采取基本的"维持"战略，不在这部分客户身上增加人力、财力、物力等投资，甚至减少促销，降低交易成本。

3. 小客户

小客户无论是在群体数量上还是在利润贡献上，都是最小的一个群体。不过，在为大客户提供上乘服务时，也不要忽视对小客户的管理，尽量提升小客户的集体贡献。

- **努力提升客户等级**：客服应筛选出有升级潜力的小客户，进行重点关心和照顾，挖掘其购买能力，将其提升为普通客户甚至关键客户。
- **拒绝明显差别对待**：部分没有升级潜力的小客户，会被某些店铺明显差别对待，如一直用机器人回复小客户消息。实际上，这种做法不可取，如果在服务和折扣上，让其感觉明显的差别对待，则客户会在评论区或其他社交网络平台留下不好的口碑，反而得不偿失。
- **降低服务成本**：压缩、减少对小客户服务的时间。如对普通客户是每周一次慰问短信，对这类小客户可调整为每月一次。

11.2 用心管理客户

客服想做好客户管理工作，应熟悉管理工作的基本流程，如客户管理、会员管理、运营计划等。在淘宝平台中，为方便商家管理客户，在"卖家中心"设有专门的"客户运营平台"。如图11-2所示，打开"卖家中心"，单击"营销中心"下的"客户运营平台"按钮，即可跳转至客户运营平台页面。

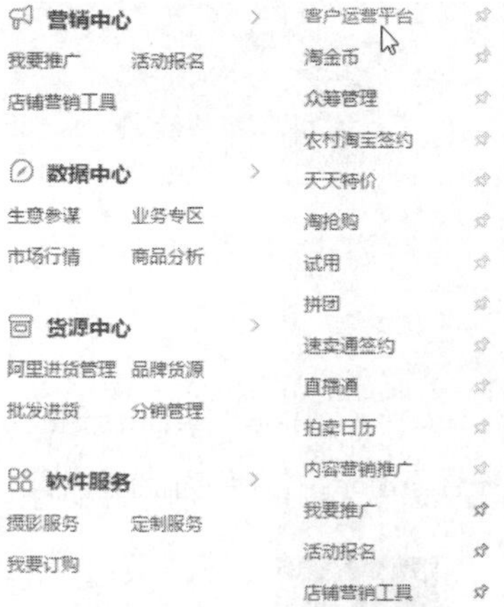

图11-2 "客户运营平台"

11.2.1 创建客户人群与编辑客户资料

在跳转的客户运营平台中，有"客户管理"分类，下有"客户列表""客户分群""客户分析"三个分类。如图11-3所示，客服常用"客户分群"功能，对客服进行分类，包括"兴趣人群""新客户人群""复购人群"，可以在该页面中对运营人群进行自定义，如人群名称、店铺关系、基本属性等。在今后的营销过程中，针对不同的人群给出不同的运营计划。

图11-3 "客户管理"分类

如图11-4所示,可针对不同的人群发放不同价值面额的优惠券,这里以对兴趣人群创建满10元减5元的优惠券为例,设置好各项内容后,单击"创建运营计划"按钮即可生效。

图11-4 为不同人群设置优惠券

在"客户分群"界面中,可自定义人群的相关属性,也可以直接使用系统推荐人群,如图11-5所示,包括店铺粉丝人群、大促高潜人群、店铺高价值人群等。

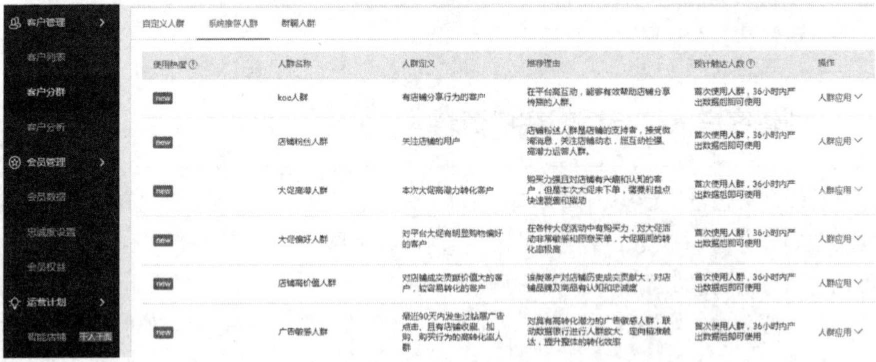

图11-5 定义人群属性

客服针对不同的客户应设置不同的优惠券,例如,针对"新客户",可用较高的代金券来引导这部分客户下单;针对店内商品有信赖的老用户,则可设置低代金券,高服务承诺来引导这部分客户下单。

11.2.2 店铺会员等级的设置

主要包含:优质客户的特征、设置店铺会员等级应遵循的原则、设置店铺会员等级。

在客户运营管理平台中,有"会员管理"分类,可以设立店铺的会员卡,区分不同等级的会员有不同的优惠形式。如图11-6所示,在客户运营平台中,单击"会员管理"按钮下的"忠诚度设置"即可设置不同的会员等级入门条件及相应的折扣。这里以设置普通会员9折优惠和高级会员8折优惠为例,只需单击相应会员右上角的"设置"按钮,即可设置升级条件和享受折扣等内容。

图11-6 "会员管理"分类

设置会员卡主要是设置交易额、交易次数以及改级会员享受的折扣和会员卡图等内容。如图11-7所示,设置交易额为"2000"、交易次数为"10",享受折扣"7.0"。各商家的商品价格不一,在设置交易额和交易次数时也有所差距。

不同等级的客户在购买商品时可自动打折,无须手动改价。且会员等级可以自动升级。客户在店内消费越多,会员等级越高,享受的折扣也相应增加。但需要注意的是,会员等级一旦生效,只能升级不能降级。所以,在设置

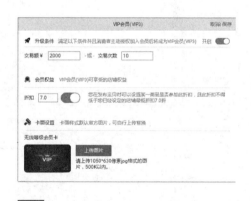

图11-7 会员卡设置

门槛上应多思考。如某店内商家均价在500元,那设置普通会员时,门槛不宜过低,升级条件也不能过于简单,否则会造成大部分客户都能享受高折扣。

11.2.3　客户运营计划

根据不同等级的客户，应给出不同的运营计划。例如，在上新提醒和短信提醒方面，发送给新老客户的内容都应有所差距。具体设置方法如图 11-8 所示，单击"运营计划"下的"智能营销"按钮，即可弹出不同的营销方式，单击"立即创建"按钮即可进行设置。

图11-8　"运营计划"

对不同标签的客户应进行不同内容的短信营销，对于初次在店内购物的客户，应重点表示感谢其对商品的认可，提示好评或提示关注某某账号可领取优惠券或红包。让客户在给予好评的同时，领取优惠券，进行回购。因此，在创建营销方式之前，可根据客户年龄、性别、加购日等信息，创立不同人群标签，如图 11-9 所示。

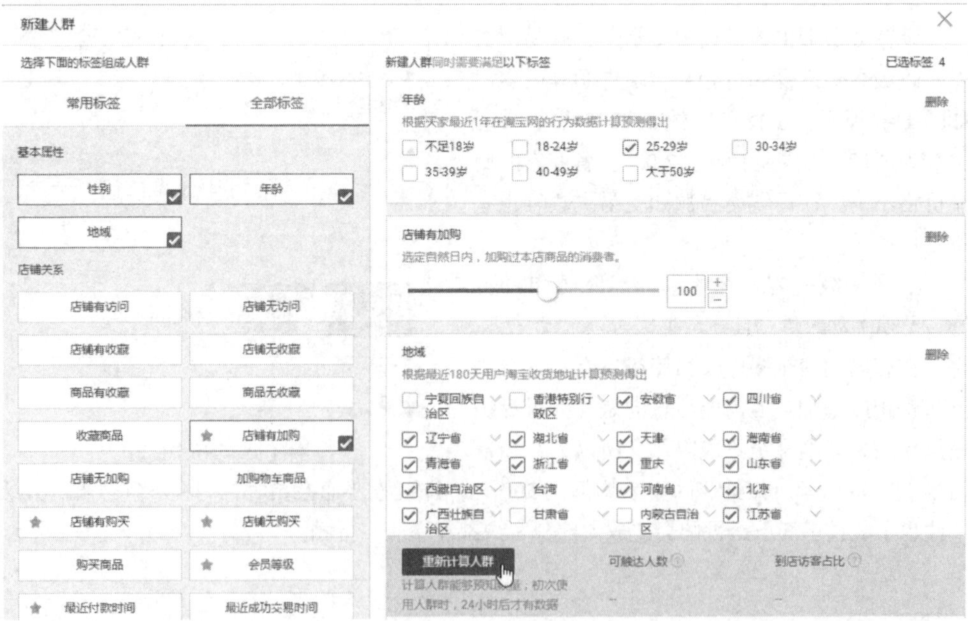

图11-9　创立人群标签

11.3 搭建客户互动平台

电商商家在维护客户关系管理时,需要为客户搭建互动平台,增强客户与商家之间的联系和互动,从而使客户更具忠诚度,达到维护客户关系的目的。如何搭建客户互动平台呢?主要以电商平台自带聊天工具、QQ、微信、微博等为主来实施。

11.3.1 建立客户旺旺群

一般的电商平台都有交流工具,如淘宝平台有客服与客户交流的工具"旺旺",该工具和很多社交软件相似,可提供群聊等服务。客服为方便管理客户,可通过创建旺旺群将新老客户集中在群内管理。

客服可以通过群宣传店内上新、优惠促销等信息。此外,客服还可以通过群组与客户沟通感情,建立更深度的信任,形成更友好的关系。如图11-10所示,为某商家的旺旺群,每当店内上新或有清仓特价品时,都可以发布在群内,加深商家和客户的关系。

图11-10 建立客户旺旺群

电商平台自带的交流工具一般会限制发送其他平台的商品链接,比如在淘宝的旺旺群中发送非淘宝的商品链接时,会被提示为不安全链接,在微信中发送淘宝商品链接时,无法直接通过微信自带的浏览器进行查看。因此,除了使用电商平台自带的聊天工具以外,商家通常还会使用其他社交软件来作为管理用户的工具。

11.3.2 建立老客户QQ群

部分客户不关注网购平台消息,却热衷于QQ聊天。针对这个群体,客服可建立相应的QQ群组,把这些人集合在群组里,进行统一管理。QQ是腾讯旗下的一款老牌即时通信软件,其用户数量非常庞大。客服可建QQ账号来添加客户为好友,再创建QQ群组来维护客户关系。

QQ 群是多人交流、互动及时和低成本操作的客户维护方式，客服可通过创建售后群的方式，将客户拉到群里。不定时在群内更新店铺上新、优惠信息等。都是老客户，更便于客户与客户之间的交流，加深对商家的信任。如图 11-11 所示为某商家的 QQ 群，客服不定时在群里发布优惠信息、领券信息、新品上新，有时客服还可发放红包，带动群内气氛。在发布商品或优惠券等信息时，一般带有跳转链接，群成员只单点击链接，即可跳转商品详情页面，非常方便。

图11-11 建立客户QQ群

另外，客服也可以在 QQ 空间里更新店铺活动、新品上新、清仓处理等动态，让客户在零散时间接收信息，加深对商家的了解和信任。

11.3.3 用好微信平台

微信是腾讯旗下的另一款社交软件，主要以语音交流为主，文字交流为辅，并具备朋友圈、公众号等社交功能。微信账号与 QQ 账号相通，目前微信的使用人数逐渐增多，有着庞大的用户基数。所以，客服可以借用微信平台来与客户及时互动。微信平台可供互动的方式主要包括朋友圈、微信群和公众号。

1. 微信朋友圈

在微信各功能服务模块中，朋友圈重要性高居第一。76.4% 的用户会使用朋友圈来查看朋友动态或进行分享。只要商品够好、活动力度够大，大家都愿意分享，那么这个口碑营销的扩散速度就会非常明显。所以，客服可将老客户引导到微信里，将每天的所见所闻所感，通过微信朋友圈分享给其他的朋友，希望能够得到朋友们的评论和点赞。如图 11-12 和图 11-13 所示，分别为朋友圈售卖芒果和鞋子的截图。

图11-12 朋友圈售卖芒果动态

图11-13 朋友圈售卖鞋子动态

在朋友圈中只靠人情是不长久的，只能依靠优质内容来吸引好友们的关注。发布朋友圈的技巧如下：

- **多种多样形式的内容**：在发布朋友圈时，尽量选取两两结合的方式，避免单一。例如："文字＋视频"或"文字＋图片"的形式发送朋友圈。
- **吸引粉丝的内容**：不要频繁在朋友圈发布商品信息，容易造成好友厌倦。可将热门事件、生活琐事和趣闻段子等内容发布到朋友圈中，并在这些内容中插入商品信息。
- **便于互动**：互动可以增加商家与客户之间的感情。如发布智力游戏、猜谜游戏、抽取幸运儿、向好友索要建议等。

2. 微信群

几乎每个用微信的人，都有自己的微信群，自己创建或加入别人创建的微信群。客服可以通过二维码的方式吸引粉丝进入相关的群组。如果做得好，这将是维护新老客户关系的捷径。用微信群维护老客服的重点就是保持群的活跃度，常用方法是让群成员有利可图。这个"利"不一定是大额红包。偶尔几个小红包、几份小礼物，或是专业知识的分享，让老客户认为这个群是有真材实料的，自然会长期关注。如图11-14所示，为某服装类目粉丝群，客服不定期在群内发布优惠信息。

图11-14　建立粉丝微信群

3. 微信公众号

微信公众号具有很多个人账号不具备的功能，如安排客服在线交流、使用程序进行自动应答、推送营销信息给客户以及实现简单的查询、购买功能等。微信公众号让营销方式的多元化更具亲和力。通过微信公众号平台，商家可以打造一个自己的公众号，用于群发文字、图片、音频、视频、图文消息五个类别的内容，是商家维护客户的重要工具。不少电商商家在搭建客户互动平台的同时，还借助微信朋友圈、公众号来实现粉丝跳转购物页面，直接在微信内完成在线交易。

注册微信公众账号，需要用到用户的真实信息，包括身份证号码、电话号码、企业营业执照扫描件等。登录微信公众号官方网站，根据提示，完成操作即可注册一个全新的公众号。微信营销是靠着公众账号发布的内容信息来吸引关注者，建立信任的。但是怎样的公众号内容才能深得粉丝们的喜欢呢？可以从以下几个方面考虑：

- **当前热门事件和话题**：热门话题能为企业带来很大的商机，便于企业将自己想传播的信息加入在热门事件中，让信息得到传播的机会大大增加。
- **独具诱惑力**：粉丝关注某公众号，很多时候是因为有利可图。比如关注某大型商场的公众号，就能知道该商场的打折促销信息；关注某旅游公司的账号，就能知道近期旅游出行的优惠等。客服在经营公众号时，也可以加入一定的诱人元素在里面。比如今晚店铺有大额红包，等着粉丝来抢；或店内某款商品在近期参与买一送一的活动，等等。总之，就是让粉丝看到利益点。

- 对粉丝有价值或帮助。比如一个经营食品店铺的商家，在春节将至时，为粉丝推送送礼佳品的内容，自然会吸引很多粉丝的目光；或者在情人节将至时，为粉丝们出谋划策，送上脱单小技巧，等等。

总之，商家在筹划公众号内容时一定要以粉丝为主，从粉丝的需求点和爱好出发。投其所好，才能得到更多忠实粉丝。

11.3.4 使用微博分享奖励

微博是一种"迷你"型的日志，一条微博不能超过 140 字。这种短小精悍的内容发布平台受到了全世界网民的追捧。微博的种类繁多，有新浪微博、网易微博、腾讯微博等，其中新浪微博是最火热的。

商家可以在微博上创建微博群组来添加客户，便于与客户交流。除此之外，客服还可以通过发布微博内容、橱窗展现和筹划赠送产品、有奖竞猜、限时抢购等活动吸引新粉丝关注店铺商品。

如图 11-15 所示为某个零食类微博账号发布的商品信息。粉丝如果对商品感兴趣，可在线购买或通过链接跳转到购物平台，完成交易。

图11-15 微博发布商品信息

微博的展现形式可以是文字、"文字＋图片"或"文字＋视频"等，因此在发布内容时需要考虑多样化内容的元素。

- 再好的文字，阅读时间长了也会腻；统一风格的图片看久了也会视觉疲劳；视频内容的风格也应该是多种多样的。
- 图片的内容也是多种多样的，可以是静态图片、gif 图片或者是多张图片的拼图等。
- 文字内容决定了是否有人愿意阅读微博内容。因此，客服可在闲暇时间对文字功底较好的微博内容做一下研究，学习一些有用的经验。

为吸引更多粉丝，商家可通过主动转发评论的方式引起对方的注意，最终让对方也成为自己的粉丝。转发他人的微博,可以大大增加对方的好感度;而认真评论他人微博,同样可以增加互动,吸引更多人来关注正在营销的微博。

11.4 秘技一点通

技巧1——老客户回访技巧

老客户往往对商家或商品有信任,所以唤起老客户往往比吸引新客户下单更容易。在电商平台中,通常由客服完成老客户回访的工作,实现多次成交。

- **做好准备工作**。客服在回访前,应做好充分的准备工作,如了解客户基本资料,查询客户购买过哪些商品,近期有什么活动,客户可能会发什么问题等。这样才能给客户留下一个好印象。
- **电话回访技巧**。在平台消息和短信消息无法收到回应时,可考虑电话回访。电话回访时注意语气和语速,做到多听少说,主要聆听客户的需求。在客户提出问题时,也要热情、及时地做出回应。
- **回访时间**。特别是短信或电话回访,尽量不要打扰客户工作和休息。可选择工作日的上午11:00~12:00及下午4:00~5:00,这部分时间虽然是工作时间,但基本已经过了工作中最忙碌的时间段。切记不能打扰客户休息,例如晚上8:00以后,就不要致电打扰客户。
- **了解客户需求**。在回访中,询问客户的需求,并给出是否能满足的回复,并及时跟踪。当客户有需求时,更容易想起一直保持联系的我们。
- **做好回访记录**。在回访时,针对已回访和未回访的客户,应做好记录。如已回访客户,到了什么阶段,下一步需要跟进什么工作,等等。

技巧2——打造客户忠诚度的途径

忠诚度的客户是店铺长期获利并保持竞争优势的根本。客服想要提高客户忠诚度,就先了解影响客户忠诚度的因素。电商客户忠诚度的影响因素主要包括客户满意程度、客户因忠诚能获得的收益、客户的信任感和情感因素。

- **提升客户的满意度**。客户的满意度越高,客户的忠诚度也会越高。所以在考虑提高客户忠诚度之前,首先要考虑提高客户满意度。商家在选品时要选取物美价廉的商品;在撰写商品详情页时要实事求是;客服在服务客户时要尽心尽力。从多方面提升客户满意度。
- **客户因忠诚能获得的收益**。根据调查结果显示,客户喜欢与商家建立长久关系,主要原因是希望从中得到优惠和特殊关照。如果能得到一些利益，那么客户也很喜欢与商家建立关系。商家想要提升客户忠诚度，要用奖励让忠诚客户从中受益，如降低客户重复购买的成本、奖励配套礼物等。

- **提升客户的信任感**。电商购物中存在一定的风险，如实物与图片严重不符、商品存在瑕疵、物流速度极慢、售后处理纠纷等。客户为了减小风险，往往会选择自己信任且长久交易的商家购买。可见，信任是提升客户忠诚度的关键因素。商家想与客户建立信任感，必须要杜绝以次充好、敷衍了事等行为。长期的客户信任形成客户忠诚，商家想建立高水平的客户忠诚，应必须增强客户对商家的信任感。
- **打造更多的情感因素**。很多商家提供的服务和优惠呈现同质化的趋势，只有情感是独一无二，难以替代的。当客户与商家有了情感，便很少会被其他商家的利益诱惑。所以，很多客户主管要求客服在与客户交流过程中注入情感，和客户做朋友，也就是希望能以情感"套牢"客户，提升客户的忠诚度。

技巧3——挽救流失客户

客户流失是指客户不再忠诚商家，转向购买其他商家的同类商品或服务的现象。在电商环境中，商品和服务的差异化日益减少，市场上出现雷同、相似的商品和服务都逐渐多起来，客户的选择面也在逐渐增大，当客户对某个商家有所不满时，可以轻易找到替代的商家，所以客户的流失变得越来越容易。一旦出现客户流失，就要想办法进行挽救。

客户流失主要包括商家原因和客户自身原因。商家原因可由商家自行分析得出，并做相应调整。但是由于客户自身原因造成流失的，是商家无法改变的客观存在。

- **商品质量问题**。由于到手的商品质量没有达到客户预期，往往就会造成客户流失。
- **服务态度问题**。客服在接到客户过程中，如果言语或行为没达到客户预期，就会招来客户的不满，进而造成客户流失。
- **功能夸大问题**。如果商家在详情页对商品功能放大，在客户收到实物后，易造成客户预期的落空，会造成客户流失。
- **商品落后问题**。任何商品都有生命周期，如果商家提供的商品不能进行创新，客户自然会去寻找更新的商品，进而造成客户流失。

造成客户流失的原因还包括：忠诚客户获得的奖励少、对商家不够信任以及没有依赖等。商家在客户流失后，应认真分析造成客户流失的原因集中在哪部分，并及时做调整。客户流失自然对商家的发展不利，但有的流失是不可避免的。商家应辩证地看待客户流失，调整好心态。

在客户流失后，客服应及时分析其流失的原因，再对症下药。例如，某普通客户近半年在店内重复购买三次芒果，前两次都给予了高度评价，第三次却在收货后联系客服以芒果质量差为由要求退货，遭到拒绝，故造成了客户流失。针对这种情况，客服主管应查找第三次芒果和前两次芒果不同的地方，并及时联系客户，积极处理此事。

客服：亲亲，您好，我是某某店的客服主管某某。抱歉耽误您两分钟的时间，谈谈您上次退货的事。

客户：还谈什么？我已经申请平台介入了。

客服：是的呢，我们处理欠佳，您是可以申请平台介入解决的。我这里先代表上次接待您的某某客服向您郑重道歉，他是新来的实习生，对于售后处理欠佳，惹您生气了。同时，也留意到您之前在我们家回购过多次芒果了，感谢您对我们的信任。

客户：你们就是得寸进尺。我第一次买你们家的芒果，单个重量都是在1斤左右，每个芒果都有网套，看起来也大气，吃起来口感也不错，回购过。但是这次买的，单个重量只有4~5两，也没有网套了。你们就是这样对待老客户的吗？质量那么差，还不同意我退货！

客服：实在不好意思，给您造成不好的购物体验了。我这边帮您查询一下，是哪个环节出问题了。

客服：亲亲，刚查询了您的三次购买记录。不知道您是否留意到呢，您最后一次购买芒果的价格比以前两次的便宜呢。

客户：是便宜啊，您们在做活动的原因啊，说的什么5折购。但便宜也不是你们质量差的借口吧？

客服：不是的，我们肯定选用最好的商品来做活动，不然质量不过关，客户不回购，我们亏本做活动不是白费了吗？我想说明的是，您下单的时候，我们忘了提醒您留意，这次活动的芒果品种是贵妃芒，不是您之前购买的金煌芒呢。贵妃芒产自海南三亚，单个重量在5两左右，皮薄肉厚，甜度很高，果肉中的纤维少，内核薄，因为色味俱佳，被当地人认为是"超好吃的芒果"。这次活动就是针对贵妃芒做的，为推广新品，您购买当天正好是贵妃5折购呢。由于贵妃个头小，不便于套泡沫袋，所以全都没套袋呢。

客户：哦，芒果还有那么多品种呢。那我不想要贵妃芒，你们帮我换成金煌芒行吗？我觉得金煌芒个头大，包装也更上档次。

客服：我这边看了一下，物流信息显示您收货已经4天了，估计芒果也已陆续熟了。如果您执意要寄回也不是不行，但是生鲜类的商品没有购买运费险，您需要自己承担邮费呢。而且快递寄回后，如果有因为熟过而坏了的芒果，需要您和我们一起承担呢。我个人真的不建议您退回。您是老客户才享受到了贵妃5折购的活动，下次想再买，可就恢复原价了。这样吧，估计您的芒果也熟了，您选一个尝尝，如果味道欠佳，您执意要退，且愿意承担邮费和损失，我这边帮您办理退换就行。

客户：那我先尝尝。

客服：好的，我就在线等着您。您做好决定后联系我即可。

客户：嗯，这个小的芒果确实更甜，核也更小。那算了吧，我不退了。你们早这样给我解决，也免得我生气嘛。

客服：是的呢，十分抱歉之前的实习客服某某的服务不周，我这边帮您申请一张面额为 10 元的无门槛代金券，可在下次购物时直接抵扣。

客户：行。

案例中，客服主管找到客户流失的原因在于对商品有误解，对服务不满。客服主管在对话中提到"老客户专享价""代金券"等奖励，让客户感到被重视，又有利益诱惑，自然愿意回购。

客服小故事——从客服岗位走向运营专员

赖清清是一名在售后客服岗位工作5年有余的工作人员,随着她的客户关系管理处理得当,逐渐走上了运营专员道路。

起初,赖清清只负责接待售后和按上级领导给的名单,定时发送物流短信、签收提醒、节假日签收等。但她工作久了发现,很多短信发出去都石沉大海了,很少有客户主动按照提示主动关注店铺。随着联系的客户越来越多,赖清清大概了解客户反馈的问题中,关于商品质量问题的少之又少,大多都是希望给些福利优惠的请求。正好店铺开通了微信公众号,赖清清建议在货物包裹里放置一张引流的小卡片,上面写明"下单有礼,凡是购物商品并认可商品的都可关注某某公众号领取5元无门槛代金券一张"。果然,越来越多的客户在收到包裹后都选择扫一扫关注该公众号,领取代金券。

为了刺激客户二次购买,赖清清建议在公众号推文里每周推送一篇折上折的商品文章,如原价99的商品,在指定日期可享受8折优惠,并可同时使用5元代金券。在福利的刺激下,每周推送的商品销量都非常可观,成为店铺中的爆款商品。如此下来,既提升老客户的销量和积极好评,又刺激新客户的购买。新用户关注公众号,领取优惠券,又下单……形成良性循环。

赖清清在售后工作中,也一直保持热情、积极的工作态度,获得很多客户的认可,客户主动询问赖清清微信,想添加好友。随着微信里客户越来越多,赖清清把这些客户加在同一个微信群组里,声称可以更好地为大家提供服务。群友们都很信任赖清清,且都是店内的老用户,可聊话题也很多。当店内有新品上新、活动促销时,赖清清也第一时间在群里通知大家。

客服主管看赖清清的客户关系维护得当,也知悉很多客户的基本需求,所以提出让她尝试写公众号推文、策划微博抽奖活动等。赖清清也没有辜负领导的期望,把活动搞得井井有条。随着文笔水平的提升,公司提议让赖清清转到运营部门,做微信、微博、微淘的运营工作。

第12章

客服招聘、培训与管理

本章导言

一家网店想要做大做强,仅凭店主一个人的力量显然是不够的,它往往需要一支专业化、规范化的客服团队,来专门负责营销与售后方面的工作。想要创建一支专业的客服团队,就必须要有专业的招聘流程、专业完善的管理体系以及定期与不定期的客服岗位培训。

学习要点

- 掌握招聘与培训客服人员的技巧
- 掌握管理客服人员的方法

12.1 招聘与培训客服人员

客服每天要负责处理很多订单,还要和很多顾客打交道,因此细致、耐心、聪明、高情商是客服的必备素质。当然,声音好听、普通话标准、打字速度快等也是招聘客服人员是需要考查的。招聘到客服人员以后,还要对其进行培训,才能正式上岗。

12.1.1 确定客服人员薪水待遇

客服人员的薪水一定要与销售额或销售量挂钩,千万不能是固定的工资,否则客服人员肯定没有积极性的,而且很容易因收入和工作强度不成比例辞职,万一掌握店铺的资料成为竞争对手,对店铺是很不利的。

客服人员的合理薪水应该包括底薪、提成与奖励,提成应设计成阶梯形,每提升一档,提成比例就增加一定的数量,这样比固定的提成比例更能提升客服人员的积极性。

底薪需要根据各地的消费水平来定,因为当地消费水平最能反映当地的经济发展情况。所以,各位店主在招聘客服前要仔细地了解一下当地的经济情况,把当地常见的服务行业的工资标准都了解一下,把底薪定在一个平均水平即可,太高会养懒人,太低会招不到人。

> **专家提点——防止客服人员单打独斗的方法**
>
> 不要只针对个人销售额进行提成。如果有两个以上客服的话,如果按个人销售额提成,他们会各做各的,很难互相帮助,互相传授经验。可以将多名客服人员分组,按组计算销售提成,这种方式特别适合有新客服入职的时候,和老客服编为一组,老客服为了达到较高的销售提成,会竭尽全力帮助新人提高业务能力,使新客服在短时间内就能掌握较高的工作技能。

客服人员的销售提成可以设计成阶梯状,销售额越高,提成率越高。一个常见的阶梯状销售提成的方案如表 12-1 所示,这样比固定的提成率更能够刺激客服人员的销售热情。

表12-1 阶梯状销售提成方案

销售额	销售提成率
10000元以下	2%
10000~20000元	超出10000元部分×3%
20001~40000元	超出20000元部分×4.5%
40000元以上	超出40000元部分×6.5%

12.1.2 哪些人群比较适合做客服工作

顾客购买商品时追求性价比,网店店主在雇用客服人员时也追求性价比,总是希望客服人员工作能力强，但工资要求不太高。此外，招聘兼职客服也是一个不错的方法，兼职客服可以只在网购高峰期工作，工资也比全职客服低。一般来说，招聘客服人员时要考虑以下几个特点：

- **适应不同的工作时间**。网店的客户服务时间一般从早上八九点一直持续到晚上十点甚至十二点，这至少需要两班客服人员进行倒班。招聘的客服人员要适应这样的工作时间。
- **善于交际与表达**。客服归根结底是一个与人交流的工作，不善于交际与表达的人，可能就无法胜任这个工作。这里需要注意的是，有的人在现实中不太擅长言语交流，但在网上交流时却能够很好地表达自己的意思，这样的人也是可以做网店客服工作的，毕竟网店客服是以网上交流为主。
- **能够接受较低的底薪**。固定的收入无法刺激客服人员的工作积极性，销售提成才是他们的工作动力。要让销售提升的效果最大化，底薪就不能设置得太高，如果不能接受这一点，可能就不太适合做网店客服的工作。
- **记忆力好，领悟力强**。网店客服要熟记各种工作流程，几十上百种商品的特点，这就对网店客服的记忆力和领悟力提出了较高的要求。

根据以上客服工作性质的分析，有以下几种类型的人群适合做网店客服，如图12-1所示。

图12-1 适合做网店客服的人群

可以看到，图12-1中的这几类人都很符合做网店客服的要求，有的是学历不高不太好找工作，有的是时间较自由适合做兼职，有的是本来就没有收入，所以对底薪要求不高。下面就一起来分析分析招聘这几类人是要注意些什么地方。

1. 刚毕业的职高生和大学专科生

刚毕业的职高生和大学专科生，群体年龄都在18～23岁，这些年轻人对电脑、网络和网购都不陌生，打字速度快，对新技能有着极强的学习能力，对工作环境适应也很快。刚毕业职高生和专科生刚步入社会，但因为学历一般，所以比较愿意尝试底薪不高，但有销售提成，也有上升渠道的客服行业。

可以说刚毕业的职高生和大学专科生是天然的客服来源，除了工作经验少一点，其他方面都很符合客服人员的要求，他们的工作经验也会在设计工作中迅速得到提升，很快就可以成长为客服团队的中坚力量。

在招聘刚毕业的职高生和大学专科生时，要多和对方谈销售提成、职务上升渠道以及公司前景等比较能够打动他们的内容，让对方产生憧憬和希望，才愿意加入到团队中来。

2. 已有客服从业经验的年轻人

有的年轻人已经从事过几年的客服工作，因为一些原因离职，但他们寻找的新工作仍然是客服。这类有相应工作经验的年轻人是店铺急需的人才，因为他们不但能够较快地上手工作，还能为其他员工提供经验。在新建的客服团队中，如果有一个这样的年轻人带头，那么整个团队都能够较快地成长起来。

雇用已有客服从业经验的年轻人，也存在一定风险。如果对方是职场"老油条"，则可能对团队起到负面的作用，在招聘时要仔细观察。此外，有客服工作经验的年轻人对薪资的要求是比较高的，比较看重现在的利益，和他们要少谈前景和职业规划之类的内容。

3. 全职家庭主妇

全职家庭主妇每天的工作就是在家照顾孩子和家庭，除却每天固定外出买菜和遛娃，基本都待在家里。这类人群的时间比较自由，比较适合做兼职客服，这类客服一般以订单转化率或者销售额为考核依据，对底薪的要求并不高，甚至可以没有底薪，可以有效减少店铺的一部分开销。

在招聘这类群体时，要和对方确认好，对方的工作时间能否覆盖到网店进客的高峰期。因为兼职客服主要是用来弥补高峰期人手不足的，如果对方不能够在高峰期上线，就没有什么意义了。

4. 经济不发达地区的年轻人

经济不发达地区的平均工资水平低，同时，生活节奏相对较慢，人员流动性不大，有很多年轻人希望不用背井离乡就能找到一份还算可以的工作，网店的全职远程客服正适合他们。虽然无法到网店所在地上班，店主不能随时监督他们的工作状态，但通过远程打卡、随机抽查、业绩评比等手段，仍然可以让他们高效地工作起来，但店主所付的工资又不会太高，算是一种两全其美的方案。

在招聘这类群体时，要注意观察对方的言行是否具有自制力。因为远程客服没有店主盯着，自制力就显得非常重要了。

5. 城镇待业青年

每个城市和乡镇都有不少待业青年，因为这样那样的原因没有工作，当然也就没有收入，无论是在家里还是在社会上地位都很低。这个群体急需一份稳定的工作来摆脱目前的窘迫状况，同时也向亲朋好友证明自己有养活自己的能力。这个群体同样也适合做远程的全职客服，如果工作表现优秀，也可以询问对方是否愿意到店铺所在地来上班。

在招聘这类群体时，首先要排除那些待业成习惯，只是迫于家庭压力来应聘的部分人，他们内心是没有工作动力的，做不长久。他们在面试时，多半是抱着一种无所谓的态度，因此即使对方能言善道，也不要录用。对于那些真正想找到一份工作的人来说，可以多和他们谈一谈销售提成，转正来店铺上班等美好前景，让他们充满动力，斗志昂扬。

12.1.3 客服招聘的几种途径

淘宝客服的招聘大多通过网络进行初选，选择面较广、招聘渠道多。网络招聘一般通过智联招聘、前程无忧、淘工作、58 同城、猪八戒网等招聘网站来进行，如图 12-2 所示。也可以通过熟人介绍、员工推荐等方式进行。

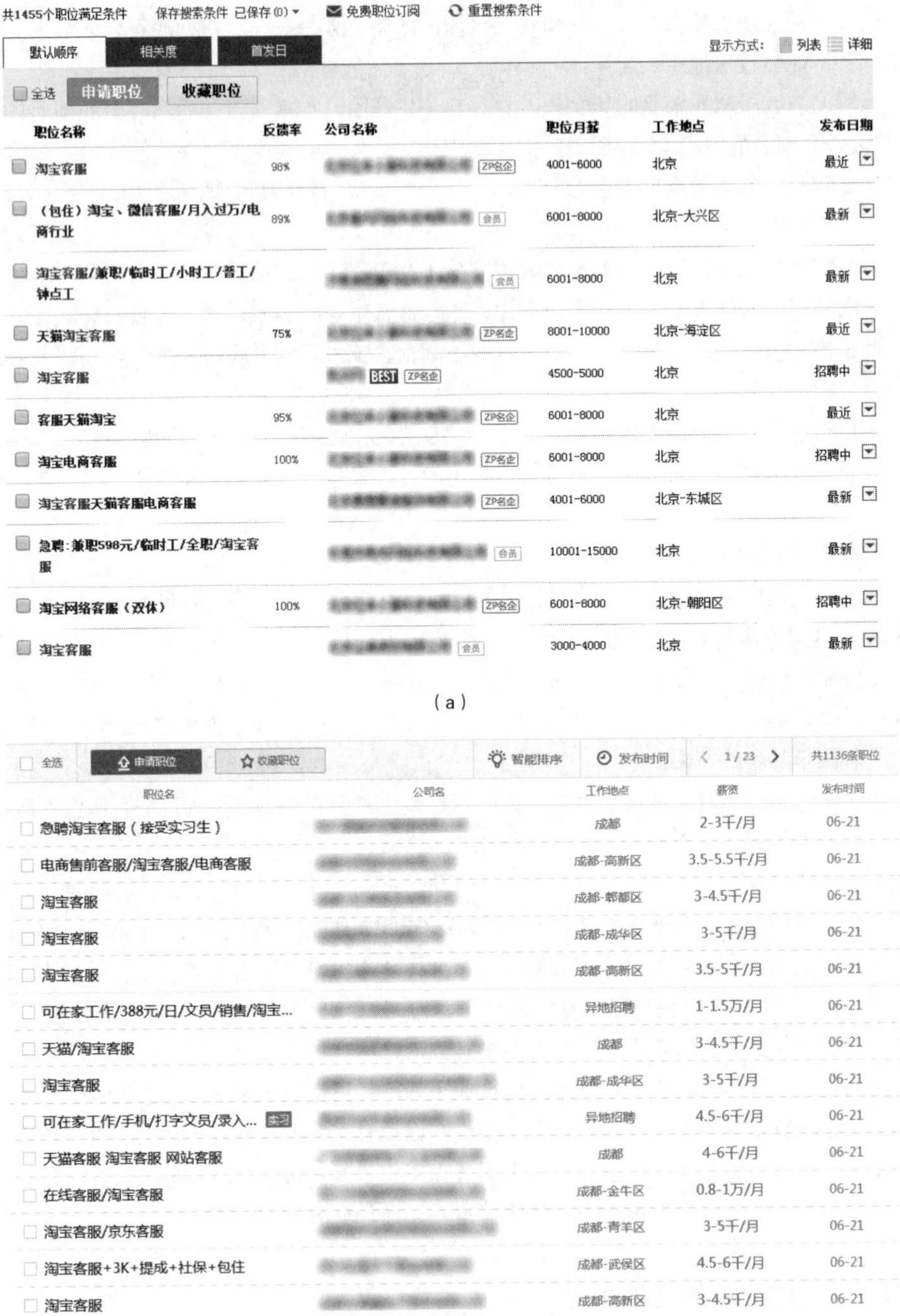

共1455个职位满足条件　保存搜索条件　已保存(0)　免费职位订阅　重置搜索条件

默认顺序　相关度　首发日　　显示方式：列表　详细

全选　申请职位　收藏职位

职位名称	反馈率	公司名称	职位月薪	工作地点	发布日期
淘宝客服	98%	ZP名企	4001-6000	北京	最近
(包住)淘宝、微信客服/月入过万/电商行业	89%	会员	6001-8000	北京-大兴区	最新
淘宝客服/兼职/临时工/小时工/普工/钟点工		会员	6001-8000	北京	最新
天猫淘宝客服	75%	ZP名企	8001-10000	北京-海淀区	最近
淘宝客服		BEST ZP名企	4500-5000	北京	招聘中
客服天猫淘宝	95%	ZP名企	6001-8000	北京	最近
淘宝电商客服	100%	ZP名企	6001-8000	北京	招聘中
淘宝客服天猫客服电商客服		ZP名企	4001-6000	北京-东城区	最新
急聘:兼职598元/临时工/全职/淘宝客服		会员	10001-15000	北京	最新
淘宝网络客服(双休)	100%	ZP名企	6001-8000	北京-朝阳区	招聘中
淘宝客服		会员	3000-4000	北京	最新

(a)

全选　申请职位　收藏职位　智能排序　发布时间　1/23　共1136条职位

职位名	公司名	工作地点	薪资	发布时间
急聘淘宝客服(接受实习生)		成都	2-3千/月	06-21
电商售前客服/淘宝客服/电商客服		成都-高新区	3.5-5.5千/月	06-21
淘宝客服		成都-郫都区	3-4.5千/月	06-21
淘宝客服		成都-成华区	3-5千/月	06-21
淘宝客服		成都-高新区	3.5-5千/月	06-21
可在家工作/388元/日/文员/销售/淘宝...		异地招聘	1-1.5万/月	06-21
天猫/淘宝客服		成都	3-4.5千/月	06-21
淘宝客服		成都-成华区	3-5千/月	06-21
可在家工作/手机/打字文员/录入... 实习		异地招聘	4.5-6千/月	06-21
天猫客服 淘宝客服 网站客服		成都	4-6千/月	06-21
在线客服/淘宝客服		成都-金牛区	0.8-1万/月	06-21
淘宝客服/京东客服		成都-青羊区	3-5千/月	06-21
淘宝客服+3K+提成+社保+包住		成都-武侯区	4.5-6千/月	06-21
淘宝客服		成都-高新区	3-4.5千/月	06-21

(b)

图12-2　客服招聘的几种途径

初选主要用于确定面试的范围。在本城的应聘者，可以到公司进行面对面的交流面试，在外地的远程应聘者，可以通过微信视频聊天等方式进行面试，也可以采用电话面试的方式。

12.1.4 望闻问切，四招面试客服

面试是一个相互考查的过程，店主在面试时主要考查应聘者的工作能力、工作态度、职业规划、发展潜力以及身体状况等方面的信息，以判断对方是否能够胜任客服的工作。

态度好，能力强的应聘者当然是首选；态度好，能力差的应聘者也不错，因为能力可以培养，态度较难改变；至于那些态度不好的，不管能力强不强，都不能用。怎样才能准确地观察应聘者信息呢？我们可以通过望、闻、问、切四种方法来进行"诊断"。

1. 望

一个应聘者进入面试办公室，还未开始交谈之前，店主可以从他的打扮穿着、行为神态等看出一些信息，如打扮入时，表明应聘者关注自己的外貌，生活态度也相对比较积极；如穿着随意而干净，表明应聘者可能喜欢比较宽松的工作状态；如果衣着随意，但不整洁，表明应聘者可能不拘小节，喜欢我行我素；动作干净利落，表明应聘者性格是比较果断的；面带倦容，表明应聘者可能经常熬夜，在自制力方面或许存在问题，如此等等。

应聘者的精神面貌需要重点进行观察。精神面貌对于客服来讲是十分重要的，客服要长时间保持高昂的情绪，用自己的活力与热情来感染顾客，没有一个良好的精神面貌是做不到的。如果应聘者容光焕发，神采奕奕，反应敏捷，那就是一个适合做客服的人；反之如果一脸倦容，有气无力，反应迟钝，就要考虑他/她能不能胜任客服工作。

高手支招 第一印象可做参考

通过望得到应聘者的第一印象，可以作为一个参考，但不要就此作为是否录用应聘者的依据。这是因为很多东西还需要在交流中进行了解，比如应聘者面带倦容，可能只是因为昨晚在医院照顾病人，而非长期熬夜造成的，因为错误的第一印象而错失优秀的应聘者，是很可惜的事情。

2. 闻

在应聘者坐定以后，店主通常要应聘者做一个简短的自我介绍。应聘者需要在这短短的几分钟时间内，将自己的工作经历、技能特长、期望薪资、兴趣爱好等信息清楚无误地传达给店主，让店主对自己有一个初步的了解。此时店主除了听面试者自我介绍之外，还要通过对方的话语，判断对方表达能力是否较强、思维是否有逻辑性、感染力是否足够，等等。

3. 问

应聘者自我介绍完毕后，店主应该就对方的情况询问一些问题，对应聘者进行深入的了解，比如询问对方对客服工作的理解，对自己职业的规划，能否接受加班或轮班等，此外还可以对应聘者的身体状况、居住地点以及家庭状况等方面进行了解，甚至可以准备一些突发问题来考验应聘者的应变能力。

4. 切

"切"在中医里是摸脉的意思。在这里，切就是通过考试来了解应聘者的工作能力。针对客服的考试，通常有打字速度、普通话朗读、常用英语单词的识别与阅读等，如图12-3所示，就是一些客服人员的"硬"技能，掌握得越好，工作起来就越有效率。

客服人员笔试试卷——淘宝规则

一、 选择题

1. 自买家拍下或卖家最后修改交易条件之时起_____天内，买家未付款的，交易关闭。
   A 1天   B 5天   C 3天   D 10天

2. 买家自_____起即可申请退款。
   A 付款之时 B 付款后1天 C 付款后3天 D 收到货后

3. 自卖家在淘宝确认发货之时起，买家未在以下时限内确认收货且未申请退款的，淘宝通知支付宝打款给卖家，以下哪项时间描述是错的_____：
   A 自动发货商品1天内；   B 虚拟商品3天内；
   C 快递、EMS及不需要物流的商品10天内； D 平邮商品15天内。

4. 淘宝网的客户评价是怎么计分的_____
   A 一个好评计一分，中评不计分，差评扣一分
   B 一个好评计一分，中评扣一分，差评扣两分
   C 一个好评计两分，中评计一分，差评不计分

5. 遇到客户要退换货时，客服应该怎么处理
   A 一直跟客户聊天，推荐我们的产品
   B 同意客户退换货，告知相关规则和流程
   C 查询客户订单信息及以往聊天记录，了解退换货原因，告知相关规则和流程

6. 因客户个人原因导致的退换货，由谁承担运费，客服该怎么做？
   A 威胁客户让其承担运费
   B 告知客户退换货规则，跟客户协商运费问题
   C 如果客户不承担就不与理会客户退换要求，不处理退换货。
   D 让客户以到付方式寄回，办理退换货。

图12-3　客服知识考试

12.1.5　做好客服岗前培训

新员工入职后，应做好岗前培训，使其对店铺、产品、规章制度、工作流程、工作要求等都有了了解以后，才能在老员工的带领下，正式开始工作如图12-4所示。一般来说，客服岗前培训包括以下四个方面。

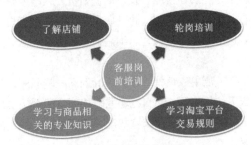

图12-4　客服岗前培训

1. 了解店铺

客服首先要对自己的店铺有一个全面的认识，包括店铺的历史、店铺的人员结构、相关工作制度等信息，这有利于新员工建立起团队意识，迅速融入工作环境，加强员工对店铺的认同感和归属感。

- 店铺简介。店铺的总体介绍，包括店铺的创始人、店铺成立的时间、店铺的业务范围、店铺的规模和店铺的变迁历史等信息，不仅要让新员工了解店铺的过去和现在，还要看到店铺辉煌的未来。
- 店铺定位。店铺定位即店铺的风格、面向的销售人群等。如果店铺是经营服装的，那么店铺的风格定位就比较好描述，如休闲、萌系、中国风、欧美风等，如图12-5所示即为一个中国风网店。店铺销售人群的定位即要把商品销售给哪些人群，这些人群有什么样的爱好特点，支付能力如何，等等。

图12-5 中国风网店

- 店铺人员结构。对店铺的各个部门进行介绍，使新员工熟悉同事和领导，知道自己的工作应该对谁负责，与各部门交涉时应该找谁。
- 工作相关的内容。包括工作制度、工作流程、工作要求等。其中工作制度是指店铺的规章制度等，如上下班时间、轮班方式、请假轮休奖惩等，如图12-6所示；工作流程包括客服人员日常所做的各种工作；工作要求是指评审和考核工作完成是否良好的标准。了解了这些内容，新员工才能知道自己将要做什么，以及不能做什么。

2. 轮岗培训

轮岗培训是指让新员工在入职培训期间，到各个工作岗位去工作一段时间，使其对各个岗位有直接的体验和感受，这样可以让新员工对整个店铺的各个工作环节都有所了解，在以后的工作中，才不会出现想当然的情况。

日常工作规范

1. 上班时间：白班8:30-17:30，晚班17:30-凌晨1:00，每周单休，做六休一，休息时间由组长轮流安排，晚班客服下班时间原则上以5点为准，如还有客户在咨询，接待客服工作自动延长。白班客服下班前要和晚班客服做好工作交接，晚班客服下班前把交接事项写在交接本上。

2. 上班时间不得做与工作无关的事情，不准看电视看电影和玩游戏，以及其他大量占用资源的娱乐行为，严禁私自下载安装软件，违者将予以记过。

3. 没顾客的时候，要更进一步加深了专业知识，基本要求要做到看到店铺商品要知道在牌子版本产地。相反也要看到牌子版本产地要知道里面有什么类型风格花形的产品。另外要多巡视网店精通分类要做到客户描述出类型颜色等属性要迅速找到该链接。工作之余要不断地优化分类和商品关键字。同时也要多巡视同行的店铺学习他们完善我们的不足。

5. 接待好来咨询的每一位顾客，文明用语，礼貌待客，热情服务。不得影响公司网店品牌形象，如果因服务原因收到买家投诉，视实际情况予以记过。

6. 上班空闲时间可以适当娱乐比如听音乐、看新闻、玩农场，但声音不能太大，不能戴耳机听，防止沟通不便，如有同事正在电话沟通客户，请自觉将声音调小，不得大声喧哗及其他足以影响他人工作和影响工作环境的行为。

7. 保持桌面整洁，保持办公室居住宅楼卫生，每天上班前要清洁办公室，轮流清理。

8. 记录将做为工作的一部分工作能力的参考，在工作过程中，每遇到任何上不明白的问题当天都应记录下来，待明白答案后也记录下来，并且要书记工整。另外处理问题件（能立即处理的除外）需要记下订单编号、购买日期、找出快递单留存联夹在一起、描述所出现的问题、买家的要求、都应该记录下来及时按要求处理事后再回复客户。

图12-6 客服工作制度

如果网店较大，客服细分为售前，售中和售后三个小组，那么新客服员工的轮岗培训可以集中在售前、售中、售后岗位。售前客服的重点在于销售，售中客服的工作重点在于跟踪处理订单，售后客服重点在于售后服务，在三个岗位轮岗培训，可以让新客服员工掌握不同的技能，当情况需要时，可以调动他/她到售前、售中或售后任何一个小组进行工作。

3. 学习与商品相关的专业知识

客服在工作中，被顾客询问得最多最频繁的是关于商品本身的问题，包括商品细节、使用方法、外观尺寸、型号颜色等，这就要求客服必须对店内数十甚至上百种商品的相关资料非常熟悉，才能迅速回答顾客的问题。

为了让客服在培训期内就能系统地掌握商品知识，店主要事先编制好商品资料以及介绍产品的"套路"话术、客户异议预防话术以及各种售后解决方案，供客服学习。客服可以不用硬背所有的资料，但至少要清楚哪个问题在哪里能找到答案，方便在回答顾客问题时快速定位并复制粘贴答案。

每个商品的知识点都是很多的，而不同顾客对于同一商品的疑问也是多种多样的，那么在编制商品资料时，需要侧重于哪些方面才能方便客服人员更好更快地服务顾客呢？一般来说，可以从以下几方面着手。

- 列出商品的规格、尺码，教顾客如何选择适合自己的商品。
- 列出商品的材质，一些种类的商品非常注重材质，比如服装、鞋类、家具等，如商品由多种材质组成，也要分别列出哪些部位使用了哪些材质。
- 列出商品的使用方法、保养方法以及各种相关技巧，如服装有搭配技巧，烤箱有烤肉技巧等。
- 列出商品使用中可能出现的问题，并给出顾客可以操作的解决方案和预防方案。
- 列出如何辨别真假商品的方法，比如如何鉴别真皮和人造革，如何鉴别天然水晶与人造水晶。
- 列出商品可能出现的售后问题以及类型，并给出简单明了的处理原则。
- 列出商品的认识误区和购买误区，最好附有图片说明，既方便客服理解，又方便展示给顾客看。
- 列出商品常见品牌，并与其他品牌商品对比，说明本品牌商品的优点。如非品牌商品，则可以与其他店铺的同类商品进行对比，说明本店商品的优点。
- 列出经营商品的大小分类，比如健身器材可以分为有氧类、无氧类。
- 列出本类商品有哪些类型，比如无氧类健身器材就有哑铃、握力器、腹肌板等。
- 列出本类商品优缺点的对比，比如同样是有氧类器材，跑步机、踏步机与椭圆机各自的优缺点是什么。

高手支招 一个典型的商品知识撰写案例

> 以常见的羽绒服为例，在撰写羽绒服相关的商品资料时，可以列出以下的条目：羽绒服的定义，羽绒服的填充物有哪些，填充物的价格排序，羽绒服的充绒量和含绒量是多少（此处也可以加上充绒量和含绒量在定义上的区别），羽绒服的蓬松度是多少，如何辨别羽绒服的优劣，如何挑选购买羽绒服，羽绒服有哪些购买误区，羽绒服的洗涤保养方法和注意事项，羽绒服如何与其他服装进行搭配，羽绒服有哪些大品牌，各自的优缺点是什么，羽绒服的售后服务包括哪些方面，羽绒服可能会引起过敏人员的哪些症状，等等。

4. 学习淘宝平台交易规则

在淘宝平台开网店，就要好好学习淘宝的交易规则，不然就可能会触犯规则而受到处罚，造成不必要的损失。客服在处理与商品相关的问题时，也要注意不能触犯淘宝交易规则，这就要求客服人员对淘宝交易规则有全面的了解。

淘宝平台针对不同的处理事项制定了不同的规则条款，公布在淘宝平台的"规则"页面（网址为：https://rule.taobao.com/），如图12-7所示可以看到，仅仅是"基础规则"一项，就包括：《淘宝网商品品牌管理规范》《淘宝平台特殊商品/交易争议处理规则》《淘宝平台争议处理规则》《淘宝网定制商品管理规范》《淘宝规则》《淘宝网评价规则》《淘宝网商品品质抽检规则》《淘宝网商品材质标准》《淘宝禁售商品管理规范》《淘宝交互信息规则》，此外还有"行业市场""营销活动"等规则项目。当然，客服并不需要了解全部规则，只需了解与交易、商品、服务相关的一些规则即可。

图12-7 淘宝"基础规则"

12.2 高效管理客服人员

员工管理是一个永恒的课题。对于客服这种直接面对顾客、工作压力较大、薪资与销售额相关联的工作，其管理也是颇考验店主水平的，明确权责、奖惩有度是最基本的，此外还要考虑到客服的心理健康，为他们减压。

12.2.1 明确客服人员的权责

第一，如果员工不明白自己的工作内容，或者说忽略了一些他们认为不重要的工作，那么就会造成工作成果不能按照预期实现。而不良的工作成果给了员工消极的反馈，因此他们积极性降低。一个整天都不知道自己工作目的的人，会有多大的热情投入到工作中去呢？店主应该时常向员工明确他们的工作内容和职责，以确保他们能按照正确的方法做事情，而不是按照他们的习惯做事。

第二，工作内容和工作职责其实是不一样的。大多数的管理者只喜欢向员工明确工作内容，而不明确工作职责。当员工只明确工作内容，他们会认为自己仅仅是一个执行者，没有什么成就感。而通过沟通，让他们为自己的工作职责努力，那么他们就会认识到自己工作的价值，进而能从工作价值中获得激励。

12.2.2 认可和赞美

当员工完成了某项任务时，最需要得到的是店主对其工作的认可。店主的认可是一个秘密武器，但可的次数很关键，如果用得太多，作用将会降低。如果只在某些特殊场合和少有的成就时使用，效果就会增加。对于员工来说，得到店主的表扬和肯定就是最大的精神奖励，可以增加员工的工作积极性，强化员工的良好行为。

赞美也是认可员工的一种形式。一般的店主大都吝于称赞员工，有些人甚至认为没有必要。其实，称赞员工惠而不费，可以让员工心情愉悦，提高工作效率，但前提仍然是不要用得太滥。

12.2.3 赏罚分明，恩威并重

古人御下，讲究"恩威并重"，做到恩威并重，部下就会对上级又感激又敬畏，不但办事效率提高，而且还变得忠诚可靠。其实，古今同理，现如今对待下属，也要做到恩威并重。

恩从奖赏而来，威从处罚而来。赏罚分明，就可以做到既有恩，又有威。恩让下属忠诚，威让下属服从。这些流传几千年的方法，用在网店中，也能产生一样的效果。

如果店主该赏不赏，就会挫伤员工的积极性；该罚不罚，就会让员工对公司规章制度失去畏惧感，二者都是非常有害的。因此不论网店也罢，实体店也罢，都要做到赏罚分明。

12.2.4 多与客服人员沟通

很多管理者都是高高在上，发号施令，和员工缺乏足够的沟通。其实，要员工做好事情，不但要告诉他们怎么做，还要告诉他们这么做能得到的好处，让他们从心里愿意去做这些事。

不太忙的时候，可以和员工聊聊工作之外的事情，关心一下员工有没有生活上的困难，要和员工成为朋友。但是，这也要有个度，不要成为过于亲密的朋友，以免出现因私废公的情况，比如有时候因为关系太好而拉不下脸来责备对方，会对团体有负面的影响。

12.2.5 给予客服人员一对一的指导

指导意味着员工的发展，而店主花费的仅仅是时间，但传递给员工的信息却是店主非常在乎他们。很多时候，对于员工来说，上级能教给自己多少工作技巧还是其次，而上级究竟有多关注自己显得更加重要。认为自己受到重视的员工，往往在工作中表现出更大的主动性，更愿意挑起重担。

12.2.6 以团建活动增强团队意识

不定期的聚会活动可以增强团队的凝聚力和团队精神，从而会对工作环境产生影响，营造一个积极向上的工作氛围。如中秋节前夕的晚会、元旦前的野餐、重阳节的爬山、员工的生日聚餐、团队庆功会等，这些都可以成功地将员工聚到一起度过快乐的时光。同时，最好将这些活动通过照片、DV摄制等手段保留下来，放在网站上，让这些美好的回忆成为永恒，时刻给员工温馨的体验与团队归属的激励。

12.2.7　定期考查客服的执行力

商品的销量与店铺的很多岗位息息相关，如美工、文案等，其中影响因素较大的就是客服人员。客服人员面对顾客时怎样推销，直接关系到商品的销量，客服人员如何解决顾客的售前售后问题，也会间接影响到商品的销量。因此，客服人员的执行力是非常重要的一个考查方面，店主应重点进行关注。

店主对客服执行力可以通过客服的销售任务完成度、聊天内容抽查、商品熟悉程度等多方面来进行考查。

比如，某客服人员连续两个月没能完成销售目标，店主从他/她的销售数据、顾客交谈记录等方面进行检查，发现该客服人员对顾客问题的回复速度太慢，常常导致顾客流失，其原因在于她对产品熟悉度不够，遇到问题不能快速回答，需要花时间去翻看笔记或者询问同事，店主认为这是该客服人员的执行力不够，于是有针对性地对其重新进行培训，提高对其昂对商品的熟悉程度，从而让执行力得到提升。

12.2.8　为客服制定成长目标

客服在工作中可以不断成长，最终成为资深销售专家，还是客服经理，又或者是改行，与客服自身的成长历程有很大的关系。店主作为管理人员，应该帮助客服制定短中长期目标，帮助客服成长。一个典型的短中长期成长目标如表12-2所示。

表12-2　短中长期成长目标

培训期目标	三个月目标	六个月目标
1. 了解电子商务基本概况； 2. 熟悉店铺商品； 3. 熟悉店铺商品的相关行业基本知识，如服装行业要求了解面料、尺码测量、洗涤等知识； 4. 熟悉网店工作流程，掌握相关软硬件操作； 5. 进一步提高打字速度； 6. 掌握客服所用的基本话术	1. 如为售前客服，应了解产品卖点，熟练使用话术，能针对顾客询问解答问题，会简单的推销；如为售后客服，应熟悉售后流程，并能与顾客进行电话沟通，解决问题； 2. 进一步提高普通话水平； 3. 进一步提高打字速度； 4. 能顺畅地与仓库沟通	1. 咨询转化率进一步提高； 2. 客单价进一步提高，熟悉搭配套餐，善于推荐关联商品与单价高且利润也高的商品； 3. 付款率进一步提高，熟练掌握催付技巧； 4. 深入了解商品知识，对于关联商品也有相当程度的了解，如推销服装时，可根据顾客特点推荐最佳服装搭配； 5. 进一步强化打字速度； 6. 进一步提高普通话水平，如能达到二级甲等证书水平更好； 7. 遇到特殊的售后问题能主动跟进并解决，提高顾客满意度； 8. 能主动回访顾客，提高顾客回购率

有了成长目标，客服才能有方向，有意识地朝着目标努力，按照店铺需要将自身一步一步"塑造成才"。

12.3 客服绩效考核

网店中的大多数岗位都需要进行绩效考核，将工作成果量化成数值，以便进行管理。如根据员工绩效中的弱项，有针对性地培训员工的相关技能；根据员工绩效总分确定工资等级、发放奖金等。网店中的客服岗位自然也需要进行绩效考核，下面就一起来了解一下客服绩效考核的重要性以及具体的考核方法。

12.3.1 客服绩效考核的重要性

对客服进行绩效考核，一方面是为了便于管理，另一方面也是为了提升客服的工作水平，提升整个店铺的销量。绩效考核可以让客服获得更高的收入，店铺获得更高的利润，是一种双赢的机制，对客服和店铺而言都非常重要。

店铺利润与客服工作之间存在着怎样的具体关系呢？来看式（12-1）：

$$店铺利润 = 店铺销售总额 - 总成本 \qquad (12\text{-}1)$$

从公式中可见，要提高店铺利润，可以从提高店铺销售总额与降低总成本这两方面入手。其中，店铺销售总额来源有两个见式（12-2）：

$$店铺销售总额 = 静默销售额 + 客服销售额 \qquad (12\text{-}2)$$

> **专家提点——什么是静默销售额**
>
> 静默销售是指顾客不询问客服，仅仅通过搜索和比较的方式，或者看到了营销活动的信息，直接进行购买的行为。静默销售额是在一段时间内静默成交的总交易额。

其中，静默销售额主要由商品详情页以及店铺的优惠活动等决定；而客服销售额则与客服的工作成果有直接的关系。从式（12-2）中可以看到，有效提升客服销售额即可提升店铺销售总额。而客服销售额主要是由式（12-3）所示的几个因素来决定的：

$$客服销售额 = 客服接待的顾客数量 \times 客服转化率 \times 客服客单价 \qquad (12\text{-}3)$$

> **专家提点——转化率和客单价分别是什么**
>
> 客服转化率是指一段时间内有多少人在与客服人员交流后下单购买了商品，如某日一名客服接待了80名询问商品情况的顾客，其中有27人询问后购买了商品，因此该客服当日的转化率为 $27 \div 80 = 33.75\%$；客服客单价是指一段时间内，经客服人员服务后成交的所有订单的平均价格。一般来讲，推销能力越强的客服，其转化率和客单价就越高。

在"客服接待的顾客数量""客服转化率""客服客单价"这三个因素中，接待的顾客数量主要由外部营销引流或老顾客重复进店而来，这个因素客服本人无法直接控制，一般是不计算在考核目标内的；而客服转化率和客服客单价则充分体现了客服的工作能力，这两个数值得到提升，客服的销售额就会有较大的提升，因为这两个数值是以相乘而非相加的形式结合起来的。

以上三个公式的关系如图12-8所示：

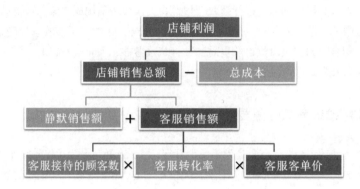

图12-8　店铺利润影响因素

由此可见，客服转化率和客服客单价的提升可以有效增加店铺的利润。因此，对客服人员进行考核，提升其转化率和客单价，具有非常重要的作用。

12.3.2　制订与执行客服绩效考核方案

要对客服的工作进行考核，首先应量化客服的工作成效，因为只有基于量化数据的考核才相对比较客观，否则只能靠主管人员凭印象考核，会造成很大的弊端。

客服主管可对主管级以下的客服进行按月考核，每一个月作为一个考核单位。通过各量化指标的考量对客服人员的工作能力和工作态度、工作业绩做出判定。但考虑到各公司考核的侧重点不同，其考核方案也略有不同。如表12-3所示为某店铺售前、售后客服的关键考核指标表。

表12-3　客服关键考核指标

岗位	考核指标	指标定义/计算公式
售前客服	日常询单转换率	日常询单转换率=个人转化率÷目标×100% 目标=平均转化率×增长值
	店铺销售总额	店铺销售总额=实际完成额÷目标销售额×100%
	联单销售	联单销售=实际完成额÷目标销售额×100%
	服务态度	对客户的询问，表达模糊不清或不予理睬者每次2分，3次以上者该项目0分
	评价回复	用户中差评率。对有问题的评价给出解释，发现延迟、错误、遗漏每次/处扣0.5分
	反应时间	反应时间应控制在20秒之内，每超过1秒扣1分

续表

岗位	考核指标	指标定义/计算公式
售后客服	退款速度	退款速度=（本店退款速度/行业退款速度）×100
	退款纠纷率	纠纷率越低，则该项得分越高；纠纷率越高，则酌情扣分；纠纷率过高的，则该项以0分处理
	退款原因正确归类	采用扣分制，分类不正确，按情节一次扣2~5分
	服务态度	根据店铺客服好评率、中差评率酌加、减分
	问题处理及时率	对于各类售后问题，及时处理，如有延迟扣2分
	独立处理能力	由客服主管灵活打分，如该月能独立处理90%以上（包含90%）售后问题，该项满分；独立处理售后问题达到60%以上，该项0分；对于咨询已经处理的过的事情，再次发生时不知道怎么解决或者需要再次询问的，直接扣3分/次

除了以上关键考核指标，客服主管还可对客服人员的部门协作能力、工作主动性和学习能力等指标进行考核。

- **部门协作能力**：十分积极主动，参与部门内外配合协作，遇事主动参与付出不计较，5分；能主动积极配合部门工作，并取得部门满意，4分；团结协作性一般，但能配合部门间工作要求，2~3分；不注重团结协作，部门工作勉强配合，0分。
- **工作主动性**：工作积极主动，能分清轻重缓急，遇到问题及时解决处理，4~5分；工作上不能分清轻重缓急，按部就班，按自己的节奏工作，2~3分；工作被动，对交办的工作或事项不闻不问，没有结果，0分。
- **学习能力**：进步速度快，岗位相关专业水平不断提升，办事效率明显提高，5分；进步明显，能随着公司的发展需要，逐步提升岗位能力，办事正确率提高，4分；进步一般，在领导指导下，能胜任岗位要求，3分；进步不明显，安于现状，不思进取，2分。

需要引起客服主管注意的是，绩效考核一定要与奖励挂钩，如每月评出综合分数最高的客服，应获得最高的奖励（如500元现金）；评出综合分数最低的客服，应给予谈话或罚款的处罚。

12.4 秘技一点通

技巧1——什么样的人才适合做客服人员

人上一百，形形色色。每个人的心理特点和工作技能都有所不同，那么什么样的人才适合做客服人员呢？

第一，打字速度必须要快。客服人员每天都需要通过在线沟通方式与顾客交流，所以他们的打字速度必须过关，这也是网店老板和客服管理人员在招聘客服人员首要考虑的条件。

第二，要有耐心和亲和力。在招聘客服人员时，他们的性格脾气也是很重要。招聘的客服人员服务要热情、处事要乐观、脾气要温和，要具有耐心和亲和力，这样才能用优质热情的服务去赢得顾客的心。

第三，人品必须要好。对于那种功利心太强、急功近利的人千万不能用。因为这类人往往会不顾自己的立场和原则，为了达到自己的目的不择手段，这会给网店造成很多不良影响。

第四，最好能够声音甜美。客服工作有时候也是需要通过电话与顾客沟通的，因此如果能招聘到一个声音甜美的客服人员，会增加顾客心情的愉悦度，也会为网店的服务加分不少。

技巧2——如何防止和避免客服人员跳槽

网店客服是一个人员流失率很高的职业，通常一名客服人员在一家网店工作三四个月左右就会产生跳槽的想法。出现这种情况的原因主要有两个：一是客服的门槛普遍较低，工作内容也很容易上手，很多人在工作一段时间后，对市场有了一定了解，就萌发了自己创业的想法。二是客服的工作劳动强度大，工作内容复杂，心理压力过大。那么网店店主们要如何做才能防止和避免员工跳槽呢？

1. 实施人性化管理

网店客服是一个相对来说比较辛苦的工作，需要整天对着电脑，跟各种各样的人通过网络沟通，还必须要保持良好的服务态度。作为网店的管理者，应该尽量对客服员工好一点，不要太限制客服的工作自由，应尽量给他们营造一个轻松的工作环境；同时应该采用轮班制、调休等工作制度，给予客服足够的休息时间；在电商活动大促等时间给予客服一定的奖励也很有必要。

2. 激励员工工作热情

客服工作是繁杂而枯燥的，网店的管理者们必须要想尽一切办法去调动员工的工作热情。对于员工来说，适当的奖励能激励他们的工作热情，提高工作绩效。网店的管理者们可以根据客服的接单率、成交率等，制定规章制度，实行奖励政策。

3. 给员工提供足够的空间让其发展

员工积极上进，渴望有更好的发展是一件再正常不过的事了，网店老板们应该以开阔的胸怀去看待这件事，不应该去限制员工的发展。这时候网店老板需要适当地去引导自己的员工，给他们提供足够的发展空间，让他们安心地在自己的网店里学习和积累经验。比如，网店老板要多给员工提供锻炼的机会，对优秀的员工进行提拔，让员工接触和学习网店的管理等。

技巧3——怎样缓解客服人员的压力

每天重复着繁杂枯燥的工作，面对着挑剔严苛的顾客，常常使客服人员承受着很大的压力。压力管理是需要理性、技巧和方法的,那么作为客服管理人员该如何帮助客服人员缓解压力呢?

1. 创建良好的工作环境

网店老板需要为客服人员创建一个良好的工作环境。可以在工作区域摆放一些绿色植物和有趣的小摆件;保持室内良好的通风、充足的光线、适宜的湿度和室内温度;为客服人员选择舒适的办公桌和座椅;及时地维修或置换有故障的办公设备;最好能有一个宽敞舒适的休息室。

2. 明确客服人员的工作职责

网店老板需要通过分析,为客服人员制定一份详细的工作说明书,确定客服人员的工作职责和权利,避免由于职责不清引发的各种内部冲突。

3. 对客服人员进行有针对性的培训

网店老板需要完善网店的员工管理制度、工作流程并及时给员工进行相应的培训、指导和反馈。通过有针对性的培训,帮助和提升客服人员对角色的认识,掌握必要的工作技巧。

4. 团队及文化建设

网店老板可以多为客服人员组织一些集体活动。通过团队及文化建设来有效提高员工的凝聚力,创造出一种轻松、上进的工作氛围。

5. 加强与客服人员的沟通

网店老板应该加强与客服人员的沟通,及时了解客服人员的心声,比如定期与员工进行沟通或设立意见箱等。

客服小故事——客服培训行业潜力大

陈立曾经是一家大型网店的金牌客服，2017年他成立了一家属于自己的网店客服培训机构，专门为各类网店提供和培训专业的客服人员。陈立说近十年来随着电子商务的发展，许多网店的规模也在逐渐扩大，因此也带来了几十万的人才缺口，而在这些人才当中，有很大一部分从事的是网店客服。实际上，网店客服已经不再是单纯的"人肉聊天工具"，他们的角色正在逐渐进化，成为网络营销中重要的一环。网店客服这个看似技术含量不高的职业，也日趋专业化，一些牛人客服能够月薪过万，小客服也可以有高薪。

陈立说他自己在做专业的网店客服培训之前，也曾是一家网店的客服人员。2012年，陈立来到广州求职，顺利地进入了一家销售服装的大型网店做客服。那时候陈立认为客服工作实际上也就是"售货员"，但是不用日晒雨淋，不用天天站着，更不用口沫横飞地劝告顾客，只需要对着电脑手指飞舞，陪顾客聊天就行了。由于陈立脾气好，有耐心，头脑灵活，善于沟通，打字速度快，很快就从一个刚入门的新手客服成为了网店的金牌客服，月收入也从最初的三四千元涨到了七八千元，如果遇上"双十一"这种销售高峰，收入甚至能过万。

陈立说网店客服这行门槛的确不高，只要能聊天会打字就行，但也不是想象中那么简单。虽然网店招聘客服对于求职者的性别、年纪、学历几乎没有什么要求，但一般会在性格脾气、沟通能力、打字速度以及对网店了解程度等方面做一定的要求。而且通常客服在销售高峰时会同时应付十几个顾客，要想成为一名优秀的客服，就必须具有很强的应变能力，善于与各种人打交道，练就一身"变形金刚"般的功夫。

分享完了自己当客服时的一些感触过后，陈立又说，现在大部分的网店客服还不够专业，只是把客服工作简单地理解为上网聊天、回答顾客提问，工资也不高，并且流动性大经常有人跳槽。实际上，网店客服这个看起来并无多少技术含量的职业，正在慢慢走向专业化。就像自己成立的网店客服培训机构一样，虽然是一个新兴的项目，但能够帮助更多的人提高对于网店客服这一职业的认知度。

陈立他们的培训课程，首先会帮助学员定好位"自己是一个营业员而非打字员"。然后会教授学员们一些基本的网店工作流程，还会通过具体的网络营销实例让学员掌握网络销售的技巧。陈立说，网店客服必定要有沟通的魅力，即使买卖不成也要跟顾客成为朋友。网店客服不仅仅是要回答顾客提问，他们的作用还在于塑造店铺形象，排除顾客与卖家之间的隔阂和猜忌，增加店铺成交率，增加顾客回购率等。

陈立认为，网店客服是一个新兴的具有很大发展潜力的行业。目前专业的网店客服人员还是很稀缺的，要增进这个行业的发展，需要网店能够为这些人供给更多的机会和进步的空间，对网店客服人员进行标准化和规范化的管理。

第13章

统计与分析客服数据，提升工作效率

本章导言

做好销售统计数据分析，淘宝商家不但可以方便地计算客服人员的工作绩效，还能够发现客服人员在销售、退货工作中存在的问题，淘宝商家可以总结每个数据的影响因素，对相关客服人员予以培训与指导，以提高其工作效率。

学习要点

- 掌握横向对比客服之间销量的方法
- 掌握从询单人数和付款人数中寻找问题的方法
- 掌握从店铺客单价和客服客单价中寻找问题的方法
- 掌握从客服退款率和店铺总退款率中寻找问题的方法

13.1 监控客服数据

作为客服主管，须对客服工作进行监督管理。和人为的点评不一样，数据更具说服力，也能更直观地体现问题所在。所以，客服主管可定期监控客服人员数据，查看客服人员的工作情况。

13.1.1 监控客服数据的重要意义

商家可以通过员工日常工作数据来了解一个店铺的运营和管理情况。监控客服数据可从客服服务分析和营销计划分析两方面入手：

客服服务：良好的客服服务，能给用户留下好印象，从而加大用户对店铺的信任感。客服服务的监控数据包括顾客接待、客服销售及客单价等。如果发现客服以上数据中有不好的地方，应给予建议进行调整修改。在提升客服服务能力的同时，也为店铺带来更多收益。

营销计划：客服是直接与用户联系的工作人员，直接影响客户的下单意向。通过监测客服数据，可以帮助商家及时调整商品上下架、营销计划等问题。如客服发现某款商品咨询量很多，但在询问商品特性后，造成大量流失，客服主管可与营销人员沟通，查看分析商品特性是否不能满足客户需求，从而进行改进。

13.1.2 客服数据监控的主要内容

如图13-1所示，客服数据监控的内容很多，如咨询量、销售量、客单价、询单转化率、退款率等。

- **咨询量**：咨询量主要受店铺、商品运营推广效果的影响，如某款商品正在参加聚划算活动，则相应的咨询量肯定有所提升。
- **销售量**：销售量主要和客服的知识储备相关，客服人员如果熟悉店铺中每款商品的性质、用途等相关知识，并能及时、准确地传达给客户，更易提高销售量。

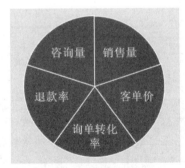

图13-1 客服数据监控内容

- **客单价**：客服只有掌握一定的销售技巧，做好关联销售，才能有效提升客单价，为自己和店铺带来更多收益。
- **询单转化率**：影响客服询单转化率的因素主要包括是否熟悉商品专业知识、是否熟悉店铺促销信息、是否掌握销售技巧和是否有良好的服务态度。
- **退款率**：店铺中的退款率包括静默退款率和通过与客服交流后产生的退款。对于客服而言，无法控制静默退款率，但可以劝说部分客户放弃退款。如果客服能降低退款率，则说明该客服工作能力强。

13.1.3 客服数据监控的渠道

数据最具说服力，能提供科学化的考核标准。客服主管可通过数据快速分析客服的缺点，给予最大的帮助。客服主管可通过多种方式，对客服数据进行监控，如抽查聊天记录、查看数据表、使用赤兔软件等。

1. 抽查聊天记录

客服日常工作的效应时间、服务态度、回答问题是否得当等，都可以从聊天记录中查看。所以，客服主管可通过抽查聊天记录的方式来判断客服人员的工作情况。在淘宝平台，客服主管或店长，可通过子账号功能抽查客服的聊天记录，具体操作如下。

进入淘宝官网，进入"卖家中心"页面，单击"店铺管理"模块下的"子账号管理"按钮，如图 13-2 所示。在打开的"子账号"页面，单击"监控查询"按钮，如图 13-3 所示。

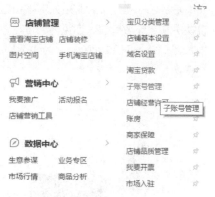

图13-2　"子账号管理"按钮

图13-3　"监控查询"按钮

如图 13-4 所示，在打开的页面中单击"聊天记录"按钮，输入相应的员工账号和客户账号，单击"查询"按钮，即可跳转到相应的聊天记录页面。通过查看客服与客户的聊天记录，可以了解客服人员的问题，并及时给出改进建议。

图13-4　"聊天记录"按钮

2. 查看数据表

电子商务往往需要数据报表来体现，如日报表、周报表、月报表、季报表、年报表等。如图 13-5 所示，为某网店 2019 年 7 月 1 日的日报表。通过分析表内的流量、转化率和客单价等内容，可分析得出客服当日数据与前几日相比，有什么值得改进的地方。

日期	星期	流量				转化率					客单价		
		浏览量PV	访客数UV	平均访问深度	人均店内停留时间	回访客比例	当日成交转化率	静默转化率	询盘成交转化率	客服平均响应时间	成交用户数	成交件数	客单价	支付宝成交金额	退款订单量
2019/7/1	周一	716	3885	2	48	8.39%	3.96%				154	180	55.42	$8,535.00	1
2019/7/2	周二														
2019/7/3	周三														
2019/7/4	周四														

图13-5 数据报表

3. 使用赤兔软件

赤兔名品是一个客服绩效考核中常用的软件，用来统计客服的销售额、转化率、客单价、流失分析、绩效管理。赤兔名品可在服务市场中查询、购买，根据客服数量的不同，费用也有所不同。如图13-6所示，为4个客服一个月的费用，单击"立即购买"按钮即可购买该项服务。

图13-6 赤兔名品软件

赤兔交易除了监控客服数据外，还包括交易管理、订单管理、打单发货、催单催付等功能，十分适用于网店。

13.2 统计客服销售量

客服销售量指客服在一定工作时间段内所销售商品的数量。客户销售量既可以是整个客服团队的销售量，也可以是具体某个客服的销售量。统计客服销售量，有利于直观地考核客服的业绩，通过横向对比客服之间的销量，可以找到业绩不佳的客服人员，帮助他/她分析自身不足，提高业务水平。

13.2.1 统计客服销量与总销量占比

一个店铺的商品总销量通常是由两部分组成：一部分是客服销售量，另外一部分是静默销售量，如图13-7所示。

图13-7 店铺商品销售量组成

> **专家提点——静默销售量**
>
> 静默销售量,也就是顾客不通过询问客服人员,直接下单购买的商品数量。很多资深的网购顾客通过商品详情页面的介绍,就获得了足够的商品信息,从而不询问客服人员就自助下单购买。也就是说,静默销售量与客服人员是无关的。

相对而言,顾客通过咨询客服或经客服推荐等方式购买的商品数量,称为客服销售量,相信大家都能够理解。

在实践中统计发现,客服销售量与静默销售量的比例一般为3∶2,换句话说,客户销售量占店铺总销量的60%左右是正常的水平。此占比和店铺规模有一定的关系,一般来说,店铺规模越小,客服销售量占比越高;店铺规模越大,客户销售量占比越小。但一般都会在60%左右浮动。这是因为店铺越大,其商品详情页面就做得越专业,提供信息就越详细,视觉效果也就越好,评价起的正面作用也越多,在各种因素的共同作用下,很多顾客就倾向于直接购买,而不询问客服。

下面介绍一个典型的案例。

某店铺3月份服装静默销售量为2283,客服销售量为3305,总销售量为5588。客服销售量占总销售量的百分比为:3305÷5588≈0.5914,即59.14%。从结果来看,客服的销售工作做得还是可以的。

如果客服销售量占比较低,如只有50%,则说明客服团队的工作效率还有待提高;如果客户销售量占比较高,如80%,这说明商品详情页问题较多,有待进一步优化。

13.2.2 横向对比客服之间的销售量

衡量客服之间的工作效率与工作态度,一般是通过横向对比客服的销售量和销售金额等指标来进行。需要注意的是,销售量最高的客服,其销售金额不一定最高;销售金额最高的客服,其销售量不一定最高。这其实是很好理解的,有的客服善于向顾客推荐高价值的商品,所以该客户的销售量可能不是最好,但销售金额会比较高。

如图13-8所示,为某网店5位客服一

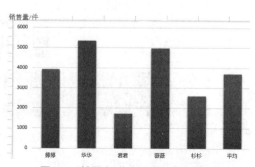

图13-8 某网店5位客服的销售量统计图

个月的销售量统计柱状图。从图中可以看出,客服平均销售量为 3716 件,客服杉杉和君君月销售量低于平均值;而客服薇薇、华华和婷婷的月销售量高于平均值,其中,客服华华是该月销量冠军。

通过客服之间销售量的横向对比,可以更加准确地判断出哪些客服的工作效率高,哪些客服的工作效率还存在提升的空间。除此之外,还可以通过对比结果,重新将客服分组,使各个组之间的工作效率大致相当,这样对店铺平稳分流顾客是比较有帮助的。

对于客服之间销售量的对比是查看每一位客服工作情况的必要手段,对于检验客服的工作状态具有积极的效果。

13.3 统计询单转化率

有购买意向的顾客到店询问客服以后,不一定会下单购物,有可能会因为各种原因不购买而离开。客服接待的询单顾客数量与下单购物的顾客数量之比,就是询单转化率,其计算方法如式(13-1):

$$询单转化率 = 下单购物的顾客数量 \div 接待的询单顾客数量 \qquad (13-1)$$

可以看出,询单转化率研究的是客服究竟能够引导多少询单顾客下单,引导得越多,说明该客服的推销能力越强。注意,客服接待的顾客中,有购买意向的顾客才是询单顾客,不包括那些已下单、询问售中、售后服务的顾客。

13.3.1 影响询单转化率的因素

当顾客进店咨询时,说明他/她已经产生了购买意向。无论顾客有没有确定的购买目标,客服都应该有技巧地引导顾客,尽量促成交易。一般来说,一名成熟的客服可将 60% 以上的询单顾客转化为购买顾客。一名客服人员的询单转化率越高,说明他的工作能力越强。

在对客服进行培训时,如何提高询单转化率是重点培训内容。要提高询单转化率,首先要了解影响询单转化率的几个因素,如图 13-9 所示。

图13-9 影响询单转换率的几个因素

- 客服必须熟练掌握关于商品的专业知识，这是最基本的要求。当客服能够快速清晰地回答顾客的问题时，就能够在顾客心中建立起可以信任的感觉，从而增加下单的可能性。万一客服被问到了不熟悉的问题，要马上和同事沟通，得到该问题的答案，再反馈给顾客，而不要用"这个其实不重要"或"说明书里讲得也不是很清楚"等话语来搪塞顾客。
- 客服要熟悉店铺促销信息。当顾客犹豫是否购买商品时，客服就要看准机会，抛出店铺促销信息，促使顾客下定决心购买。
- 客服要熟练掌握销售技巧，能够迅速判断出顾客的需要、顾客的类型，有针对性地引导顾客下单。
- 客服要有良好的服务态度，让顾客感到自己受到了认真、热情的对待，从而对客服对店铺产生好感，这样顾客下单购物的可能性也就增加了。

询单转化率是一个比较考验客服综合能力的指标，如果一名客服人员的询单转化率比较稳定，而且保持在较高水平，说明该客服人员的工作能力是比较值得信赖的。

13.3.2 从询单人数和付款人数中寻找问题

从式（13-1）中可以看出，在询单顾客人数不变的前提下，付款顾客人数越多，询单转化率越高。但同时我们也要意识到，询单转化率是一个比值，体现不了询单顾客与付款顾客的具体数量，如果仅以询单转化率来衡量客服的工作能力，可能会比较偏颇。

举一个简单的例子：客服 A 一周接待询单顾客 1000 人，其中付款顾客有 800 人；而客服 B 一周接待询单顾客 800 人，其中付款顾客有 640 人。两者的询单转化率都为 80%，但两人的工作量是不一样的，销售业绩也不同，客服 A 为店铺带来的利润明显高于客服 B。如果出现这样的情况，店主就要考虑为什么客服 B 接待的顾客数量要少于客服 A。这可能是由两个原因引起的。

- **店铺的客服分流设置不合理**。当顾客点击店铺中的"和我联系"图标时，该顾客会被按照一定的规则分流给客服子账号。这个规则比较复杂，简单来说平台按照"是否发送给主账号→是否有联系过的客服账号→是否有空闲的客服账号"的顺序来进行判断，此外，店主设置的总分流、组分流规则也会影响顾客的分配。当客服之间分配的顾客数量相差太大时，首先就要检测店铺的分流设置是否合理。
- **客服 B 接待顾客的时间过长**。当一名客服过于细心，过于耐心，或者没有足够的技巧来终止顾客的喋喋不休时，他/她接待一位顾客所用的时间就会比较多，在同样的时间内，该客服接待的顾客数量就会比其他客服少。当出现这样的情况时，该客服需要有针对性地训练自己的聊天技巧。

所以，在考核客户的询单转化率时，也要将他们的询单人数进行比较，这样才能比较全面地看出问题。

13.4 统计客单价

什么是客单价？客单价是指每个订单的平均单价，其计算方法如式（13-2）所示：

$$客单价 = 总销售额 \div 总订单数 \qquad (13-2)$$

同样的，客单价也分店铺客单价和客服客单价两种，通过式（13-2）可以看出，影响客单价的两个因素是销售额和订单数量（只计算有效订单）。要提高自己的客单价，客服就要在每一单里尽力说服顾客多买商品，只有让每一笔订单的销售额变得更多，才能让客单价变得更高。因此可以说客单价是衡量客服关联销售能力的一个指标。

> **专家提点——注意客单价与询单转化率的考核区别**
>
> 客单价主要用于衡量客服关联销售能力，而询单转化率主要用于衡量客服总的销售能力。客服应该在保证询单转化率的前提下，尽量提高客单价。

13.4.1 影响客单价的因素有哪些

首先需要说明的是，客单价只有在客服之间的销售量和销售金额相差不太大的情况下，才有指导作用，否则它将失去意义。比如某店铺有一位客服月销量仅为 80，客单价为 75 元，其他客服的月销量均为 200 左右，客单价为 50 元左右。虽然这位客服的客单价比其他客服都高，但其实他的销量和销售金额都不高，还有很多的提升空间。所以研究客单价的前提条件是：客服之间的销售量和销售金额相差不太大。

从式（13-2）中可以看出，尽力提高每一单的销售金额，就可以有效地提高客单价。那么，有哪些因素可以提高每一单的销售金额呢？一般来说有以下几个方面（见图13-10）。

- **店铺设置的搭配套餐**。很多店铺在商品详情页下面都设有搭配推荐，比如西装搭配领带，长裤搭配皮带等，如图13-11所示。

图13-10　提高每单的销售金额的因素

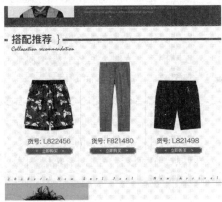

图13-11　店铺设置的搭配套餐

- **客服自行为顾客推荐的搭配。**当店铺没有为一件商品设置搭配推荐时，往往需要顾客自行为顾客推荐相应的搭配，或者店铺推荐的商品搭配不太符合顾客的需要，此时需要灵活地调整搭配，并推荐给顾客。
- **客服为顾客推荐系列的商品。**比如，当顾客只询问购买护肤霜时，可以向顾客推荐同一系列的护手霜、眼霜等护肤产品。这是因为当顾客询问某款产品时，其实对于该款产品的品牌是比较认可的，因此向他/她推荐同品牌的系列产品，成功率较高。
- **主动向顾客提示促销活动。**当顾客没有留意到店铺正在搞活动时，客服可以主动向顾客提示参加活动，购买更实惠。通过这样的方式，让顾客一次性购买更多的商品。

总之，客服要善于寻找"借口"让顾客尽可能多地购买商品。比如一位顾客咨询客服一件外套的相关信息时，那么客服可以在回答问题的同时，向顾客推荐外套的搭配方法，如裤子、毛衣、T恤、项链、围巾等，通过不令人反感的话术，让顾客多买商品，从而提高自己的客单价。

13.4.2 店铺客单价和客服客单价的对比

店铺客单价等于店铺在一段时间内的总销售额除以总订单数。其中，部分订单是静默订单，没有通过客服的服务，这就决定了店铺的客单价要比客服的客单价低，这是因为如果通过客服服务所带来的收益还不如静默订单高，那么说明客服在销售上并没有起到什么作用。

正常情况下，客服客单价会高出店铺客单价15%～30%，比如，店铺客单价是30元，那么客服客单价至少要到达34.5元，才算是基本合格。如表13-1所示为某网店三位客服的客单价与店铺客单价的对比。

表13-1 客服客单价与店铺客单价对比

客服	4月销售额（元）	有效订单	客单价（元）
小晓	12402	325	38.16
小天	11095	331	33.52
小星	11282	307	36.75
店铺	47616	1536	31

可以看到客服小天的客单价只比店铺客单价高8.13%，这说明客服小天的关联销售技能还有很大的上升空间，需要客服主管或店主对其进行专门的培训。

13.4.3 客服之间客单价的横向对比

通过横向对比客服之间客单价，可以直观地反映出客服的销售工作水平，客单价高的相对来说就更善于关联销售，搭配销售。

如表13-2所示为某网店三名客服下半年的客单价对比。从表中可以看出，1号客服在11月份、12月份的客单价较高，超过了2号客服。但2号客服下半年6个月的客单价都比较平均，表现很稳定。这说明 1 号客服逐渐在成长，销售技巧在不断提高；而 2 号客服客单价波动不大，稳定性强，是店铺客服的中坚力量。3 号客服客单价波动较大，工作状态不够稳定，还有待进一步加强学习。

表13-2 客服客单价对比　　　　　　　　　　　　　　　　　　　单位（元）

客服	7月	8月	9月	10月	11月	12月
1号	115	118	123	120	145	155
2号	128	125	130	131	140	142
3号	140	124	125	119	138	136

其实客单价稳定且一直处于中上水平的客服是很难得的，这说明该客服对工作非常熟悉，对销售技能掌握得非常熟练，进入了一种的稳定工作的状态，这样的客服可以多加培养，逐渐成为客服主管，也可以经常召开交流会，让这样的客服向大家传授销售经验。

13.5　统计客服平均响应时间

客服平均响应时间指客服在回复顾客的过程中，从顾客咨询到客服回应的每一次的时间差的均值。客服平均响应时间越短越好，一般中小型网店的平均响应时间为 16 秒。

造成客服平均响应时间过长的原因，主要有以下几点。

1. 店铺接待压力

店铺接待压力是指在某一个时间段内客服人员同时接待顾客的人数。接待顾客人数越多，客服人员的接待压力也就越大。所以，客服人员接待压力的大小将直接影响客服平均响应时间。

2. 客服人员对商品的熟悉程度

顾客向客服人员咨询的问题，主要是和自己所要购买的商品有关，这就要求客服人员对所销售的商品要非常熟悉。当顾客向客服人员咨询有关商品质量、功能、材质、颜色、尺寸等问题时，客服人员必须以最快的速度做出回应，这样才能保证较高的客服平均响应时间。

3. 客服人员的打字速度

客服人员的打字速度对客服平均响应时间的影响也很大，一般情况下，打字速度越快的客服人员平均响应时间越短。客服管理人员需要定期对客服人员的打字速度进行培训和测试，鼓励和帮助他们提高打字速度。

4. 客服人员的首次响应时间

客服人员的首次响应时间是指顾客联系客服人员进行咨询时，从顾客发送消息进行咨询到客服人员回应第一句的时间差。客服人员首次响应时间越短，留住顾客的机会也就越大，正常情况一般在 20 秒左右。想要提高首次响应时间，除了客服人员自身反应速度要快以外，客服人员还可以设置快捷回复来快速回复顾客的咨询。

13.6 统计退款率

有人常说,开网店有两件事情是避免不了的,一是差评,二是退款。任何一个店铺都会产生退款。那么,统计退款率,找到问题所在进行纠正,就很有必要了。

退款率是指退款商品的数量与销售商品数量之间的比值,其计算方法如式(13-3):

$$退款率 = 退款商品数量 \div 销售商品数量 \quad (13-3)$$

有时候退款率也可以用退款商品的金额除以销售商品的金额来计算,其计算方法如式(13-4):

$$退款率 = 退款商品金额总数 \div 销售商品金额总数 \quad (13-4)$$

13.6.1 横向比较客服之间的退款率

店铺退款分两种情况,一种是静默退款,另一种是通过客服交流后产生的退款。其中,通过客服交流后产生的退款就会产生客服退款率,当然,也有静默退款率和店铺总退款率等数据。

客服退款率是指某位客服退款商品数量与该客服销售商品数量的比值。通过横向对比客服的退款率,可以找出退款交涉技巧欠佳的客服,进行重点培训,以降低整个客服团队的退款率。

当顾客联系客服要求退款时,客服要尽量说服顾客不要退款,改用其他方式来处理,如更换商品、适度补偿、送赠品等,对于比较愤怒的顾客,客服要尽量安抚对方的情绪,在对方比较平静后,再提出退款以外的解决方法。

如表13-3所示为某网店客服退款率统计,其中,1号客服的个人退款率低于整个客服团队的退款率,说明1号客服的退款拒绝技巧是相当高明的。

表13-3 客服退款率统计

客服	6月销售商品数量	6月退款商品数量	6月退款率
1号	245	6	2.45%
2号	253	12	4.74%
3号	239	13	5.44%
4号	240	11	4.58%
客服团队	987	42	4.26%

处理顾客退款是一项很具有挑战性的工作,申请退货退款的顾客对店铺或商品已经感到相当不满了,客服一定要尽自己最大的努力安抚好顾客,说服顾客不要退货退款,努力减少店铺的退货率。

13.6.2 从客服退款率和店铺总退款率中找问题

店铺总退款中包含了静默退款和客服退款,从实践中来看,客服退款量一般占店铺中退款量的 1/5 左右,即 20% 左右,属于正常的情况。如果与此比例偏差过大,店铺与客服则存在一些问题。

如表 13-4 所示为某网店 7 月份店铺整体退款量和客服退款量的统计数据。

表13-4 店铺退款量和客服退款量统计

统计	7月
店铺总销售量	2033
店铺总退款量	468
客服销售量	1179
客服退款量	43

从表 13-4 中能看出什么来呢?

- 首先可以看到,店铺的总退款率达到了 23%(468÷2033),也就是说每五件商品里面就有一件退货,这是一个不容乐观的退款率。
- 客服退款量与店铺总退款量的比值为 9%(43÷468),低于正常情况下的 20%,这说明店铺的静默退款量比较高,很多顾客不询问客服,直接就申请退款了。这表明店铺的商品质量或使用上存在较严重的问题,顾客不满意的比例较高。店铺后期应该大力调研顾客对商品不满意的原因,进行改进。
- 客服退款率为 4%(43÷1179),远低于店铺总退款率 23%,这说明客服的工作是卓有成效的,因为经过客服的工作,很多本来想退款的顾客都改变了主意。

正常情况下,客服退款率总是小于店铺总退款率的,如果不是这样,说明客服劝说顾客不退货的工作没有做到位,需要寻找原因,有针对性地进行二次培训,以期改善这个现象。

13.7 秘技一点通

技巧1——网店客服如何进行数据化管理

数据作为店铺的核心资源,在客服管理中发挥着重大作用。售前、售中以及售后不同的客服类别在数据管理上也有所不同。

1. 售前客服的数据化管理

售前客服的工作重点就是提高咨询转化率,通常一名售前客服业绩计算方法如式(13-5):

$$业绩 = 咨询量 \times 成单率 \times 客单价 \quad (13-5)$$

咨询量：如果一个客服能同时响应多个顾客的提问，说明这个客服对业务很熟悉，打字速度也快。根据调查表明，如果客服人员不能在 60 秒内对顾客提问做出回应，顾客满意度就会下降 90%，离开率就会超过 70%。因此，客服管理人员必须对售前客服做出硬性要求，要求他们在 10 秒内（此数据可根据具体情况而定）必须对顾客的咨询做出回应，不能出现不回应的顾客的情况。

客单价：客服人员要想提高自己的客单价，就必须做好关联销售。客服管理人员可以通过分析和统计每个客服成交业绩的商品品牌及类别的分布情况，来帮助客服人员提升推荐高利润商品的主动性，以提高他们的客单价与营业利润。

成单率：通常客服人员的成单率不应低于 50%，若低于 50% 则应该加强相应的培训。

2. 售中客服的数据化管理

售中客服的工作重点主要提高订单的支付率。根据数据表明下单 48 小时以后还未付款的顾客，不再付款的比率高达 86% 以上。因此，对于下单后未付款的顾客，要及时进行订单跟踪、提醒甚至电话回访，帮助顾客完成付款。另外，客服人员还需要了解顾客没能及时付款的原因，是付款流程的问题，是商品的问题，还是服务的问题。

3. 售后客服的数据化管理

售后客服的工作重点主要是提高客户满意度。客服人员需要对中评、差评产生的原因进行分析，为店铺建立口碑与品牌奠定基础。客服人员需要与顾客，特别是老顾客建立有效的沟通渠道和途径，也需要建立顾客档案。

技巧2——如何监控客服数据

店主要想知道店铺中每名客服人员的工作态度和工作业绩，就需要对客服人员的各个数据进行有效监控。监控客服数据需要注意以下几个要点。

- 对店铺的客服人员、客服团队、静默销售以及店铺的整体数据进行全方位的统一分析。
- 对店铺客服人员的商品销售额、销售量以及销售人数进行统计。
- 对店铺客服人员的客单价、客件数和件均价进行统计，并对客服人员的关联销售能力进行分析。
- 对店铺客服人员的转化成功率进行多维度统计，包括询单到最终下单的成功率、下单到最终付款的成功率，以及询单到最终付款的成功率。

为了能够有效地对客服人员进行实时管理和监控，店主一般会选择订购一些客服管理工具来帮助自己进行客服数据监控。

技巧3——如何降低退款率

当商品退货率过高时，可能是商家的某一方面出现了问题，不仅会影响产品销量，还可能影响整个店铺的权重。所以，客服应怎样降低退款率呢？

一般出现商品退换货的原因和解决方法有如下几点：

- 商品质量存在问题：部分客户在收到商品后，因不满商品质量（如材质、功能等）自发提出退货申请。这时，客服应分析退货要求较多商品的退款原因，若退货原因集中在质量方面，则应向上级领导反映，升级商品。
- 详情描述不属实：客户在收到商品后，发现颜色、特性、功能与详情页描述有差距时，也会发出退货要求。客服在积极处理这类申请的同时，也应将详情页描述不符的情况反映给美工部门，从而对详情页进行改进，避免造成更多退货。
- 错发商品：部分客户在收货后，发现商品颜色、规格与实际不符，则易发起退货申请。针对这类申请，客服应先表达歉意，再尽量劝说客户做换货处理，并给予相应的赠品。
- 做好物流跟踪服务：部分客户因迟迟未收到商品，或收到取货短信后未及时取快递，以"未收到货"为由，发出退货申请。为减少这种情况的发生，客服应做好物流跟踪服务，通过旺旺、短信等方式，提醒客户收货。让客户体会到客服的用心服务，也及时取货。

客服应抱着良好的服务态度去劝说客户取消退货申请，必要时，可主动赠送小礼物以表自己的歉意。

客服小故事——从一个销售客服到数据分析员的转变

小何现在是一家宠物用品店的专职数据分析员,然而一年前的小何还是这家店铺的一名普通客服,每天做着简单重复的客服工作。直到有一次,小何通过观察分析一组数据,帮助店铺发现潜在的业务问题,并且提出了针对该问题的解决方案,得到了店主的认可,从此小何就成为了一名数据分析员。

那时小何是店里的售后客服,这天他和往常一样,打开电脑登录自己的旺旺账号,开始处理顾客评价和退换货。小何很快就发现了问题,最近顾客的评价里,增加了很多差评,而且还收到了不少投诉。小何仔细查看这些差评和投诉时发现,反映的几乎都是同一个问题:店铺中销售的一款猫粮有问题,客户集中反映很多猫不吃这款猫粮,要求退款。

面对这一条条差评和投诉,小何感到很烦躁,想要快速地从中寻找到突破口,于是他想到了数据。小何把这款猫粮的销售数据进行了统计,最后发现差评和投诉的比例竟然达到了这款猫粮销售量的 20%。这么多客户都说猫粮有问题,而且比例这么高,小何想这批猫粮很可能存在质量问题,于是他马上向店主反映了这个情况。

店主得知这个情况后,一方面马上与供应商沟通,确定猫粮质量情况;另一方面让小何立刻想一个客服的应对方案出来。小何这边先从这款猫粮入手,通过调查他发现,这款猫粮是某品牌在年初推出的一款新产品,而店铺是在上月开始上架销售该品牌的这款猫粮的。根据厂家提供的产品推广文案,可以看到该款猫粮适用于成年猫,主要成分为鸡肉、鳕鱼和糙米。

经过一系列调查,小何虽然不能确定这款猫粮到底是不是有质量问题,但小何可以肯定的是前期运营人员在上架这款猫粮时,归类错误,把它上架到了"零食类",又由于该猫粮在参加活动,价格是正常价格的 5 折,所以部分顾客把猫粮当低价猫零食购买了。但是,成猫有固定的猫粮,在替换新猫粮时,需把新的猫粮与旧猫粮混合再食用,让猫有个适应过程。由于部分顾客把该猫粮当成零食喂,所以很多猫只吃原来的猫粮,对新买的猫粮不感兴趣。针对这个结论,小何提出了关于客服的应对方案:让客服们在与客户沟通时,建议那些经验并不是十分丰富的主人们先用回以前的猫粮,同时在里面隔两三天加入少量的新猫粮,让猫逐渐适应。

店主听后觉得小何的这个方案很可行,不仅可以防止猫粮没有质量问题但顾客大量流失、店铺形象受损的情况出现;同时又避免猫粮确实有问题,继续食用损害到猫的健康,所以只是建议隔两三天食用少量,为和供应商沟通争取了时间。后来店主从供应商那里了解到这款猫粮经过专业的检测各项标准都是合格的,不存在任何质量问题。于是店主对客服人员重新进行了集中培训,向他们详细介绍了这款猫粮的特性、适用范围以及注意事项等,并告知他们在与客户沟通时一定要向顾客做出清楚的解释,不要误导客户。

经过这件事,店主也渐渐意识到了数据分析对于店铺的重要性,就将小何从客服岗位调到数据分析岗位做专职的数据分析员,帮助店铺专门统计分析销售数据,以便及时解决客服人员在工作中出现的一些问题,提高客服人员的工作效率。